चांगदेव चतुष्टय : 1

बिढार

भालचन्द्र नेमाड़े

अनुवाद

रंगनाथ तिवारी

राजकमल पेपरबैक्स

मूल मराठी संस्करण पहली बार 1975 में पॉप्युलर प्रकाशन, मुम्बई से प्रकाशित

राजकमल पेपरबैक्स में
पहला संस्करण : 2023

राजकमल पेपरबैक्स : उत्कृष्ट साहित्य के जनसुलभ संस्करण

राजकमल प्रकाशन प्रा. लि.
1-बी, नेताजी सुभाष मार्ग, दरियागंज
नई दिल्ली-110 002
द्वारा प्रकाशित

शाखाएँ : अशोक राजपथ, साइंस कॉलेज के सामने, पटना-800 006
पहली मंजिल, दरबारी बिल्डिंग, महात्मा गांधी मार्ग, प्रयागराज-211 001

वेबसाइट : www.rajkamalprakashan.com
ई-मेल : info@rajkamalprakashan.com

मुद्रक : यश प्रिंटोग्राफिक्स
नोएडा-201 301 (उत्तर प्रदेश)
द्वारा मुद्रित

मूल्य : ₹299

BIDHAR
Novel by Bhalchandra Nemade
Translated by Rangnath Tiwari

ISBN : 978-81-19159-03-1

भालचन्द्र नेमाड़े

भालचन्द्र नेमाड़े का जन्म महाराष्ट्र के सांगवी, जिला जलगाँव में 27 मई, 1938 को हुआ। उन्होंने पुणे तथा मुम्बई विश्वविद्यालय से एम.ए. और औरंगाबाद विश्वविद्यालय से पी-एच.डी. की उपाधि प्राप्त की। औरंगाबाद, लन्दन, गोवा तथा मुम्बई विश्वविद्यालय में अध्यापन किया। मुम्बई विश्वविद्यालय के गुरुदेव टैगोर चेयर ऑफ कम्पैरेटिव लिटरेचर में प्रोफेसर तथा विभाग प्रमुख रहे। सन् 1998 में सेवानिवृत्त हुए।

उनकी प्रकाशित कृतियाँ हैं—'कोसला', 'बिढार', 'हूल', 'जरीला', 'झूल', 'हिन्दू : जीने का समृद्ध कबाड़' (उपन्यास); 'मेलडी' तथा 'देखणी' (काव्य); 'साहित्याची भाषा', 'टीकास्वयंवर', 'साहित्य संस्कृति आणि जागतिकीकरण', 'तुकाराम', 'द इनफ्लुएंस ऑफ इंग्लिश ऑन मराठी : ए सोशियोलिंग्विस्टिक एंड स्टाइलिस्टिक स्टडी', 'फ्रैंज काफ्का : ए कंट्री डॉक्टर', 'हाउ मच स्पेस इज एन इंडियन राइटर नीड?' (आलोचना)। जर्मन, हिन्दी, उर्दू, कन्नड़, असमिया, पंजाबी, बांग्ला, उड़िया तथा गुजराती भाषाओं में उनकी रचनाओं के अनुवाद हुए हैं।

उन्हें महाराष्ट्र साहित्य परिषद के 'ह.ना. आप्टे पुरस्कार', 'यशवंतराव चव्हाण पुरस्कार', 'कुरुन्दकर पुरस्कार', 'साहित्य अकादेमी पुरस्कार', 'कुसुमाग्रज पुरस्कार', महाराष्ट्र फाउंडेशन के 'गौरव पुरस्कार', 'कुसुमाग्रज जनस्थान पुरस्कार', 'एन.टी. रामाराव नेशनल लिटरेरी अवार्ड', 'बसवराज कट्टिमणि नेशनल अवार्ड', 'महात्मा फुले समता पुरस्कार', 'ज्ञानपीठ पुरस्कार' से पुरस्कृत और 'पद्मश्री' से अलंकृत किया जा चुका है।

रंगनाथ तिवारी

हिन्दी-मराठी भाषा और साहित्य पर समान अधिकार रखनेवाले रंगनाथ तिवारी ने कविता, कथा, एकांकी, नाटक, उपन्यास तथा समीक्षा आदि विधाओं में पर्याप्त लेखन किया है। मराठी में कई पुस्तकें प्रकाशित हैं। हिन्दी में लिखित उनकी प्रमुख पुस्तकें हैं—'देवगिरि बिलावल', 'बेगम समरू' तथा 'काया-परकाया'। उन्होंने कई महत्त्वपूर्ण रचनाओं के अनुवाद भी किए हैं। वे योगेश्वरी महाविद्यालय, अम्बाजोगाई में हिन्दी के प्राध्यापक रहे और वहीं से उपप्राचार्य के पद से सेवनिवृत्त हुए।

उन्हें 'ह.ना. आप्टे पुरस्कार', 'वि.स. खांडेकर पुरस्कार', 'तुळसाबाई सोमाणी पुरस्कार', 'भैरूरतन दमाणी पुरस्कार' समेत कई पुरस्कारों से सम्मानित किया गया।

राजकमल से प्रकाशित लेखक की अन्य कृतियाँ

उपन्यास

हूल

जरीला

झूल

हिन्दू : जीने का समृद्ध कबाड़

कविता

देखणी

इन्द्रदत्त बोला, मैं योग-शक्ति से इस मृत राजा के शरीर में प्रवेश करता हूँ। फिर वररुचि याचक बनकर द्रव्य माँगने के लिए आएगा। उसे उतना द्रव्य देकर मैं फिर अपने शरीर में प्रविष्ट हो जाऊँगा। तब तक यह व्यक्ति मेरे शरीर की रक्षा करेगा।

—योगनन्द की कथा, कथा पीठ लम्बक

कथासरित्सागर

एक सलीब ढोता बिरादर

माता-पिता के संग बीते हुए
भयानक चिन्ताओं के
लम्बे-लम्बे कालखंड
में से उठकर
करुणा में मिली हुई गीली हुई गूँजें कुछ
मुझे दिखा देती हैं
नई ही बिरादरी

—**ग. मा. मुक्तिबोध**, *चाँद का मुँह टेढ़ा है,* पृ. 63

अस्तित्व को सर्वोपरि मानने के मूल में है स्वतंत्रता की धारणा। स्वतंत्रता जीने की, सोचने-लिखने की—पाठकों को पढ़ने-न पढ़ने की—समीक्षकों को समीक्षा करने-न करने की भी! 'ऊर्ध्वबाहुर्विरोम्येष' या समानधर्मा न मिलने की शिकायत से आज का साहित्यकार काफी ऊपर उठ गया है यह एक तरफ और दूसरी ओर उसके साहित्य में मनुष्य और उसके जीवन से जीवन्त सरोकार बहुत अधिक बढ़ गया है। 'दायफायका' (क्या फायदा) के स्पूनॅरिज़्म से सम्प्रेरित डॉ. भालचन्द्र नेमाड़ेजी के युगान्तरकारी उपन्यास 'कोसला' का अन्त, मरण-यातना सहती गैया के उत्पीड़न को झेलते हुए चुपचाप परम्परा के खूँटे से बँध जाने के स्वीकार में होता है। 'बिढार' में स्पूनॅरिज़्म का स्थान समझदारी (विज़डम) ग्रहण कर लेती है। 'कोसला' का पांडुरंग सांगवीकर 'बिढार' में चांगदेव पाटील बनकर अपने सलीब को आप ही ढोते हुए गाँव-

गाँव फैले हुए गोलगोथा की ओर ग़ालिब को दोहराते बढ़ता रहता है—'और अगर मर जाइये तो नौह:ख़्वाँ कोई न हो।' बधियाने से पहले बैल 'जरीला' होता है। दोनों हाथों में न समानेवाले उसके अंडकोष को मक्खन लगाकर बधियाने के लिए पत्थर पर रखके पत्थर से दे दनादन कूटा जाता है तब कहीं वह बैल बनता है और उसकी पीठ पर सम्मान के वस्त्र 'झूल' ओढ़ाए जाते हैं। यह मानवी सभ्यता की कैसी विडम्बना है कि सृजन-क्षमता के विनाश को स्वीकार किए बिना मनुष्य को समाज में सम्मान की प्राप्ति नहीं होती। विपात्र बनो और प्रतिष्ठा प्राप्त करो। सत् (बिईंग) और कर्तृत्व (बिकमिंग) का घोर कुरुक्षेत्र नेमाड़ेजी के उपन्यास, चांगदेव चतुष्टय का दहला देनेवाला अन्तःसूत्र है।

बिढार का मतलब है—भटकना, अपने कन्धे पर अपनी गृहस्थी का बोझ उठाए भटकना। मीना कुमारी की शायरी में कहें तो 'काँधे पे अपने रख के अपना मज़ार गुज़रे'। इस दिक्-काल से परे की भटकन का मकसद है, शायद, बुद्ध की तरह सम्बोधि प्राप्त करना। अपने आपको—अपनों को—अपनापे को पाना। 'बिढार' के चांगदेव पाटील की यह भटकन, भाषा-प्रदेश और काल को लाँघकर सार्वजनीन (यूनिवर्सल) और बीसवीं सदी के डाक्युमेंटेशन को लेकर सार्वकालिक बन जाती है। यह कभी भी खत्म न होने वाली भटकन जिसका प्रारम्भ 'कोसला' से 1963 में हुआ था, वह 'बिढार' (1975), 'हूल' (1975), 'जरीला' (1977) और 'झूल' (1979) को पार कर अब अपने आगे के मुकाम 'हिन्दू' की ओर अग्रसर हो रही है। यह परकाया प्रवेश करनेवाले 'एक' की कहानी है जो अपने विस्तार में 'अनेक' को समाहित करने की सामर्थ्य रखती है।

साहित्य की कसौटी है जीवन, और जीवन जिस कसौटी पर कसा जाता है वह है साहित्य। जीवन और साहित्य के इस अभेद को 'बारब्बास' के पेर लागरक्विस्त, 'सिद्धार्थ' के हर्मन हेस जैसे आधुनिक साहित्यकारों ने रेखांकित किया है। इन लेखकों

की यदाकदा दृग्गोचर होनेवाली नक्षत्र-मालिका की कड़ी हैं—डॉ. भालचन्द्र नेमाड़ेजी के उपन्यास। उनमें रॅरिटी (दुष्प्राप्यता) के सत्यों का सीधा और सहज भाव से किया गया अपूर्व साक्षात्कार प्राप्त होता है। सहजता इतनी कि दुष्प्राप्यता अपनी दुष्प्राप्यता (रेअरनेस) को स्वयं ही भुला दे। इन उपन्यासों में जीवन-यात्रा समाहित है या उपन्यास जीवन-यात्रा से अपने लिए सार्थकता अर्जित करते हैं यह कह पाना असम्भव न हो तो भी कठिन जरूर है। जीवन सम्भवत: अपनी टोटलिटी (समग्रता) में ही अपने विवर्त की कुछ झाँइयाँ दे पाता है। फिर भी इस विवर्त सत्य की कुछ अवस्थाएँ ऐसी जरूर होती हैं जिन्हें वरीयता प्रदान किए बिना मानवीय अस्तित्व और संस्कृति, दोनों बेमानी हो जाते हैं। उपन्यासकार की समझ (विज़डम) जीवन की इस वरीयता के सहज रूप को कभी अपनी बूढ़ी दादी, कभी शिवडी के मामा के परिवार तो कभी पवार की माताजी में पाता है जिन्होंने अपने कमजोर कन्धों पर जीवन के विविध आयामों को निर्लिप्त भाव से धारण कर रखा है। डॉ. नेमाड़ेजी के उपन्यासों का दायित्वबोध उनको अन्य उपन्यासकारों से अलगानेवाली महत्त्वपूर्ण विशेषता है। यह दायित्वबोध जीवन को समग्रता में ग्रहण कर सामाजिक-पारिवारिक, शिक्षा क्षेत्र, साहित्यिक संस्कृति, राजनीतिक अभिचार को अपनी प्रामाणिक चिन्ता का लक्ष्य बनाए हुए है। जीवन के नैतिक और सांस्कृतिक दायित्व की व्यग्रता का भाव जो नेमाड़ेजी के उपन्यासों में जिस अभिनिवेश-शून्य परन्तु रचनात्मक रूप में पाया जाता है वह अन्यत्र दुर्लभ है। देशीयता (नेटिविज़्म) की अवधारणा और उसके प्रति प्रतिबद्धता का निर्वाह, साहित्य के मौलिक स्वरूप को रंचमात्र खंडित न करते हुए अपने उपन्यासों में वे जिस सफलता के साथ करते चले गए हैं वह अपने समय की उपलब्धि मानी जाएगी। उनका लेखन आक्टोपस के समान हमारी चेतना को चारों ओर से कब जकड़ लेता है, पता नहीं चलता। इस रेंगते-रिरियाते निरुपद्रवी लगनेवाले आक्टोपस को और कुछ नहीं चाहिए—सब सुखी हों, गुंडागर्दी न हो, आदमी के बीच धर्म या

जाति-विद्वेष का जहर न हो, वाद महत्त्व के नहीं हैं—मनुष्य का सुखी होना महत्त्वपूर्ण है—यही अर्थशास्त्र की बुनियाद हो। देहात उसकी देह में रच-पच गया है। कहीं जाए वह साथ रहता है। और है सांस्कृतिक जीवन की चिन्ता—जिसका माध्यम है मनुष्य, साहित्य और कला। देहाती जीवन की सुन्दरता, स्वाभाविकता और प्राकृतिक निरामयता के साथ खिलवाड़ करनेवाले निष्ठुर तत्त्वों का सात्त्विक विरोध, यही लेखन का प्रयोजन—जीवन का लक्ष्य भी यही। इसमें फिर भाषा की समस्याएँ आ जाती हैं, शहरों के घिनौने यथार्थ आ जाते हैं, विविध व्यवसाय और क्षेत्रीयता आ जाती है। अश्मीभूत काल का भी समावेश हो जाता है। लगता है लेखकीय चेतना को इन सबके प्रति अपने दायित्वबोध का गहरा एहसास है।

गहरे एहसास के बावजूद 'बिढार' के नायक को न-नायक (एंटी-हीरो) कहा गया है। 'बिढार' का नायक न-नायक हो भी तो भी 'बिढार' की नायिका, पारु सावनूर, सौ प्रतिशत किसी महाकाव्य की नायिका के समान सुन्दर, कुमार-सम्भव की पार्वती के समान 'न ययौ न तस्थौ' की भाव-समृद्धि से सम्पन्न है। यह बात अलग है कि लेखक उसे कीर्केगार्द की प्रेयसी रेजीना ओल्सेन की नियति से जोड़कर उसको अस्वीकार करने में ही अपने अस्तित्ववादी चिन्तन की चरम सीमा और अपनी औपन्यासिक कला की सार्थकता अर्जित करना चाहता है। पारु सावनूर 'बिढार' का वह तरल शिल्प है जिसका रूपाकार निर्मल वर्मा के 'वे दिन' की रायना और रोमाँ रोलाँ के 'ज्याँ ख्रिस्तोफ' की नायिका ग्रेझिया से अपने प्राणों का सीधा स्पन्दन स्थापित करने के लिए व्याकुल है।

बिखराव के बावजूद 'बिढार' की संरचना और भाषा गजब की है। उपन्यासकार ने जीवन को जिस स्वाभाविक स्तर पर ग्रहण किया है उससे झरनेवाला हास्य-रस विसंगतियों से या व्यंग्य और विद्रूप से निर्मित हास्य-रस से इतना अनूठा और स्वस्थ है, जिसके दर्शन जीवन में तो होते हैं, पर साहित्य में कभी-कभार ही होते हैं। रेणु के 'मारे गए गुलफाम' के पात्रों में इनके कुछ हमजोली

मितवा मिल जाएँ तो अचरज इसलिए नहीं होना चाहिए कि रेणु और नेमाड़े दोनों की चेतना में देहात रच-पच गए हैं। देहात इन दोनों की ऊर्जा का समान और असमाप्त स्रोत है। इस ऊर्जा को दूसरी भाषा और जीवन-प्रणाली में प्रक्षेपित करना इसीलिए टेढ़ी खीर बन जाता है। फिर भी करना तो होता ही है क्योंकि भारत एक बहुभाषी और विविध संस्कृतियों से सम्पन्न देश है। इन भाषाओं की सम्पन्न परम्परा, विचार-सौन्दर्य का आपस में जब तक आदान-प्रदान नहीं होगा हम अपने ही देश में अपनी विरासत से वंचित रहेंगे। भारतीय साहित्य की संकल्पना इस विरासत को स्वीकार किए बिना साकार नहीं हो सकती। यह एक पुन:सर्जन का आनन्दवर्धक कर्म है जिसकी अहमियत को पहचानकर उसे प्रकाशित करनेवाले श्री अशोक महेश्वरी जैसों के प्रयासों को इस अर्थ में ग्रहण करके ही हम अपनी प्रबुद्ध सुरुचि और सांस्कृतिक दायित्वबोध का सम्मान कर सकते हैं।

—रंगनाथ तिवारी

25 मई, 1999
'दयाल' जयवन्ती नगर
अम्बाजोगाई-431517

चांगदेव चतुष्टय : 1

बिढार

नींद में कुछ दोस्त दरवाजा खटखटा गए। अभी भी कोई नीचे से लगातार पुकारता ही जा रहा है। चांगदेऽव, चांगदेव, पाटीऽल, चांगोऽ, चांग्याऽऽ। लेकिन ऊँचे तकिए पर गर्दन और कन्धा टिकाकर शेषशायी नारायण के समान सवेरे से सीधा सोया हुआ वह जाग नहीं रहा था। दूसरी ओर, किसी का किसी से मेल नहीं ऐसी भयानक स्वप्निल नींद, प्रचंड वेग के साथ चक्राकार घूमती चली जा रही थी और अब धीरे-धीरे रेंगती हुई जागृति बदन में सुगबुगा रही थी। पलंग के सामने की खिड़की में हिचकोले खाती पीपल की बहुत बड़ी शाख। उसके पीछे पत्तों के बीच से झाँकती बादलों की सफेद चद्दर और बिखर-बिखरकर फिर हमेशा के लिए गहरा रहनेवाला आकाश। इसी तरह यह कमरा, ऐसा ही ऊँचा यह तकिया। पूरी ध्वनियाँ गायब कर इनकी ऐसी ही स्थिर तस्वीर अगर कोई खींचे तो वह लाजवाब होगी। भयानक ठिठुरी हुई अवस्था, आगे-पीछे के सारे सन्दर्भ काटकर खींची गई सिर्फ ऐसी निश्चल तस्वीर! तो अब उठें।

डॉक्टर से तो एकदम सबके बाद मिलें यही अच्छा है। जाना भी तो कई जगह है। तुरत निकलना जरूरी था। उसमें भी नीचे से पुकारनेवाला चला जाए तो फिर जाना अच्छा होगा। सारी दोपहर नीचे से आनेवाले रेडियो के सुर अब तक मस्तिष्क

में थे। कुछ नूरजहाँ, कुछ दिल हिलाकर रखनेवाला खरज में बजता हारमोनियम, कुछ गीतों के पीछे धीमी-धीमी बजती डफ की आवाज और शायद दोपहर में हुई धुआँधार बरसात। पिछली कितनी ही रातें बिना नींद के बीतीं। इसलिए आज अचानक गहरी नींद में डूबा शरीर अच्छा हुआ कि ठीक समय पर फिर से तैरता हुआ ऊपर आ गया। शायद पुकारने वाला भैया ही होगा। या फिर शंकर। सारंग भी ऐसे ही चिल्लाता है। लेकिन वह चला गया यह भी अच्छा ही हुआ।

ऐसा सोचकर वह उठा। झटपट मुँह-हाथ धोकर कपड़े, पैसे, जूते पहनकर धड़धड़ाता हुआ नीचे आया। हॉस्टल के अधिकतर कमरे बन्द थे और सामने गुडलक होटल में एक भी दोस्त दिखाई नहीं दे रहा था। इसलिए तुरत चाय पीकर चुपचाप निकलना हो सका। वैसे भी रुकना उसके लिए सम्भव नहीं था। फिर भी किसी एक ने पुकारा ही। वह केवल हाथ हिलाकर खिसक गया।

सड़क के बाजू के बगीचे में माली अब भी नए पौधे लगा रहा था। सवेरे से फिर भी काफी पौधे लगाए जा चुके हैं ऐसा दिखाई दे रहा था। रास्ते से आने-जानेवाले बदन पर नई बरसात की निशानियाँ लेकर ही कहीं आ-जा रहे थे। पान की टपरी पर से चार-पाँच जनों ने उसे पुकारा। बाद में मिलता हूँ कहकर उसने हाथ हिला दिया। *तेरी राहों में खड़े हैं दिल थाम केऽ, हाये हम हैं दीवाने तेरे नाम केऽ।* इतने में कहीं गाना शुरू हो गया था। लेकिन स्टेशन में जल्दी घुसना जरूरी था। वह सोच रहा था, सच तो यह है हम सब जंगल के पेड़ों के समान, खाते-पीते, हँसते-खेलते, गाने सुनते हुए सीधे सघन बढ़ते रहते हैं। लेकिन अचानक किसी एक की जड़ों पर कुल्हाड़ी के प्रहार होने लगते हैं तब मनुष्य का अस्तित्व काँप उठता है।

शायद वैसा कुछ नहीं भी होगा। लेकिन जो भी है उसका फैसला आज हो जाए तो अच्छा है। दो-तीन महीने से यह अस्पताल फिर वह अस्पताल, सरकारी डॉक्टर, प्राइवेट डॉक्टर ऐसा बस चल ही रहा है। सच कोई नहीं कहता। अब इस डॉक्टर से बड़ा डॉक्टर तो बम्बई में कोई है ही नहीं। एक बार इससे मालूम हो जाए जो भी है तो छुटकारा मिले। छुटकारा मिले मतलब कम-से-कम इस झंझट से। वैसे यह भी दूसरों जैसा ही कहनेवाला हो तो कम-से-कम अपने लिए तो बातें साफ हो जाएँगी। आगे का आगे देखा जाएगा। सच तो यह है कि हम अकेले-अकेले जीवन-भर जहाज की तरह तैरते रहते हैं। उससे छुटकारे का सवाल ही कहाँ पैदा होता है! अपनी कुछ भी सहने की तैयारी तो हो ही चुकी है।

धड़धड़ाती ट्रेन। धक्कमपेल में दो स्टेशन। फिर बाहर। फिर थोड़ा पैदल। फिर बस। वापस उतरकर फिर कुछ देर तक काफी पैदल। गलती से एक स्टॉप पहले उतर जाने से थोड़ा ज्यादा चलना पड़ा। खासकर बाईं ओर जबर्दस्त उफनते सागर के किनारे से पैदल गुजरना ऐसी हालत में और भी दहला देनेवाला था।

फिर नारियल के सुन्दर पेड़ों से घिरा अस्पताल। बाहर लगी तख्तियों में से एक को अच्छी तरह पढ़कर वह अन्दर सीढ़ियाँ चढ़कर ऊपर गया। हमेशा के दरवाजे से अन्दर न जाकर उस ओर के दरवाजे से सीधा उस सुन्दर लड़की के टेबल के पास पहुँचा। वह हरदम ही सुन्दर मुस्काया करती। ऐसे समय उससे घनिष्ठता जताने में कोई हर्ज नहीं था क्योंकि कितनी देर वेटिंग रूम में बैठना पड़ेगा कुछ कहा नहीं जा सकता। इसलिए वह सीधा यहीं चला आया। उसने भी उसका चेहरा देखकर उसका कार्ड लिया, फाइल ढूँढ़ दी और बैठने को कुर्सी दी। फिर वह यों ही उसे निरखती रही। कुछ देर बाद अन्दर के पेशेंट के बाहर आने पर उसने उसे अन्दर जाने के लिए कहा। अन्दर के कमरे में कोई नहीं था। वह अकेला टेबल पर बैठा और अस्वस्थ होकर पैर हिलाता रहा। डॉक्टर बाजू के कमरे में उसी की फाइल देख रहे थे। इतनी प्रखर रोशनी कि कहीं कोई परछाईं नहीं।

चांगदेव मतलब पहले से ही किसी के साथ समझौता न करनेवाला लड़का। बचपन से ही—मनमाने ढंग से रहने की आदत पड़ गई थी। ऐसे में फिर बड़े परिवार में बचपन बीतने से कहीं पर भी कुछ भी करते रहो, जी चाहा तो अकेले कुछ करो दिन-भर या फिर चाहो तो बहुत सारे लोगों के बीच रहो। प्रचंड बाड़े के किसी कोने में कुछ तो करते रहो या किसी चाचा को, या भाइयों को लेकर उधम मचाते रहो। कभी दो-तीन लड़कों का हाथ में लाठियाँ लेकर बछड़े के साथ जूझते हुए उसे बेतहाशा पीटना। बछड़े के सींग तानकर उलटते ही उसके हमले से बचना और उसे छकाना। फिर पीछे से उसे बेजार करना। कभी चार-पाँच जने मिलकर खेत में जाते। बेरी के पेड़ झटकते, कभी इमली के पेड़ के एकदम मत्थे पर की टहनी पर लगी इमली के गुच्छे को तोड़कर लाने की होड़ लगाते। ऐसी होड़ में एक भाई दिगम्बर हवा के झोंके से सन्तुलन खोकर नीचे गिरकर मर गया था। सभी जंगलीपन की बातें। बरसात में पहली बाढ़ आते ही—नदी के कगार में छिपे बिच्छुओं को पत्थर मारकर गिराना। उनकी पूँछ में तागा बाँधकर उनकी माला

बनाना। उनको एक कतार में खड़ा करके उनकी प्रतियोगिता लगाना। नदी के कछार में लड़कों की धींगामुश्ती। उसमें पूरी तरह से थक जाने पर हाथ-पैर धोकर घर की ओर दौड़ना। सभी भाई-बहनों के साथ बैठकर थाली में जो भी आए पेट भरकर खाना। माँ, चाची, दादी कोई भी किसी की भी खाने-पीने की जिद पूरी करती। औरतें ही औरतें, लड़कियाँ ही लड़कियाँ, लड़के ही लड़के—चारों ओर खुशहाली।

तब घर में खुशहाली थी। बाद में लड़के बड़े होते गए और अपने-पराए का भेदभाव आता गया। यह अपने आप ही हुआ। लेकिन चांगदेव का तो बचपन मौज-मस्ती में बीता। जब तक घर में अपनापन था वह बड़ा हो गया। फिर पढ़ाई का पागलपन सिर पर सवार हुआ। लेकिन उसके पहले सब मनमौजी मामला था। स्कूल के छूटते ही बस्ता रखकर खा-पीकर सीधे बाहर निकल जाना। टेकड़ी से उतरते ही दूर तक फैली तापी के दह में तैरना या फिर उस पार के टीलों में मोरों के पीछे दौड़ते हुए गुमराह हो जाना। उस पार के सतपुड़ा के बीहड़ जंगल बचपन में बड़े अद्‌भुत लगते। भय और अद्‌भुतता का और ऊँचे-नीचे फासलों का आपस में एक-दूसरे के साथ क्या सम्बन्ध होता है, यह सब बचपन में ही मन में रच-पच गया था। इसलिए दुनिया में कहीं भी डाल दिया तो भी ये बातें मन में घर कर बैठी रहीं। एक बार बाढ़ आने से बाड़े की लम्बी-चौड़ी भीत बह गई—पूरा गाँव पानी में घिर गया। खुशियों के दिन खत्म होने की वह निशानी थी।

उसके पिता ने जब उसे बम्बई लाकर छोड़ दिया उसे बम्बई सतपुड़े-सी ही अद्‌भुत, रम्य, प्रचंड लगी। कुछ भी करो लेकिन पढ़ाई में कभी पीछे मत रहना, उसके बाप ने चेतावनी दी थी। उसका पालन उसने कॉलेज की सभी परीक्षाओं में किया। यूँ देखा जाए तो पहाड़ों में रास्ता ढूँढ़ने से पढ़ाई का काम ज्यादा कठिन नहीं था। पिता को लगता था कि देहाती स्कूल में होशियार समझा जानेवाला लड़का बम्बई में कब तक टिक पाएगा पता नहीं। परन्तु पहले ही साल जब लड़का सब सीखकर—बोल-चाल, लिखना-पढ़ना ठीक से करके अच्छी तरह पास हो गया तो पिता निश्चिन्त हो गए। पिता परिवार के कर्ताधर्ता थे, इसलिए जब तक चलता है तब तक संयुक्त परिवार से अपने बाल-बच्चों पर जो कुछ खर्चा करना है करें इस भाव से चांगदेव को भरपूर पैसे भेजते।

दूसरे साल भी लड़का अच्छी तरह पास हो गया। तब और भी ज्यादा लाड़ लड़ाने लगे। घूमना-फिरना, सैर-सपाटे, संगीत-क्लास, अंग्रेजी की स्पेशल क्लास,

फ्रांसीसी की क्लास, होटल, यार-दोस्त, नाटक, देशी-विदेशी सिनेमा, किताबें—वह क्या-क्या करता था यह सुनकर ही माता-पिता धन्य-धन्य हो जाते। कुछ दिनों बाद उस पर होनेवाले खर्च के कारण घर में झगड़े होने लगे। लेकिन पिता बेपरवाह होकर आदेश के स्वर में कहते—"चांगो, अपना काम चलते रहने दो। यहाँ सब कूपमंडूक हैं। तुम्हें जो पढ़ाई करनी है वह करो। तुम बुद्धिमान हो। कलेक्टर बनोगे या फिर डॉक्टर, तब इनको पता चलेगा कि तुम क्या हो। मैं उनका भी सब करता ही हूँ। हर साल एक शादी का जुगाड़ करता हूँ। सबको पढ़ाता हूँ। अपना दिगम्बर गया, उसका दुख हम तुम्हें देखकर हल्का करते हैं। दो बच्चों की पढ़ाई का खर्चा मैं अकेले तुम पर करूँगा।"

लेकिन बम्बई आते ही जितनी भी जो कुछ नई दुनिया है वह सब अपनी समझ में आनी चाहिए इसलिए इतने बरसों तक सहेजकर रखी ताकत उसने दाँव पर लगा दी। विविध क्षेत्रों में रस लेनेवाले मित्र मिलकर हमेशा चर्चा करते। चाय, सिगरेट पीते-पीते अपने आपको नई दुनिया का नागरिक मानकर वह वास्तव में अपना आपा खो बैठा। इस पागलपन के दौर में वह कम्यूनिस्ट पार्टी का मेम्बर होकर एक मोर्चे में पकड़ा भी गया। लेकिन जेल की दो रातों में खटमल और मच्छरों ने उसके होश ठिकाने लगा दिए। उसके बाद वह सिर्फ चर्चा, लिखना-पढ़ना इतनी हद तक ही नई दुनिया का सदस्य रहा। और स्मरण शक्ति, कल्पना-शक्ति प्रचुर मात्रा में होने से परीक्षा में हमेशा अव्वल। एक बार तो सर्वश्रेष्ठ छात्र का कॉलेज पुरस्कार मिलने पर अपने पिता को लम्बा-चौड़ा लेटर लिखकर उसने अपने आपके लिए शाबासी अर्जित की। अंग्रेजी और मराठी के दो-तीन अखबारों में छपकर आए अपने लेख भी अपने पिता को भेज दिए। तो यह ऐसा है।

ऐसे इस चांगदेव पाटील की अवस्था डॉक्टर की बातें सुनते-सुनते ऐसी हो गई थी जैसे किसी ने मुँह पर खींचकर घूँसा मारा हो। आई हुई चक्करघिन्नी से अपने आपको सँभालता हुआ वह वहाँ से बाहर निकला। पर्चियाँ, रसीदें, पैसे जेब में ठूँसता हुआ वह दरवाजे तक आया और सीधा वेटिंग रूम में चला गया। वहाँ पर बैठे हुए सभी डरे-डरे से दिखाई दे रहे थे। बाहर जोर की हवा और बरसात थी इसलिए स्प्रिंग लगा दरवाजा अपने आप खुलकर बन्द हो रहा था। इस अस्पष्ट उजालेवाले कमरे में प्रतीक्षा में बैठे हुए लोगों को अपने चेहरे से, अन्दाज से भी

मालूम नहीं होना चाहिए कि हुआ क्या है, इसलिए अपने चेहरे की घबराहट को यथासम्भव अपने तक रखकर वह सीधा बाहर निकल आया। इस महादशा से उभरना कठिन है।

मात्र बीस बरस की अवस्था में सह लिया जाए ऐसा वह आघात नहीं था। डॉक्टर ने सीधे-सीधे बता दिया था कि क्या हुआ है और ऐसे में अपने आपको सँभालने की गरज से उसने जवानी के जोश में उनके साथ जो बौद्धिक विवाद करने का प्रयास किया था उसकी उपेक्षा कर उन्होंने अंग्रेजी में कहा था—जीना हो तो आना।

बाहर पुरजोश बरसती बरसात के तुषारों से चारों तरफ आसमान चमक रहा था। बस में बैठना टालकर वह भीड़ भरे एक बड़े रास्ते पर यूँ ही फुर्ती से चलता रहा। फिर ऐसे चलने की कुछ भी आवश्यकता नहीं है यह ध्यान में आते ही वह अचानक रुक गया। बरसात में रुकना भी सम्भव नहीं था। इसलिए वह प्रचंड कोलाहल भरे एक होटल में घुस गया। सन्तुलन बनाए रखने के लिए कहीं-न-कहीं कम-से-कम घड़ी-दो घड़ी बैठना जरूरी था। तराजू का एक पलड़ा काफी झुक चुका था और दूसरा कुछ भी करे तो भी नीचे आना नामुमकिन था।

स्टेशन से बाहर निकलते समय हमेशा कॉलेज की ओर जानेवाला रास्ता पकड़कर, दूर के रास्ते पिछवाड़े से हॉस्टल पर आया। गीले कपड़ों का ढेर कमरे में डालकर सूखे कपड़े पहन ऊँचा तकिया लेकर वह सिगरेट पीता पड़ा रहा। चुपचाप!

और उसके बाद सब रंग ही बदल गए।

उल्टे इतने वर्षों तक इकट्ठा की हुई बातें बोझ-सी लगने लगीं। इतने सारे दोस्तों के साथ सम्बन्ध रखना जान पर आने लगा। कमरे में किताबों से दिक़्क़त होने लगी। ख़त आते, सन्देशे आते, उनसे भी तक़लीफ होने लगी। पढ़ाई करने से कुछ फायदा नहीं। जो-जो आता है उसका भी कोई फायदा नहीं, जो कुछ है वह क्षणभंगुर है, अपना तो कुछ भी नहीं। ऐसे विचारों से यह बालक भरी जवानी में सूखने लगा। एक-दो लड़कियों से मिलने-बोलने का सिलसिला शुरू हुआ था वह भी वहीं पर खत्म हो गया। आगे का सब कुछ बेचिराग हो गया। अपने तईं इस समस्या का समाधान ढूँढ़ने के लिए महीनों तक उसमें क्षमता न थी। वह बचपन में आग बरसती धूप में नंगे सिर नंग-धड़ंग भटकता और भूख-प्यास भूलकर दिन-दिन भर जंगल में भटकता रहता था, इसीलिए शायद वह ऐसे में पागल होने से

बचा रहा। अन्यथा, बुद्धि-भ्रंश होने जैसी ही स्थिति थी। दुनिया में कहाँ क्या चल रहा है, कौन सा लेखक कैसे जिया और कौन से इटालियन सिनेमा में कैमरा कैसे घुमाया गया है ऐसी बातों की मौलिक चर्चा करते-करते अन्त में अपने ही जीवन पर एक अकेले सोचने की पिशाचावस्था प्राप्त हो गई है, यह देखकर उसकी बोलती बन्द हो गई। उसमें अचानक हुआ यह परिवर्तन सबको नकली लग रहा था। किसी को लगा अब बी.ए. की परीक्षा आ रही है और इसे पुरस्कार जीतना है इसीलिए यह हमको सोच-समझकर टाल रहा है। साला धूर्त है। करिअरिस्ट है।

पर उसे सता रहे थे जीने-मरने के जानलेवा सवाल। ऐसा कहीं पढ़ा भी नहीं था। देशी-विदेशी नाटकों में भी कहीं ऐसी समस्याएँ नहीं थीं। इसलिए सब कुछ नया, अद्भुत, अचानक नई नरक-यातनाओं में फेंके गए जैसा था। कुछ दिनों के बाद कोई भी उसे अपने पास नहीं खड़ा होने देगा। माँ-बाप भी घर से बाहर निकाल देंगे ऐसा है यह अस्तित्व। सड़ने-गलनेवाली चमड़ी।

फिर उसने लाइब्रेरी से अलग-अलग रोगों पर, शरीरशास्त्र पर लिखी किताबें चुपचाप निकालकर देखीं। मनुष्य को इतने सारे रोग हो सकते हैं यह जानकर जीने के विषय में उसके मन में तुच्छता उत्पन्न हुई। कुछ किताबों में चित्र थे। उसे उन भयंकर चित्रों में अपनी तस्वीर दिखाई देने लगी। चित्रों के नीचे दी गई जानकारी में प्रारम्भिक लक्षण, कारण, फिर आगे रोग कैसे-कैसे बढ़ता है और अन्त कैसे होता है—यह सब कुछ पढ़कर उसके बदन में आग-सी लगने लगी। अब अपनी ऐसी ही दशा होगी—अन्त भी ऐसा ही होगा। हे भगवान, क्या तकदीर बनाई है—ऐसे उद्गार मन-ही-मन उठने लगे। रात-दिन बस तिलमिलाते रहना। तड़पना। एकदम अकेले रहकर।

कई रातें तड़प-तड़पकर बिताने पर घनघोर नींद। बाहर बस बारिश ही बारिश, वैसे ही मस्तिष्क में बस नींद ही नींद। पूरा शरीर ही जैसे बरसात के पानी में हौले-हौले बह रहा हो। नींद की गति शरीर को हल्का करके कहाँ से कहाँ ले गई। कम-से-कम ब्रेड खाने के लिए उठना। लेकिन फिर से वैसी ही ग्लानि। इस तरह हॉस्टल पर महीनों बीत गए। क्लास छोड़ने से, अटेंडेंस कम हो जाती थी इसलिए नाम लिस्ट में आता। प्रिंसिपल, प्राध्यापक अच्छे थे इसलिए निभ जाता। उनका आभार मानना चाहिए ऐसा भी उसने कभी नहीं सुना।

वह सोच रहा था, अब घरवालों को यह कैसे बताया जाए? और जानकर माता-पिता को क्या लगेगा? जब तक यह सब ठीक नहीं हो जाता शादी-ब्याह

मत करना ऐसा भी डॉक्टरों ने कहा था। जायदाद के बँटवारे के लिए सभी चाचा लोग पहले ही रात-दिन झगड़ते रहते हैं। फूफी-बहनें ब्याहने लायक हो गई हैं। माँ हरदम कहती रहती है—अब मैं बहुत दिन जीनेवाली नहीं हूँ, जल्दी पढ़ाई खत्म कर नौकरी कर लो। मेरी शादी के बारे में हमेशा कहती है। अब तो शादी हो ही नहीं सकती। यह उनको मालूम हो गया तो माता-पिता में से कोई सदमे से मर जाएगा। फिक्र से घुट-घुटकर उनके आखिरी दिन बहुत बुरी तरह बीतेंगे। दिगम्बर जब से गया है, माता-पिता मुझसे वैसे भी जरूरत से ज्यादा प्यार करने लगे हैं। मैं भी तो उनकी आशा को ढील देता रहा हूँ। अब सब बरबादी ही बरबादी। अपना दुख सहने के लिए उन्हें विवश करना यह तो अधम का काम हुआ।

कुल मिलाकर जीने के लिए हम अकेले नहीं हैं इस बोध से वह और भी तिलमिला उठा। धीरे-धीरे परिवार के लोगों के प्रति उसके मन में विचित्र-सी तिरस्कार की भावना पैदा होने लगी। असल में यह बात उसे चुभने लगी कि माता-पिता ने छल-कपट कर इतना सब कुछ मेरे लिए किया ही क्यों। मेरी अंग्रेजी अच्छी है, वह बिलकुल लाट साहब जैसी होनी चाहिए, इसलिए पिताजी कहीं से एक रेडियो उठा लाए। उस वक्त बड़े चाचा की धोतियाँ फटी हुई थीं, चाची की जचगी हुई थी और उसे ठीक से दवा-दारू नहीं मिल रही थी, एक फूफी और एक चचेरी बहन की शादी दहेज के कारण, होते-होते टूट गई थी, छोटे चाचाजी होनहार थे फिर भी मेडिकल कॉलेज में उन्हें प्रवेश नहीं दिलाया गया था, बड़े चाचा का लड़का सोपान मैट्रिक की परीक्षा अच्छे अंकों से पास हुआ था फिर भी पिताजी ने उसे कॉलेज में दाखिला नहीं दिलाया और कहीं वायरमैन का कोर्स करने पर मजबूर किया था। ऐसे कई किस्से थे। अब वे सब बातें उसके दिमाग में चकराने लगीं। लेकिन इतना सब कुछ करनेवाले माता-पिता को अब इस बीमारी के बारे में लिखना मतलब और दुख देना। कुल मिलाकर अपनी सूझ-बूझ के लिए अब यह एक खासी चुनौती है। यह सब कुछ गटागट पीकर मुक्त हो जाना, मर जाना, यही अच्छा होगा।

ऐसे सोचते-सोचते अन्त में उसे ऐसा भी लगने लगा कि एकाध शाख टूट पड़ती है और भाई चीखता हुआ गिरकर मर जाता है। कहीं हाथ पटका और मच्छर मसलकर मर जाए। एक बार दोस्त के साथ बूचड़खाने का चक्कर लगाया। कई बकरे और बैल काटे जा रहे थे, कुछ पास ही बँधे खड़े थे। अथवा कहीं चार आने का जहर डालो तो पचासों चूहे बिल के बिल में मर जाते हैं, उन्हें

निकालकर कोई देखता भी नहीं। तब अपनी ही जिन्दगी क्या बहुत कीमती और जीने के लायक है? यूँ ही ढोते रहेंगे और एक दिन मर जाएँगे। लेकिन यह सब कुछ घरवालों को न बताकर बड़े-बड़े डॉक्टरों से दवा लेकर कभी तो ठीक होकर जीते रहना, यह तो इस रोगी अवस्था से भी ज्यादा रोगी अवस्था का लक्षण है। कितने ही देहातों में आज भी डॉक्टर नहीं हैं। कुछ भी होता है और मरनेवाले एक-एक कर मर जाते हैं। सही-सलामत बचे हुए जीते रहते हैं। यह सही निरोगी जीना है। दवा खा-खाकर ठाँठ पशु-सा जीना लांछनास्पद है। इसलिए जैसा भी है ढोते रहेंगे और एक दिन मर जाएँगे। इन बीस बरसों में मैं कभी डॉक्टर के पास नहीं गया। कभी एक दवा की बोतल नहीं ली। दवा की इतनी सारी दुकानें देखकर वह तुच्छता से हँसता। देखो स्साले कितने लोग हैं दवा लेनेवाले दुकान में, ऐसे चीखता। और अब वैसी ही दुकान में दवा लेने जाना? दिगम्बर के समान मुस्टंडा बनके जीना।

इसके अलावा इतना सब जानते हुए उसी घर से मैंने इतने सारे पैसे निकाले, यह तो किसी साहूकार के समान शोषण करना हुआ, उसका क्या हो? यह सब पिताजी को न बताकर पैसे खींचते रहना, मतलब, घर में रूखा-सूखा खानेवाले पचीस जीवों की जान पर मौज उड़ाना हुआ। बताने पर पिताजी कहीं से भी पैसे लाकर देंगे। इसलिए उनको तो कभी भी नहीं बताना होगा। केवल इस एक शरीर के लिए इतनी सारी झंझट करने के लिए किसने कहा है? और अब तो पिताजी के खर्चे पर सभी चाचाओं की कड़ी नजर है। कुछ मिलाकर अपनी स्वाभिमानी प्रकृति के अनुकूल यह नहीं होगा। मेरे भाइयों को, बहनों को, चाचाओं को, फूफियों को अच्छे दिन नसीब हों। चाहे मैं मिट जाऊँ। यह मिटना ज्यादा मर्दाना होगा।

वास्तव में उसकी समस्या का हल ढूँढ़ने के लिए किसी दूसरे बुद्धिमान मनुष्य की आवश्यकता थी लेकिन इसमें किसी भी दूसरे को भागीदार बनाने के लिए वह तैयार नहीं था। अपना दुख खुद ही भुगतना चाहिए, दूसरों को उसके लिए कष्ट क्यों दिया जाए? यह एक और आत्यन्तिक स्वाभिमान था बचपन से पाला हुआ।

इसी तरह दिन बीते। इसमें एक आदत लग गई सो लग गई। पलंग पर चित लेटकर माथे के नीचे तकिया रखकर ऊपर देखते हुए जीने-मरने का अथवा मात्र अपना ही हिसाब करते जाना। शेषशायी विष्णु के समान चुपचाप पड़े रहना। नींद आ गई तो वैसे ही सोए रहना। नींद आ जाने पर मस्तिष्क में कोई नारी-स्वर हिचकियाँ लेकर रो रहा है ऐसा लगता और सवेरे मस्तिष्क के कुहरा जाने से

थकान-सी छाई रहती। यह सब स्वाभाविक रूप से होता रहा और इम्तहान आ गए। इम्तहान में पास तो बड़ी आसानी से हो जाएँगे लेकिन नम्बर-वम्बर, पुरस्कार सब भूल-भालकर बस इम्तहान में बैठना। पास भी हो गया तो बहुत हुआ।

उस साल की छुट्टियों में लड़का हँस-बोल नहीं रहा था, बरस भर क्या किया कुछ बता नहीं रहा था, यह देख माता-पिता चिन्तित हुए। पढ़ाई वगैरा का कुछ होगा, ऐसा सोचकर वे चुप रहे। लेकिन उसके कलेजे को छूने में कामयाब रही उसकी पचासी बरस की दादी। चांगदेव हरदम ऊपर के तल्ले पर छत की ओर देखता पड़ा रहता है यह ध्यान में आने पर एक बार वह हाथ और पैरों के बल सीढ़ियाँ चढ़कर ऊपर आई। उसकी चारपाई के पास बैठी। उसे सिर से पैर तक टटोलने के बाद बोली, "चांगदेव, तेरा जो भी कुछ दुख है कह क्यों नहीं देता भैया? दुख अकेले नहीं सहना चाहिए।" फिर उसने सुझाया कि बड़ी फूफी के गाँव में एक ओझा है। पढ़े-लिखे लड़कों को मजाक लगेगा, लेकिन एक बार उसके पास जाकर आएँगे, सवेरे-सवेरे। अलाय-बलाय पड़ी रहती है आदमी के पीछे। कैसा हीरे जैसा रूप था और ये क्या हुआ...

एक तरह से बात तो सच थी। इस दुनिया में ऐसी-वैसी भी बातें हो सकती हैं। अलाय-बलाय ही उसके पीछे पड़ी थी। लेकिन ओझा के यहाँ जाने के लिए उसके मन में उत्साह नहीं था। सच में देवी का संचार होने पर ओझा ने सारा सच उगल दिया तो बड़े जतन से सँभाले दुख के इस एकछत्र राज की धज्जियाँ उड़ जाएँगी। इसलिए वह बोला, "कुछ नहीं दादी, मुझे कुछ भी नहीं हुआ है। तू चुप रह।"

लेकिन कुल मिलाकर उसकी यह भावना तीव्रतर होने लगी कि अब घर से अलग-थलग हो जाना चाहिए। अब इसके आगे, अकेले, स्वतंत्र, मुक्त रहना अपने लिए भी अच्छा है और दूसरों के लिए भी अच्छा है। वैसे भी हर छुट्टी के दिनों में किसी एक फूफी या चचेरी बहन के या चाचा के ब्याह के लिए घर में सौ-सवा सौ लोग आकर डेरा डालते ही हैं। बचपन में घर से बाहर रहकर समय कट जाता था, इन दिनों छुट्टियों में घर में पड़े रहना मुश्किल हो गया था। बहुत छोटा था तब घर में ब्याह होते तो अच्छा लगता। अब यह सब कठिन हो गया था। दादाजी के सभी भाई हैजे में मर-खप गए थे और उनमें से सिर्फ एक का ही ब्याह हुआ था, यह अच्छा था। उनमें से एक चचेरे चाचा अब बम्बई में मकान

बनाकर बस गए थे। वरना वह शाख भी बढ़ती तो मुश्किल हो जाता। गली में बच्चे समाते ही नहीं। सभी जीते तो बचे हुए लोगों का जीना मुश्किल हो जाता।

इम्तहान में तो वह फेल होने ही वाला था। मन लगाकर एक भी पर्चा नहीं लिखा था। नसीब बहुत अच्छा होने पर ही पास होने की सम्भावना थी। फेल हो जाने की खबर पहुँचते ही पिताजी की फजीहत तय थी। सभी चाचा लोग पिताजी का पहले जैसा सम्मान इन दिनों नहीं कर रहे थे। चाचियाँ भी माँ के मुँह लग रही थीं। यह सब तब से चल रहा था जब से पिताजी खेत बेचने लगे थे। छोटे दोनों चाचा बोलते कुछ नहीं थे परन्तु माँ से वह पहले जैसी आत्मीयता से पेश नहीं आते थे। वे दोनों भी जितना मिले उतने पैसे बटोरकर किसी तरह कॉलेज की पढ़ाई पूरी करने और नौकरी करने की तैयारी में लगे हुए थे। छुट्टियों में वे पहले जैसे दिल खोलकर बोलते नहीं थे। बड़े चाचा पहले से ही खेती की परेशानियों से हैरान हो गए थे। मजूरों के साथ उनके झगड़े चलते रहते। पिताजी मजूरों का पक्ष लेते और वे रूठकर आठ-आठ दिन कहीं ससुरालवालों के यहाँ जा बैठते। पिताजी मजूरों के सामने उनका अपमान करते, कहते, "इन दिनों नौकरों के साथ भी भाई जैसा बर्ताव करना पड़ता है यह इस गधे की समझ में नहीं आता!" मझले चाचा भी खेती से तंग आकर ससुरालवालों की सहायता से गुजरात में खेती लेने की सोच रहा था। उसने तो घर में ध्यान देना ही छोड़ दिया था। मझली चाची अमीर बाप की बेटी थी। वह सब पर रोब जमाती। माँ उसे भी सँभालती। लेकिन हरदम पिनपिन चलती रहती।

बड़े चाचा इन दिनों सबके सामने पिताजी को लुच्चा, स्वार्थी, हरामखोर, मुफ्तखोर कहते। पिछले पाँच बरसों में कभी यह खेत में दिखाई दिया है?—ऐसा कहते। बड़ी चाची और मझली चाची ने अब एक होकर माँ को ताने मारना शुरू कर दिया था। घर में औरतों को मर्दों के सामने झगड़ा नहीं करना है, ऐसा पिताजी का अनुशासन था इसलिए माँ कई बार पल्लू से आँखें पोंछती रहती। जब बातें असह्य हो जातीं तब एक-एक का हिसाब करने लगती : बहनें क्या इनकी अकेले की थीं? तुम्हारे पतिराज की नहीं थीं? अब छोटी ननदबाई का शादी-ब्याह तुम्हीं देखो! अपमान किया जाता है मेरे पति का! हमाली करनी पड़ती है मेरे पति को। और मेरी बड़ी बेटी सुमन को जो दहेज दिया वह क्या छुपाकर दिया? इतनी सी रकम के लिए क्या ऐन वक्त पर ब्याह रोक दिया जाता! और मेरी बच्ची देखो कहाँ पहाड़ों में दिया है उसे? तुम्हारी लड़कियों की तो इन्होंने कुछ अधिक ही चिन्ता

की है। जो माँगा सो दहेज दिया, समधियों का मान-सम्मान सब किया। मेरी बेटी तो सिर्फ चूड़ियाँ और मंगलसूत्र लेकर गई। वगैरा-वगैरा। और अन्त में पल्लू से आँखें पोंछना। दिगम्बर की याद वगैरा थी।

फिर घर आने पर पिताजी उलटे माँ पर ही गुस्सा करते : कहा है न तुमको इनके मुँह नहीं लगना। मैं क्या करता हूँ दुनिया जानती है। इन घरघुस्से सूअरों को कौन पूछता है? एकाध सम्बन्ध करके तो दिखाएँ? इस घर में तो लड़कियाँ ही लड़कियाँ पैदा हुईं। मैंने अपनी बहनों के लिए अच्छे-से-अच्छे घर-वर ढूँढ़े। और अपनी लड़कियों के लिए जैसे अच्छे वर ढूँढ़े वैसे ही अपनी भतीजियों के लिए भी अच्छे ही वर ढूँढ़े। अपना-पराया ऐसा भेदभाव कभी किया नहीं। खेत और सोने के गहने घर में रखकर करोगे क्या? क्या वह अपनी कमाई थी? वह तो इन लड़कियों के पुरखों की थी। मैंने कुछ कमाया नहीं लेकिन तुम क्या कमाई करते हो यह पूछूँगा उनसे और जूतों से पीटूँगा जवाब न देने पर। घर में लड़के हैं तो वे अपनी-अपनी बुद्धि के अनुसार जो कमाना है कमाएँगे, लेकिन लड़कियों का नसीब एक ही बार तय होता है। खेती-बारी सब बेच दूँगा। यह मकान भी बेच दूँगा लेकिन इस घर की लड़कियों को कभी कंगालों के हाथ नहीं सौंपूँगा। लड़के का रोना सहा जा सकता है मगर लड़की का सहा नहीं जा सकता मेरे भाई। ऐसी अप्सराओं जैसी लड़कियों को किसी ऐरे गैरे नत्थू खैरे को कभी नहीं दूँगा। फिर से किसी ने इस मामले में कुछ कहा तो मुँह तोड़ के रख दूँगा एक-एक का।

इसके बाद फिर दो दिन घर शान्त रहता और फिर वही सब कुछ शुरू हो जाता। चांगदेव इन बातों से उकता गया था। छोटी फूफी का ब्याह किसी तरह तय होकर सम्पन्न हुआ और झगड़ों में उफान आ गया। वे पूरे गरमी के दिन थे, उसी में।

गरमी के दिनों में पिताजी हरदम शादी-ब्याह में व्यस्त रहते। लिहाज की खातिर कई जगह शादी-ब्याह में जाना होता। फिर वहाँ भेंट देने में खर्चा करना पड़ता। उदकी गाँव के पटेल बड़े धरन्दाज हैं यह दिखाना पड़ता। कइयों के काम भी करने पड़ते। घर के लोगों को लगता कि यह झकाझक कपड़े पहनकर बड़प्पन में इठलाता हुआ मिजवानियाँ खाता घूमता रहता है। लेकिन पिताजी हरदम लड़कियों के लिए अच्छे ठिकाने ढूँढ़ने में लगे रहते। पास-पड़ोस के सभी गाँवों में साइकिल पर चक्कर लगाकर थककर घर लौटते। बस और रेल के किराए का खर्चा भी बहुत होता। यह खर्चा भी घरवालों की आँख में चुभता। बड़े चाचा ने भी खेती

का माल चुपचाप बेचकर खुल्लम-खुल्ला पैसे बटोरना शुरू कर दिया था। उनकी दो लड़कियों का ब्याह हो गया था, बड़ा लड़का सोपान नौकरी कर रहा था और एक छोटी लड़की थी—उसकी इतने में फिकर करने की जरूरत नहीं थी। मझले चाचा के लड़के भी काम पर लग गए थे और उनकी एक लड़की ब्याही गई थी। छोटे चाचाओं के शादी-ब्याह कभी भी हो सकते थे। मतलब सबके लिए अब इस इकट्ठे परिवार की आवश्यकता नहीं रह गई थी। अकेली चांगदेव की बहन विजू रह गई थी। उसके काफी सुन्दर होने पर भी पास में पैसा न होने से अच्छे घर-घराने के ठिकाने हिसाब में नहीं बैठ रहे थे। खेती की आय बड़े चाचा दबाकर बैठ जाते। इस सुन्दर लड़की के समय ही झगड़े चरम सीमा पर पहुँच गए और सभी कहने लगे कि अभी के अभी बँटवारा करो। फूफियों को भी उनके पतियों ने चाभी भर दी—वे गहनों पर घात लगाए थीं। छोटे चाचा भी पैसा चाहते थे। विजू के ब्याह में अनाप-शनाप खर्च होगा यह निश्चित था।

सब बातें ध्यान में लेकर चांगदेव के पिता ने शान्ति के साथ जैसा सब चाहते थे जमीन के हिस्से कर डाले। पूरी जमीन का आधा हिस्सा बम्बई के चाचा का था। उन्होंने अपने हिस्से के पचास बीघे साझे में करने के लिए चांगदेव के पिताजी को पत्र लिखकर कह दिया। इसके पहले के लगान की रकम भी पिताजी ही चुकाएँ यह तय हुआ। उन चाचाजी का अपने किसी भी चचेरे भाई पर भरोसा नहीं था। दो छोटे चाचाओं को पढ़ाई के लिए पैसों की जरूरत पड़ती, सो उनके हिस्से की बारह-बारह बीघा जमीन गाँव के लोगों को बेचकर चालीस-चालीस हजार रुपये बैंक में उन दोनों के नाम पर रख दिए। दूसरा सामान, भाँड़े-बर्तन हमें नहीं चाहिए कहकर चले भी गए। फूफियों ने दो सौ तोला सोना बाँट लिया और दस्तखत दिए। बड़े चाचा ने अलग-अलग चूल्हे जलाने और मकान के भी हिस्से करने की बात शुरू की। लेकिन दादी ने बीच में आकर रो-धोकर उसे टाला। मझले चाचा ने यहाँ की खेती बेचने और गुजरात में खेती खरीदने की प्रक्रिया शुरू की। उन आठ दिनों में घर में रोना-धोना, चीखना-चिल्लाना और खूब शोर-शराबा हुआ। सभी पाँच-पच्चीस गाँवों में मशहूर उदकी के पाटील के घराने का वैभव समाप्त हुआ। सारे गाँव की ओर तुच्छता से देखनेवाले पाटील के घर का तमाशा सबने बड़े चाव से देखा।

चांगदेव के गाँव में रहने तक मकान के हिस्से नहीं हुए यह अच्छा हुआ। ये सब मकान एक रहे, वह टूटी दीवार, बीच के फूल-पौधे, चम्पा, कनेर, घास,

गोशाला, लम्बा-चौड़ा आँगन, तुलसी वृन्दावन, आम के पेड़ के साथ इकट्ठा रहे ऐसा उसे लगा। दादी ने बीच-बचाव कर उसे टाला। वह छोटे चाचा से बोली, "अभी तो तू कुँवारा है, कल ब्याह होगा तो किसके घर में करेगा? चार दिन गाँव में रहना हो तो किसके घर जमेगा? मकान रहने दो मेरी खातिर।"

और फिर इन सबसे बढ़-चढ़कर कुछ कर सकता हूँ और मैं अकेला अपनी हिम्मत पर भी रुआब कर सकता हूँ, यह दिखाने के लिए ब्याह की एकदम आखिरी तिथि पर पिताजी ने विजू के लिए सीधे अमरीका से ब्याह के लिए आए एक डॉक्टर को पकड़ा। उसे विजू को ले जाने का खर्चा भी इन्हीं से चाहिए था। पिताजी ने इसे अपनी प्रतिष्ठा का प्रश्न मानकर एक बगीचा बेचने के लिए निकाला। अलग हो गया इसलिए भिखारी हो गया ऐसा कोई न समझे, इसलिए विजू के लिए यही लड़का जँचेगा ऐसा उन्होंने तय कर दिया।

पिताजी को लगता, चांगदेव भी कुछ मदद करे। कम-से-कम घर में ठीक से रहे। लेकिन चांगदेवजी अपने ही भँवर में गोते खा रहा था। उलटे उसका घर में रहना ही सबके लिए क्लेश-कारक बन गया था। माँ-बाप पर ही उपकार कर रहा हो ऐसा उसका रहन-सहन था। उसके हिसाब से यह सही भी था। लेकिन वह उन पर कैसा उपकार कर रहा है यह माँ-बाप की समझ में कभी नहीं आया। वैसे समझे जाने का कोई रास्ता भी नहीं था। क्योंकि चांगदेव ने अपनी दुनिया को मुहर लगाकर बन्द कर लिया था। दिन-दिन उसका अड़ियलपन बढ़ता ही जा रहा था। सबके सामने पिता को तुम लुच्चे हो, झूठे हो, स्वार्थी हो ऐसा कहने का मतलब यह था कि अनजाने में उसके मन में उफनती आग बाहर आ रही है। बाहर यह उद्दंडता लगती। बाप का अपमान खुद बेटा ही करने लगे तब दूसरे तो करेंगे ही। लेकिन ऐसे कहने की क्या जरूरत है? ऐसा माँ ने पूछा तो वह निरुत्तर हो गया। और जो भी स्वार्थपरायणता, लुच्चई उन्होंने की वह उसी के लिए ही तो की थी। पिताजी साइकिल पर मीलों घूमकर थके-माँदे आते हैं, रात में घर ही में पंचर निकालकर फिर तड़के साइकिल पर चले जाते हैं, शादी-ब्याह से पहले ही परेशान हैं। खेती की ओर ध्यान नहीं है। दिन-ब-दिन स्थिति कठिन हो रही थी।

घर के एक आदमी का दूसरे आदमी के साथ जो सम्बन्ध है वह चांगदेव को सड़ियल लगता। कितना सुखी परिवार था लेकिन उसकी दुर्दशा हो गई। इससे तो अच्छा था कि बँटवारा करके भी सभी साथ रहें, ऐसा सुझाव भी वह दे रहा था।

हरदम खटिया पर औंधे लेटकर जब उसने ऐसा दासबोध पिलाना शुरू किया तो उसके पिताजी बिफर गए। ऐसे में यह भी मालूम हो गया कि वह बी.ए. फेल हो गया। मतलब पिताजी ने बरसों जो सपना सँजोया था वह भी खत्म होने को आया था। फिर तो घर में चांगदेव की हालत बिलकुल कुत्ते जैसी हो गई और तब उसे अपनी सुधि आई। मतलब अपनी चुम्बकीय शक्ति के बल अपने ही चारों ओर घूमते रहना उसे आने लगा। वह अधिकाधिक तपोमुद्रा में डूबता गया। कभी-न-कभी ये सारी चीजें चरम सीमा लाँघ घरवालों के साथ एक दिन अपने सम्बन्ध टूटना ही है, ऐसा उसे न जाने क्यों पहले से ही लग रहा था। वह भी हुआ। स्वयं अपना विरोध करने की प्रखर शक्ति उसके भीतर कहीं थी। माता-पिता ने जो कुछ किया उसको बड़ी नम्रता के साथ मन-ही-मन स्वीकार किया। लेकिन अब वे जितना मुझे ठुकराएँगे, दूर रखेंगे, उतना अच्छा है। मतलब फिर मैं अपने आप जलता रहूँगा या कम-से-कम अपने इस अस्तित्व को स्वयं ही शान्त करता रहूँगा। उसमें सन्तोष है। अब, घर में, गाँव में, कॉलेज में, दोस्तों में बिलकुल फेल हो जाने से जो बदनामी हुई वह आठ दिनों में ही उसे पुरानी ऐतिहासिक समय की बात लगने लगी। अब अपने ढंग से जीने की नई प्रणाली ढूँढ़ निकालेंगे और इस पर्व को यहीं विराम दे देंगे।

उस समय उसे अत्यन्त सन्तोष मालूम होने लगा। प्रकृति जैसे स्वयं एकाध कुरूप का निर्माण करती है, वैसा गलतफहमी का वातावरण बरस-भर उसने स्वयं ही सुचारु रूप से तैयार किया था और वही वह आगे भी अन्त तक कायम रखनेवाला था। अन्त भी तो अब कितना रहा है उसके हिसाब से? बाद में सच क्या है किसी को मालूम हो या न हो, अपने मर जाने पर उससे उसको कोई मतलब नहीं। और उसे बहुत सन्तोष हुआ।

फिर भी घर में बैठे रहना सम्भव नहीं था। एक तो, आत्यन्तिक संघर्ष होकर कभी-न-कभी घर के टुकड़े होने ही वाले थे। माँ, चाचियाँ, पिता, चाचा, बहनें, फूफियाँ, भाई—इनमें कोई फर्क नहीं करनेवाले वातावरण में जिसका बचपन पला है उसे यह सब नया फर्क, झगड़े जंगली लगने लगे थे। पूरा घर ही जैसे उसके शरीर का रूपक था। इतना सुन्दर, प्यारा, सुदृढ़—लेकिन धीरे-धीरे उसका विघटन हो गया। घर की लड़कियाँ ब्याही जाकर ससुराल जाती रहेंगी, इधर-उधर नौकरियाँ लग जाने से चाचा लोग भी घर नहीं आएँगे, भाई भी इधर-उधर पढ़ाई करने चले जाएँगे। मकान सुनसान हो जाएगा।

इसलिए एक दिन सबसे विदा लेकर वह बम्बई के लिए निकल पड़ा। बूढ़ी दादी के चरण छूते समय पता नहीं क्यों बिला वजह वह रो पड़ा। बूढ़ी दादीमाँ और वह, दोनों की स्थिति एक जैसी थी। दिन गिनते हुए आखिरी घड़ी की प्रतीक्षा करते हुए जीते रहना। दादीमाँ के आसपास, सामने बाल-बच्चे तो थे। उसके आसपास तो कोई भी नहीं होगा। मैं कहाँ क्या करूँगा, किसलिए जा रहा हूँ—उसने किसी को कुछ नहीं कहा। लेकिन उसने सब बातें ठीक से सोच रखी थीं। अपना पेट पालना उसकी उम्र के जवान आदमी के लिए मुश्किल नहीं था। कम-से-कम अपनी बुद्धि के बल पर तो यह आसानी से किया जा सकता था। लेकिन वह अत्यन्त तीव्रता के साथ अलग-थलग, अनाम अघोरी वातावरण चाहता था। संक्षेप में ऐसा वातावरण बड़े शहरों में ही हो सकता है। इसीलिए वह सीधे बम्बई चला आया। वैसे भी उसके दोस्तों का बड़ा जमघट बम्बई में ही था। वैसे वह बेघर था भी नहीं। महानगर में घर न हो तो भी चलता है। उलटे वह अच्छा ही होता है। पृथ्वी विपुल होती ही है।

बम्बई के आसपास कहीं पुल से रेल के गुजरने की आवाज पहले से ही उसके मस्तिष्क में गूँजती आवाज से बहुत ही मिलती-सी लगी और उसका मन प्यार से भर गया। अब यही आवाज अपनी पार्श्वभूमि होगी और अपनी हर हलचल उसमें डूब जाएगी। मानो हाथ में तलवार उठाकर मैं किसी शत्रु सेना पर आक्रमण कर रहा हूँ। फिर अपना धड़ कहाँ होगा और सिर कहाँ इसकी मुझे चिन्ता नहीं। वैसा ही कुछ।

फिर से बम्बई। कितने ही दोस्तों के नाम याद आ रहे थे। कुछ तो ऐसे थे जिनके यहाँ अगर वह सीधा भी चला जाता तो भी महीने-दो महीने फिक्र करने की बात नहीं थी। कुछ के पूरे पते याद थे। कुछ के पास खुद जाना होगा। एक-दो जनों के पास तो कमरे भी खाली थे। लेकिन जैसे-जैसे ज्यादा बम्बई दिखाई देने लगी वैसे-वैसे उसे लगने लगा कि आखिर रिश्तेदार ही अपने हक के होते हैं। दोस्त बाद में। इसलिए उसने तय किया कि पहले चाची के पास जाया जाए। दो-तीन दिन अस्थायी क्यों न हो लेकिन बाद में स्थायी प्रबन्ध किया जा सकेगा। श्रॉफ के यहाँ दोनों वक्त आसानी से खाना खाया जा सकता है। कम-से-कम खुद को लाज न आए तब तक। अथवा महाजन सर प्रिंसिपल बन गए हैं। उनके

पास पन्द्रह कमरे तो होंगे। अथवा भैया के यहाँ। अथवा नारायण को ढूँढ़कर भी कुछ किया जा सकता है। अपना सब कुछ ठीक-ठाक हो जाए तब तक बहुत सारे दोस्त हैं स्साले।

दादर नाका वाले सुपरिचित ईरानी होटल में चांगदेव जब गया तब वहाँ शंकर अकेला बैठा कोई गुजराती पत्रिका पढ़ रहा था। शंकर को देखकर उसे कुछ आधार-सा मिला। उसे डर था कि अगर कोई नहीं आया तो क्या करना? तीन-चार जनों को सवेरे ही फोन कर बता दिया था। उतने भी आते तो काफी थे।

उसे देखकर शंकर बोला, "क्यों बे स्साले, बम्बई में ही था इतने महीने या कहीं और?"

"गाँव जाकर आया। नापास हो गया हूँ।"

"वो मुझे मालूम हो गया। लेकिन भड़वे तेरा वो व्ही. टी. वाला दोस्त मिला क्या तुझसे? वोऽऽरे रेलवे पार्सल में है जो। हाँ, वो कह रहा था कि तुम्हारे मार्क्स में कुछ गड़बड़ी हुई है शायद, ऐसा तुम्हारा कोई प्रोफेसर कह रहा था। वैसे भी परीक्षा में फेल होने जैसा होता भी क्या है? तुम्हारा वो भैया गोखले उसे मिला था शायद।"

"कौन, शेखर ऐसा कह रहा था? सच में? उससे मिलना होगा!"

"उससे क्या मिलेगा स्साले, अपने प्रोफेसर से ही मिल जिससे इधर-उधर क्या करना है, वह कर लेगा। उधर वाइस चांसलर सिन्धी लड़कों को फर्स्ट क्लास दिलवा रहा है ऐसी बोंब मची है, उसमें तुम्हारा कुछ कठिन काम नहीं है।"

"मैं कल ही देखता हूँ। अब एकाध कोई नौकरी भी मिलनी ही चाहिए। दूसरी जरूरी बात है कमरा चाहिए। कहीं हो पर सस्ते दाम पर। पास होऊँ या फेल, जगह तो चाहिए। बीच में एक साल क्या कर रहा था?"

"कुछ भी तो नहीं। कुछ घोटाले हो गए थे। पैसों की झंझट भी हो गई थी। इसीलिए बाहर निकलना बन्द कर दिया था।"

"स्साले, सच तो यह है कि जेब में पैसे नहीं हों तभी बम्बई में बाहर निकलना चाहिए। पैसे हों तब आराम से घर में बैठे रहना चाहिए। मिला हाथ! कहीं भी जाना हो तो एक रुपिया तो लगता ही है।"

"हाँ, यह भी सच है। उतना तो होना ही चाहिए। ले, चाय ले।"

"तुम्हारा कैसे चल रहा है?"

"इन दिनों बड़ा इंटरेस्टिंग है। एक अपने जैसा ही खास आदमी मिला है—रामराव। उसने इन्हीं दिनों प्रेस डाला है। चलेंगे हम लोग कभी उधर। ये नौकरी शायद छोड़नेवाला हूँ। नई मासिक पत्रिका निकालने का चला है रामराव को इन दिनों, वैसे भी वापस पूना जाना पड़ेगा। फिलहाल यहाँ पर भी क्या बेकार भर्ती चल रही है गोवर्धन मासिक में। मतलब परसों एक पाठक का पत्र था कि छह महीने पहले का लेख फिर से इस अंक में छपा है! दे ताली!"

"क्या फालतूगिरी है। दुबारा वही लेख? और छाप भी दिया?"

"फिर वही लेख! वैसे हम भी कहाँ छह महीने पहले के अंक देखते रहते हैं? सम्पादक का काम है, उसका उसमें करना। मैं सिर्फ ऑफिस का काम देखने आया हूँ। बुड्ढा कहता है सम्पादन का भी सब कुछ देखो! फिर आप क्यों बने रहते हैं सम्पादक फालतू, मुफ्त का शौक और चलाएँगे विचारप्रधान पत्रिका! मैं तो इन दिनों जाकर सिर्फ डाक देखता हूँ और जवाब लिख देता हूँ। बस! एक तारीख को पते लिखकर चपरासी को अंक दे देता हूँ डाक में डालने के लिए। पचास रुपये में यह भी ज्यादा ही काम हुआ!"

"अगर तू ये नौकरी छोड़े तो मुझे दिला देना।"

"पचास रुपये के लिए वहाँ क्यों खटेगा? हट! रामराव को अब जरा जोश में लाएँगे। मस्त आदमी है। देखेंगे। इस महीने-भर में तय हो जाएगा जो भी होना है। फिर दो-तीन आदमी तो वहीं पर लगेंगे। तू है ही। एकाध और देखेंगे।"

इतने में एक साथ खिलखिलाते चार-पाँच जन आए। प्रभु, प्रधान, बापू, नाम्या, सारंग—लेकिन उनमें नारायण नहीं था। इन दिनों नारायण इन लोगों के साथ ज्यादातर नहीं रहता था। सच तो यह है कि चांगदेव के लिए नारायण से मिलना सबसे जरूरी था। क्योंकि उसके रहने का प्रबन्ध नारायण के यहाँ आसानी से हो सकता है ऐसा फोन पर परांजपे ने कहा था। ये सब चांगदेव से काफी दिनों बाद मिल रहे थे। सबको अपना दुखड़ा सुनाते बैठना उसे अच्छा नहीं लग रहा था। तकदीर अच्छी कि शंकर ने ध्यान में रखकर कभी उन्हें सब बता दिया और चांगदेव ने राहत की साँस ली। अब हफ्ता-पन्द्रह दिन में सब कुछ सुचारु रूप से हो जाएगा क्योंकि इन चार-पाँच जनों को मालूम हो गया। मतलब पूरी बम्बई में दो दिन में फैल जाएगा। उसमें भी नाम्या और सारंग अभी बेकार ही थे। बापू बीच-बीच में बेकार। इसके-उसके पास जाकर नई खबरें निकालना-कहना और टाइम पास करते हुए चाय-भोजन हड़पना, इसके पास यही काम था। इनको तो उल्टे

यह नई समस्या जानकर खुशी हुई। प्रभु और प्रधान किसी काम के न थे। लेकिन प्रधान दूसरे दिन नारायण से मिलनेवाला था। कल उसे इसी समय यहीं पर मिलने के लिए कहना—यह कहकर धीरे-धीरे चांगदेव उनकी चर्चा में शामिल हो गया।

पिछले कई महीनों से अखबार, मासिक पत्रिकाएँ, लेखक-लेखिकाओं की खिल्ली उड़ानेवाली दुनिया पराई-सी हो गई थी। वैसे पहले भी चांगदेव बहुत कुछ नहीं लिखता था। पर जरूरत पड़ने पर एकाध लेख अथवा समीक्षा बीच-बीच में दोस्तों के आग्रह पर दे दिया करता। चार-पाँच महीने पहले प्रधान की लघु पत्रिका के लिए उसने चार-पाँच कविताएँ दी थीं। वे सबकी सब सबको महा भयंकर पसन्द आई थीं। वैसे कॉलम लिखते रहना चांगदेव को खुद ही एक मजाक-सा लगता। इसलिए उससे कोई बार-बार कुछ माँगता भी नहीं था। लेकिन कुल मिलाकर यह अड्डा समान अभिरुचियों का था। चांगदेव पहले इसमें बराबर आता-जाता रहता था। और भी कुछ अड्डे चांगदेव के परिचय के थे। धीरे-धीरे उनमें आना-जाना शुरू करना आवश्यक था। बीच में किसी के यहाँ आते-जाते नहीं थे और अब काम पड़ा है तो खुद उनके पीछे पड़ रहे हैं यह उसे अच्छा नहीं लगता। लेकिन हफ्ता-पन्द्रह दिन में उसे भी इनकी तरह बेफिक्र होना था।

प्रधान और शंकर की किसी मुद्दे को लेकर ठन गई। प्रधान से सम्पादक ने दीपावली अंक के लिए लम्बी कहानी माँगी। उसके सौ रुपये कहीं भी आसानी से मिल सकते थे। लेकिन छप जाने पर उस सम्पादक ने कुछ भी नहीं दिया। बीस एक कटिंग मात्र दिए। मुफ्त में कहानी छापनेवाले सम्पादक के विषय में प्रधान चिढ़कर बोल रहा था। शंकर जान-बूझकर उलटी बाजू लेकर कह रहा था कि "अच्छा साहित्य ऐसे मुफ्त में ही लिखकर हो सकेगा। इतने रुपये दो फिर लिखूँगा कहनेवाले लेखक-कवियों का साहित्य हम देखते ही हैं कि कितना बेकार होता है।"

आखिर में प्रधान बोला, "मतलब लेखक को तुम कुछ भी कीमत नहीं देते। कागजवाले को, बाइंडर को, डाक को, छापनेवाले को—हर कोई जब तक पैसे न दो काम को हाथ भी नहीं लगाएगा। और यह सब जिस लेखक के परिश्रम पर चल रहा है उसे दमड़ी भी नहीं। ये कैसे?"

"मतलब तुम भी उन्हीं लोगों जैसी दुकानदारी खोलना चाहते हो? डाकखाने जैसी...?"

"बिलकुल वैसे नहीं—लेकिन मुफ्त में गीत गाकर कवि इनका मनोरंजन करे, यह कहाँ तक उचित है?"

“मतलब तुम लोगों को एक पिंजड़ा और उसमें हर रोज अमरूद की फाँक चाहिए। हर रोज गीत गाने के लिए!”

प्रधान स्वयं ही कवि की भूमिका में था इसलिए कुछ भी निर्णायक स्वरूप में वह कह नहीं पा रहा था। इसलिए वह चिड़चिड़ाने लगा। आखिर कवि को लिखने की खुजली होती है, वह लिखेगा ही, इसके उलट यह सब पाठकों तक पहुँचाने का सामाजिक कर्म सम्पादक करता है, प्रकाशक करते हैं, ऐसा निर्णय शंकर के देने पर प्रधान कुछ बहाना बनाकर चिड़चिड़ाता हुआ उठकर चला गया। फिर शंकर हँसकर बोला, “स्साले हर महीने यह दस-बीस कविताएँ जनेगा, एकाध कहानी, दो-तीन समीक्षात्मक लेख। ऐसों को कौन छापे? और इन्हें कौन पैसे देगा? लोग पढ़ते हैं यही क्या कम है?”

चांगदेव शंकर की पीठ पर थाप मारकर बोला, “मतलब सचमुच ही छापने के लिए देना चाहिए, तुम ऐसा कह रहे थे क्या?”

शंकर हँसकर बोला, “बिलकुल वैसे नहीं, लेकिन ऐसे बेकाम लिखते रहनेवालों का आखिर क्या किया जाए तुम ही बताओ? ऐसे लिखते रहे तो तुम क्या करोगे? अर्थात इस पूँजी पर प्रधान्या को आगे चलकर जॉब वगैरा मिलेगी। तुम क्या करोगे कहो?”

“मैंने अगर लिखा तो गलत आदमी के पास यों ही प्रसिद्ध पुरुष बनने के लिए नहीं भेजूँगा। सवाल ही पैदा नहीं होगा। लेकिन अगर कोई लम्बी कहानी माँगे तो मैं भी उससे पहले पैसे माँगूँगा।”

नाम्या ने पूछा, “दोस्त रहा तो भी?”

चांगदेव बोला, “दोस्त के लिए हम कुछ भी करते हैं। मतलब दोस्ती का शास्त्र ही अलग है। वास्तव में उचित तो यह होगा कि ऐसा दोस्त अपने आप ही लम्बी कहानी के सौ रुपये दे दे। या फिर लिखना ही नहीं। लिखा भी तो ऐसों को देना नहीं। झंझट खत्म।”

बापू बोला, “वही तो कोशिश जारी है हमारी वर्षों से कि हम सभी मित्र लिखनेवाले हैं यह पर्याप्त नहीं है। दोस्ती की खातिर सम्पादक, प्रकाशक बनने के लिए कोई राजी नहीं होता। सब साले गाँडू हैं।”

चांगदेव बोला, “शायद यह कठिन हो इसलिए कोई कर नहीं पाता। लेखक होना अपने लिए तो फिलहाल आसान है।”

चाय कई बार हो चुकी थी लेकिन खाने की बात कोई नहीं कर रहा था। आखिर में शंकर के ध्यान में यह बात आई और उसने चांगदेव से कहा, "मेरे पास दो-तीन रुपये ही हैं। इन सबके जाने पर बाजू के भंडाया के यहाँ हम दोनों राइस प्लेट लेंगे। नाम्या, तू अब घर जा। भोजन का समय हो गया है।"

यह सुनकर बचे हुए भी हँसकर 'हम भी चलते हैं' कहकर चलते बने।

शंकर और चांगदेव भोजन कर पान खाते थूकते एक-दो स्टेशन चलते गए। आखिर में आखिरी ट्रेन पकड़ने के लिए दोनों सायन में घुसे। चाची के यहाँ लौटते हुए ऐसे सन्तोष का भाव चांगदेव के मन में उठ रहा था कि शायद धीरे-धीरे ऐसे सन्तोष के कई विचार आते रहने की सम्भावना दिख रही थी।

दूसरे दिन सवेरे-सवेरे वह श्रॉफ के यहाँ हो आया। श्रॉफ बोला, "अच्छा किया तू बम्बई में फिर आ गया। तेरे रिजल्ट का कुछ घोटाला हो गया है क्या? मुझे पिछले हफ्ते पटवर्धन का फोन आया था। मुझे तेरा अता-पता मालूम नहीं था। भैया की ओर से एक-दो दोस्तों को मैंने तुम्हें खत लिखने के लिए कहा; भैया अभी बम्बई में नहीं हैं। तुझे खत मिले थे क्या?"

"हाँ, मिले थे। मैं अब पटवर्धन से मिलने के लिए ही जा रहा हूँ। अच्छा आदमी है। नहीं तो कौन किसके लिए इतना सब कुछ करता है?"

श्रॉफ भाभी ने कुछ खिलाया और फिर दोनों पटवर्धन के यहाँ श्रॉफ की गाड़ी से गए। पटवर्धन उसे देखकर चकित हो गए।

"अरे, क्या पाटील महाशय? कहाँ थे? बाय द वे, कांग्रेट्स।"

"मतलब?"

"तुम्हारे अंकों की दुबारा जाँच करवाई। तुम पास हो गए हो भले आदमी। तुम फेल हो गए हो इस बात पर किसी को भरोसा नहीं ले रहा था। तुमसे ज्यादा हम सबको तुम्हारी चिन्ता थी। भैया गोखले ने तुम्हारे लिए बहुत भाग-दौड़ की। बेहिचक झूठे दस्तखत कर अर्जियाँ दीं, पैसे भी उसने ही भरे सारे पर्चों के। एक पर्चे में तुम फेल होते-होते बच गए। सच तो यह है, भैया को डहाणू जाने के लिए भी पैसे कम पड़ने लगे। कम्यूनिस्टों ने बहुत ही जोर लगाकर काम शुरू किया है वहाँ। भैया भी बहुत जोश में हैं। बी.एस-सी. के लिए बैठा नहीं इस बरस भी। होशियार है बच्चू, मगर दिमाग में ऐसे-ऐसे पागल खयाल।"

बाद में श्रॉफ और पटवर्धन की डहाणू में कम्यूनिस्टों ने जो कुछ शुरू किया है उसके बारे में गरमागरम बहस हुई। चांगदेव को उसमें कुछ भी इंटरेस्ट नहीं था। लेकिन भैया जो भी करेगा वह अच्छा ही होगा इसलिए वह कम्यूनिस्टों की ओर से बोलता। भैया को कम-से-कम सौ रुपये जल्दी से कैसे दिए जाएँ यह वह सोच रहा था।

बाद में श्रॉफ को उसने व्ही.टी. पर छोड़ने के लिए कहा। "आऊँगा दो-तीन दिन में," श्रॉफ को ऐसा कहकर वह शेखर के यहाँ गया। शेखर भी पास हो गया था। वह बोला, "तू भी आखिर में पास हो ही गया इसलिए सबको अच्छा लगा। तेरी भी हालत पिछले साल अजीब ही हो गई थी। मिट गईं क्या तुम्हारी जो भी कुछ प्रॉब्लम थीं वे?"

शाम को ईरानी होटल में नारायण पहले से ही आया हुआ था। नारायण उसका सबसे पुराना दोस्त था। बीच ही में उसने कॉलेज छोड़कर मुद्रण कला का कोई कोर्स लिया, तब से वह कम ही मिला करता। कभी-कभी वामपन्थी अखबारों में स्तालिन, रूस वगैरा-वगैरा पर वह कॉलम लिखता रहता। लेकिन जो भी लिखता, ग्रेट लिखता। हॉस्टल में थे तब वे हरदम साथ-साथ होते। चांगदेव से उसे साहित्य की बहुत कुछ बातें मालूम होतीं। चांगदेव के पास तब पैसे भी काफी होते, इसलिए सिनेमा वगैरा का खर्च बरस भर ज्यादातर चांगदेव ही करता। नारायण को घर से एकदम कम पैसे आने लगे तब से उसने चांगदेव के साथ घूमना कम कर दिया। लेकिन उसकी यह बात भी चांगदेव को भाती, इसलिए जबर्दस्ती उसे खींचकर वह ले जाता। कॉलेज छोड़ने के बाद वह चांगदेव को कभी-कभार मिलता। उसका यह आखिरी साल था और उसकी पढ़ाई अच्छी थी। इधर-उधर ट्रेड यूनियनों में भी वह जोशो-खरोश से शामिल होने लगा था।

चांगदेव से मिलते ही वह सीधे मुद्‌दे पर ही आकर बोला, "प्रधान्या ने सब बता दिया है। अब हम ऐसा करते हैं, पहले मेरे कमरे पर चलते हैं। तू देख, तुझे पसन्द आ गया तो कल ही सामान लेकर आ जा।"

नारायण का यह खास तरीका था। शुरुआत को ही समापन कर डालना। चांगदेव अचरज से बोला, "अभी? लेकिन तुम्हारी अपनी कुछ दिक्कत वगैरा..."

"तुम चाय खत्म करो। हमें निकलना है। वहाँ पहले तू देख ले।" चाय पीकर सिगरेट सुलगाते हुए दोनों होटल से बाहर आए। वे थोड़ी देर फुटपाथ के कोने

पर खड़े रहे। उतने में पास में खड़ी टैक्सियों में से एक उनके पास आई और सीधे दरवाजा खोलकर टैक्सीवाला नमस्कार करते हुए बोला, "बैठिए साहब।"

नारायण उससे बोला, "फुरसत है न थोड़ी।"

टैक्सीवाला बोला, "क्यों नहीं। चलिए। बैठिए।"

चांगदेव बोला, "तूने बुलाया? आजकल क्या एकदम टैक्सी से?"

नारायण बोला, "आजकल मैं इनकी यूनियन का थोड़ा काम देखता हूँ। इसलिए कुछ लोग पहचानते हैं।"

फिर उसकी और टैक्सीवाले की यूनियन के बारे में कुछ इस प्रकार की बातचीत होती रही—उनको मार भगाया हम लोगों ने। अच्छा किया सालों को।

परेल की एक पुरानी बस्ती में उन्हें छोड़कर टैक्सीवाला चला गया। एक ढलान के ऊपर चढ़कर वे एक-दो चक्कर काटकर फिर गटर के ऊपर से छलाँग लगाते हुए एक पुरानी चाल की सीढ़ियाँ चढ़ने लगे। वहाँ से कौन सी बस कहाँ जाती है, स्टेशन कितना पास है, वगैरा कहते हुए बीच-बीच में चांगदेव का हाथ पकड़कर नारायण उसे जीने की टूटी सीढ़ियों पर साथ देते हुए ऊपर के एक अकेले कमरे तक पहुँचा। सामने छतनुमा कुछ था और वहाँ नीचे रहनेवाले किरायेदारों का टूटा-फूटा सामान, तोते का एक खाली पिंजड़ा, टायर जैसी चीजें थीं। उसका कमरा असल में जीने से छत पर जाने का मुहाना था, लेकिन अब वह कमरे में बदल गया था। कमरा मुश्किल से दो जनों के काम में आ सकता था। जीने के नीचे जो नल था उससे पानी लाना होता। नहाना छत पर और संडास नीचे। जगह पुरानी थी, संडास की बदबू चारों ओर फैली हुई थी, कचरा पेटियाँ टूटी हुई थीं। ऐसा सब कुछ होने पर भी बीस रुपये किराये के हिसाब से जगह अच्छी थी। चांगदेव के वहाँ रहने पर यह किराया भी आधा-आधा हो जाएगा। फिर नारायण सुबह और रात में बहुत देर बाहर ही रहेगा। चांगदेव बोला, "मैं ठीक इसी समय कमरे में रहूँगा। मतलब ठीक है।"

फिर चांगदेव बोला, "चाबी मुझे दे दो। मैं कल सवेरे सामान ले आता हूँ।"

"जितनी जरूरत है उतना ही ला क्योंकि यहाँ किताबों वगैरा के लिए जगह नहीं है। दो-तीन महीने के बाद शायद हम दोनों को यह कमरा छोड़ना ही पड़ेगा। एक दोस्त है जो वापस यहाँ आने की कह रहा है।"

"ठीक है। चलता हूँ। मैं दो-तीन महीने में दूसरी जगह देखता हूँ। तब तक तो चलेगा न?"

"तुम अपनी सोचो। एक तो रात में उतरते हुए सीढ़ियाँ देख-देख कर उतरना होगा। उधर दाईं तरफ पैर खिसका कि एकदम खल्लास। आत्महत्या करने के लिए अच्छी जगह है।"

"तब तो अच्छा ही है।"

दरअसल नारायण ने यह मजाक में कहा था। लेकिन चांगदेव जरूरत से ज्यादा सहजता के साथ बोल गया। हालाँकि बाद में दो-तीन मामूली मजाक कर उसने वह बात ढक दी।

कुछ समय के लिए जगह का लफड़ा तो खत्म हुआ। दोस्तों के कारण भोजन भी मिल ही जाता। कहीं तो नौकरी मिले इसलिए यह प्रयास कर रहा था। कुछ महीनों के लिए एक नाइट स्कूल में नौकरी मिलनेवाली थी। स्कूल की एक टीचर महीने-भर बाद जचगी की छुट्टी लेनेवाली थी। प्रभू ने वहाँ चांगदेव का नम्बर लगा रखा था।

बीच में चाचाजी के यहाँ से सन्देशा आने पर उसने चक्कर लगाया तो पता चला कि पिताजी ने उसके लिए अचानक दो सौ का मनीऑर्डर भेजा था और चिट्ठी भी कि विजू का ब्याह अमुक तारीख को है। उसका बींद उसके जैसा ही खूबसूरत है। वह फिर अमुक तारीख के आसपास हवाई जहाज से चली जाएगी। तुम ब्याह के लिए तुरत चले आओ। वह जब विदा होगी तब हम सब बम्बई आएँगे ही।

चाचा अथवा चाची—कोई एक—बच्चों को लेकर ब्याह के लिए जानेवाले थे ही। चांगदेव को वे रुपये देखकर अचानक फिर से पहली बातों से जुड़ जाने-जैसा लगा। लेकिन अब इस भूखमरी में पैसे न लेना सम्भव नहीं था। तुम चलो, मैं समय पर ही आ जाऊँगा, चाची को ऐसा कहकर वह पैसे लेकर खिसक गया। ब्याह पर जाना है यह दिमाग से निकाल दिया। बाद में चाचा गुस्से में आए तब कुछ गप ठोंक दी।

उसमें से सौ रुपये भैया के पते पर तुरत भेज दिए। कुल मिलाकर पैसे तो बहुत कम आए थे। उसने जान-बूझकर ही घर चिट्ठी नहीं डाली। फिर पैसे मत भेजना ऐसा कहने के लिए चाची को कहा ही था। वैसे भी अब बार-बार पैसे आने की सम्भावना नहीं थी। पिता ने पैसे कैसे भेजे होंगे, किसलिए, यह सब सोचकर उसे बहुत ही अस्वस्थता लग रही थी। फिर नाइट स्कूल में नौकरी ही लग गई।

चार-छह महीने तो अब फिक्र न थी। इस टीचर के हाजिर होने पर दूसरे एक टीचर को एम.ए. की परीक्षा के लिए छुट्टी पर जाना था। तो उसे और दो-तीन महीने निश्चित ही पगार मिलनेवाला था।

एक बार प्रिंसिपल महाजन से मिलने पर उन्होंने घड़ी-भर बिना कुछ बोले उसकी बात सुनी। बाद में वे बोले, "मेरी तो समझ में कुछ भी नहीं आ रहा। तुम्हें क्या चाहिए, क्या करना है, क्या इरादा है, सचमुच मेरी समझ में नहीं आ रहा। सच तो यह है कि पिछले बरस मैं सोच भी नहीं सकता था कि तुम्हारा सब कुछ इस तरह अनिश्चित हो जाएगा! क्या, क्या हुआ है तुम्हें?"

बाद में गम्भीर मुद्रा में ही भोजन वगैरा करके महाजन आदेश के स्वर में कहने लगे, तुम्हारी नौकरी मुझे तो कुछ अच्छी नहीं लग रही। तुम्हारी रहने की वह जगह भी ठीक नहीं। तुम अब एक-दो ट्यूशन करो। मैं बताऊँगा तुम्हें एक-दो हफ्ते में। दूसरे, तुम कल मुझे ऑफिस में मिलो। झट से एम.ए. के एडमिशन के फॉर्म भर देंगे। वैसे तो मुद्दत समाप्त हो गई है यूनिवर्सिटी की। लेकिन अब तक हमने यूनिवर्सिटी को पत्र ही नहीं भेजा है। फ्रीशिप के लिए बाद में अर्जी वगैरा करेंगे। तुम उस नारायण और शंकर जैसों की सोहबत में बिलकुल मत रहो। वे छिछले लोग हैं, चालू हैं।"

"मुझे अब एम.ए. वगैरा कुछ करने में कोई उत्साह नहीं है। क्या करना है उसमें और दो बरस।"

"क्या करना है मतलब? नाइट स्कूल में नौकरी करके भी क्या करना है? और अभी जो नौकरी के लिए पूछ रहे थे उससे भी क्या फायदा? असल बात यह है कि तुम्हारा अंग्रेजी विषय अच्छा है। देखते-देखते दो साल में एम.ए. हो जाओगे। यहाँ अंग्रेजी के लिए अच्छे आदमी नहीं मिलते इसलिए फालतू साउथ इंडियंस भरे जा रहे हैं चारों तरफ और तुम छोकरों को यह समझने की भी अकल नहीं है। मैं कल बारह बजे सब तैयार रखकर तुम्हारी राह देखूँगा। समझे! यह तुम्हारी फैशनेबल फिलॉसफी अब बहुत पुरानी हो गई है। क्या करना है यह फिर मत कहना।"

चांगदेव उनकी आवाज से दबकर कुछ बोला। फिर उसने कहा, "लेकिन मेरा सब अनिश्चित है!...कमरा नहीं। किताबें नहीं। कुछ भी नहीं। फीस नहीं।"

"वैसे भी कमरा तो तुम्हें चाहिए। किताबों की कोई प्रॉब्लम नहीं। यह अलग बात है। सच तो यह है कि एम.ए. शुरू करने पर तुम्हें यूनिवर्सिटी के हॉस्टल में

अगले टर्म में अथवा अगले बरस तो हमारे हॉस्टल में ही कमरा मिल जाएगा। सत्तर रुपये में पूरे टर्म के लिए कमरा। इसलिए भी लड़के एम.ए. करते हैं। इसलिए दिमाग ठिकाने पर रखकर सीधे काम में लग जाओ। सर्टिफिकेट्स मेमो वगैरा निकालकर रखो।"

दूसरे दिन एम.ए. का फॉर्म भर दिया। बाद में श्रॉफ के परिचित एक जे.पी. से सर्टिफिकेट लेकर फ्रीशिप के लिए अर्जी दी। नम्बर लगाने के लिए दो-तीन हॉस्टलों में अर्जियाँ दे दीं।

शाम को शंकर बोला, "मतलब एक बात समझो कि प्रिंसिपल महाजन जो कहते हैं वही सच है। इस रद्दी एस्टैब्लिशमेंट में शामिल हुए बिना तुम्हारी प्रॉब्लम्स मिटेंगी नहीं। मतलब यही कि बाहर रहकर प्रॉब्लम नहीं मिटाई जा सकती। इसीलिए तो यूनिवर्सिटियाँ और अखबार और राजनीतिक पार्टियाँ वगैरा तेजी से बढ़ती जा रही हैं। बाहर रहकर जी ही नहीं सकते ऐसी हालत आगे चलकर न आए तो जीते! तुम्हारा तो झंझट ही खत्म हो गया एकदम। वैसे क्लास में जाओ या न जाओ लेकिन एम.ए. करो जरूर।"

इस बीच भैया आठेक दिन के लिए आकर गया। वह बोला, "सच कहूँ तो तू यह एम.ए. वगैरा छोड़कर हमारे साथ काम करने के लिए उधर क्यों नहीं आ जाता? आदिवासियों को इकट्ठा करना, उनको पढ़ाना-लिखाना, सिखाना इतना तो तुम आसानी से कर सकते हो। उधर ही कहीं खाना, सो जाना। यहाँ भी तो दूसरा क्या होता है?"

"कर सकता था मैं यह सब। लेकिन तुम्हें जैसी रुचि है इन बातों में मुझे नहीं होगी। तब बिला वजह पहले ही अपनी प्रॉब्लम जो हैं सो हैं, उनको और क्यों बढ़ाना?"

"काहे की तुम्हारी प्रॉब्लम? तुम लोगों को बौद्धिक झंझटें कर मुफ्त की रोटियाँ तोड़ते रहना है। जैसे फालतू पत्रिका निकालना, कविताएँ लिखना। लेकिन असली काम कहें तो आराम की जिन्दगी जीने की चाह ज्यादा होती है। सफेदपोश सदाशिव पेठ में रहनेवालों की प्रवृत्ति है यह। दुनिया के बारे में केवल बौद्धिक स्तर पर सोचना और आराम से रहना। तुम्हारा वह शाम को बैठकर चर्चा करनेवालों का पूरा ग्रुप एक मजाक है मजाक। स्सालों को सिर्फ टेबल-कुर्सियाँ चाहिए। किताबें

और कागज चाहिए। जीवन के साथ कोई सरोकार नहीं। पूरा मराठी साहित्य इन सफेदपोश सदाशिव पेठी लोगों का लिखा हुआ है इसलिए ह.ना. आप्टे से लेकर आज तक एक अच्छा लेखक नहीं हुआ। बेकार की रद्दी।"

"मुझे भी यह खास अच्छा लगता हो सो बात नहीं है। लेकिन अपने आप सब होता रहता है। तुम्हारा जैसे आदिवासियों के बीच जाना अपने आप होता रहता है वैसे ही हमारा भी जो कुछ होता है अपने आप होता रहता है। मुझे दोनों बातें एक जैसी लगती हैं।"

"ऐसा कहने पर भी तुम्हारा प्रेफरेंस उसमें से एक प्रकार का ही रहेगा—अपना-अपना सब ठीक-ठाक कर लेना चाहिए।"

"तुम्हारा भी प्रेफरेंस उसमें से दूसरे प्रकार का ही होगा।"

" हाँ होगा लेकिन मेरे भाई, हम कुछ तो कर रहे हैं।"

"और हम कुछ भी नहीं कर रहे हैं क्या? हममें से कोई भी कुछ भी खास कुछ नहीं करता। हम सिर्फ अपने प्रेफरेंस सँभालते हैं। तुम पहले कहते थे विनोबा के साथ घूमना चाहिए। लेकिन आखिर कम्यूनिस्टों के साथ गए ही न? करने और न करने में भी क्या ऐसा प्रेफरेंस नहीं होना चाहिए?"

"यह गन्दी फिलॉसफी है।"

फिर भैया डहाणू की ओर चला गया।

नारायण के लिए इन दिनों बुरे से बुरे दिन आ रहे थे। यूनियन में कुछ झमेला हो जाने से उसे निकाल दिया गया था। इसलिए वह इन दिनों कम्यूनिस्टों को भी गालियाँ बकता। तड़के जल्दी उठकर चाय-ब्रेड खाकर वह पैदल ही कोर्ट जाता और पैदल ही शाम को लौटता। आने पर थक जाता। कभी तो खाना खाकर आता। कभी-कभी कमरे पर ही कुछ खा लेता। दो घंटे चलकर जाना और दो घंटे चलकर आना, इससे वह आते ही सो जाता। भूखा सोया तो रात में जल्दी ही उठ जाता। चांगदेव ब्रेड वगैरा कुछ लाया रहता तो वही खाकर फिर सो जाता। कई बार तो सिर्फ बैठे-बैठे आँखें तरेरकर कुछ निश्चय कर रहा है ऐसा लगता। चांगदेव खास उसके लिए केले वगैरा लाता। और कहता, चूहे स्साले दो-दो महीने बिना खाए-पिए रहते हैं। कई बार चांगदेव के मनुहार करने पर भी कुछ न खाता।

चाचा के यहाँ बीच-बीच में घर से आई चिट्ठियाँ मिल जातीं। विजू के ब्याह में सबने तुम्हारी राह देखी। विजू तो रो पड़ी। एक खेत बेचा। बचा हुआ हम दोनों बूढ़ों के लिए काफी है। विजू अपनी ससुराल गई। तुम अभी नादान हो। वगैरा। बीच में एक बार दादी के मरने का समाचार भी, तुम्हें याद किया करती थी, ऐसा भी एक चिट्ठी में था। यह सब तो होना ही था। लेकिन इस कारण उसके बदन में फैल रही सत्य की संवेदना कुछ दिन के लिए तीव्र हो गई।

दोस्तों के साथ जो मौज-मजा होता, वह होता। कभी चाचा के यहाँ, तो कभी श्रॉफ या महाजन सर के यहाँ अच्छा खाने को मिलता। बीच में नाइट स्कूल की नौकरी छूटी तो फिर फाके करने पड़े। नाइट स्कूल के प्रिंसिपल ने विश्वास दिलाया था कि जगह होते ही उसे बुला लिया जाएगा। नारायण की आखिरी परीक्षा खत्म हो गई थी लेकिन वह फेल हो गया था। इसलिए उसे एक साल जैसे-तैसे पूरा करना था। लेकिन जल्द ही उसे, भयंकर भुखमरी के बीच, अचानक कहीं से एक अखबार में कुछ समय के लिए नौकरी मिल गई। तब वह कमरे में कुछ-न-कुछ खाने के लिए लाता। बम्बई के चोर-उचक्कों के बारे में वह मेहनत कर अंग्रेजी में कुछ लिखने लगा था। रात पाली से लौटने के बाद दिन में वह डिक्शनरियाँ पलटते हुए, एक-एक पन्ना दस-बीस बार दुरुस्त करके लिखता रहता। दोपहर में एक ही टिफिन में वे दोनों खाना खाते।

कहीं कुछ कम रहनेवाले लोग अपने जीवन स्तर को अधूरा मानकर यह ढूँढ़ते रहते हैं कि उसके ऊपर कोई स्तर है क्या। चांगदेव, नारायण, शंकर और नाम्या वगैरा छोकरे इसलिए रुचि ले-लेकर साहित्य, नाटक, सिनेमा पर बहुत ही अच्छा बोलते। बापू को एक अखबार में सिनेमा-नाटक पर लिखने का कॉलम मिल गया था। इसलिए वह भी अब इनके बीच कायम रहता। कोई एकाध दिन देशी ठर्रा पिलाता। नाक बन्द करके ही क्यों न हो लेकिन पीना चाहिए इस जिद से सब पीते और रात-भर बकते फिरते।

कभी गाँजा पीते, कभी भाँग, ये सब ऊपर का स्तर प्राप्त करने के आसान रास्ते थे। बम्बई में हर चीज आसानी से मिल जाती। और एक आसान तरीका था—कागज और स्याही। इसलिए ज्यादातर लोग कुछ-न-कुछ लिखते रहते। प्रधान और बापू तो कॉलम लिख-लिखकर चारों तरफ अग्रणी लेखक के रूप

में विख्यात हो रहे थे। शंकर कहता कि इनको जो पब्लिसिटी मिलती है वही ज्यादा है। पैसे वगैरा मिले यह कामना तो उँगली पकड़कर पहुँचा पकड़ने जैसी है। बाकी सभी कलाएँ महँगी होती गईं, इसलिए यह साहित्य कला इन सबके चंगुल में फँस गई! सीधे-सादे लोग जब प्यार करते हैं और जब उनका प्रेमभंग हो जाता है, तब वे अच्छी-सी कविताएँ लिख जाते हैं। जीवन-भर वही एक गमला मन-ही-मन महकाते रहते हैं। फिर बम्बई के फुटपाथ पर चार आने में नोबेल पुरस्कार प्राप्त करनेवालों की पचासों किताबें मिल जाती हैं। तब ये सब लोग निष्णात साहित्यकार तो होंगे ही!

चांगदेव भी इस अड्डे में ज्यादा-से-ज्यादा फँसता गया इसलिए पहले से ज्यादा साहित्य पर भाष्य करने लगा।

बहुत पहले नारायण और प्रधान ने जोश में अगुआ बनकर *ब्र* नामक एक छोटी-सी पत्रिका शुरू की थी। एक अंक बड़े जोश में निकाला गया। उसमें सब नए कवि थे और पहली बार उनके नाम उस लघु पत्रिका से लोगों को मालूम हुए। लेकिन दूसरे अंक के समय नारायण ने कुछ नए रूसी कवियों की कविताओं के अनुवाद छापना तय किया। प्रधान बोला, "ये सब रूसी कवि रद्दी हैं। रूसी हैं इसलिए फालतू में छापने से क्या मतलब?" शंकर उस समय पूना से बम्बई आया ही था। उसने अलग ही लफड़ा निकाला कि नारायण को मूल रूसी भाषा तो आती नहीं तब ये अनुवाद अंग्रेजी से करना मूर्खता है। शेष कहने लगे कि पत्रिका तो निकलनी चाहिए इसलिए तुम अपने झमेले बन्द कर दूसरा कुछ ढूँढ़ निकालो। लेकिन नारायण जिद पर चढ़ बैठा। बाद में उसने समझदारी से काम लेकर अपने अनुवाद वापस ले लिये। लेकिन फिर *ब्र* की ओर उसने पूरी तरह से आनाकानी की। प्रधान ने लेख वगैरा इकट्ठे किए और एक सस्ते छापेखाने में अंक का साहित्य डाल दिया। प्रेसवाले ने महीने-दो महीने उसे छापा ही नहीं। पैसे पेशगी लिये थे वे भी वापस नहीं किए। बाद में प्रधान को भी इंटरेस्ट नहीं रहा। नारायण का तो खत्म हो ही गया था। इस तरह एक अंक में ही *ब्र* की कहानी खत्म हुई।

तब प्रधान को फिर से जोश में लाकर शंकर ने *पण* नाम की एक पत्रिका शुरू की। उसके भी दो ही अंक प्रकाशित हुए। बाद में प्रधान फिर से नई पत्रिका निकालने की कहने लगा। कोई बोला, "हम लोग चन्दा देनेवाले सदस्यों की संख्या ज्यादा बढ़ाते नहीं। अगर सौ सदस्य भी हमें न मिलते हों तब ऐसे धन्धे हमें अब बन्द कर देने चाहिए। फालतू, बचकाना हरकतें हैं ये सब!"

शंकर बोला, "हमें घर-घर जाकर लोगों से चन्दा जुटाना चाहिए। लद्दू प्रोफेसरों को मुफ्त में अंक भेजकर करना क्या है? हमें एक-एक चाल में घूमना चाहिए।"

चांगदेव बोला, "घर-घर ही जाना हो तब तो साबुन और झाड़ू भी लोग खरीदते हैं, उनकी जगह तुम अपनी कविता के अंक दोगे। लोग लेकर रख देंगे। इंटरेस्ट है किसको? इसलिए सिर्फ पढ़ते-लिखते रहना चाहिए!"

शंकर बोला, "उन्हीं में से हमें सच्चे पाठक मिलेंगे। पत्रिका निकालेंगे।"

प्रभु बोला, "अच्छा दादा, तुम छापते जाओ! हम लिखने की खुजलीवाले तो तैयार हैं ही। लेकिन नाम क्या रखा जाए?"

पण खत्म हुआ अब *अपन* शुरू हुआ।

इस पत्रिका को सबने मिलकर मेहनतपूर्वक दो-एक साल तक चलाया। सभी कुछ-न-कुछ लिखकर देते रहते। सबके पास न जाने क्या-क्या लिखने का भंडार भरा ही होता।

फिर शंकर के साथ जा-जाकर रामराव से जान-पहचान बढ़ाना।

गांधी की हत्या के समय हुए अग्निकांड में घर जो रोकड़ और सोना था वह लँगोट में बाँधकर रामराव सोद्देश्य बम्बई में आए और करीब पचास हजार रुपये छापने की मशीन लेने में और शेष रकम इधर-उधर प्लॉट वगैरा लेने में लगाकर फिर से पहले जैसा लखपति बनेंगे, ऐसा घमंड सँजोते हुए गाँव के छूटने का दुख भुलाने लगे। फिर गाँव की जो भी जायदाद बिक सकती थी बेचकर और एक लाख रकम इकट्ठा हुई। यह रकम सरकारी बांड में लगाने सम्बन्धी पहले की सूचना को ठुकराकर उन्होंने सहेतुक चितले नामक अपने कारखानेदार मित्र के पास जमा रख दी। चितले भी पहले रा. स्व. संघ के काम में थे इसलिए रामराव उनका बहुत ही भरोसा करने लगे। दूसरे मित्रों ने उदाहरण सहित रामराव को बताया कि चितले अच्छा आदमी नहीं है, लेकिन रामराव को वह सच नहीं लगा। चितले हिन्दुस्तान की सीमा काबुल-कन्धार तक माननेवाला प्रत्यक्ष मानव है, वह मामूली लाख-डेढ़ लाख हड़प कर जाएगा यह खयाल ही पागलपन का था। फिर चितले ने रामराव को देखते-देखते सुस्थिर कर दिया था। एक नई मशीन सस्ते में दिला दी। फोर्ट में अपने कब्जे के दो कमरे ऑफिस के रूप में इस्तेमाल करने के लिए दिए। पाली में एक बड़ा फ्लैट भी बीच-बचाव कर दिला दिया। बम्बई में

छह महीने में इतनी स्थिरता आ गई यह देखकर रामराव का फिर से हिन्दुत्व पर, ब्राह्मणों पर भरोसा बैठ गया और वे हर रोज ग्यारह बजे काम न होने पर भी फोर्ट के ऑफिस में दिन-भर बैठकर चार निकम्मे दोस्तों के साथ चाय पीते-पीते गप्प लड़ाते हुए आगे की योजना बनाने लगे। शाम को दूसरे चार-पाँच निकम्मे दोस्तों को लेकर कलकत्ता पान खाते हुए फर्स्ट क्लास से वडाला के अपने छापेखाने में यह देखने के लिए थोड़ा समय गुजारने लगे कि काम कैसा चल रहा है। वहाँ फिर शंकर, चांगदेव वगैरा के आने पर चाय और साहित्य चर्चा चलती। करेंगे—हम सब करेंगे—ऐसा आश्वासन वे इन नए साहित्यकारों को देते। रात में दस-ग्यारह के आसपास फिर ट्रेन में बैठकर पान चबाते हुए पूरी की पूरी पीछे दौड़ती बम्बई की ओर प्यार से देखते हुए घर जाते।

वैसे रामराव राजनीति के आदमी नहीं थे। पुरानी जमींदारी सँभालते हुए समय काटना उनका स्थायी भाव था। लेकिन इस बीच संघ के कार्यकर्ताओं ने गांधी विरोधी विचारधारा उनको पटाई और उनको भी वह पट गई। फिर धीरे-धीरे वे संघ के काम में बढ़-चढ़कर हिस्सा लेने लगे। लेकिन ऐन मौके पर कुछ का कुछ हो गया। लोगों ने हवेली सुलगा दी। मतलब रामराव जैसे खुशमिजाज आदमी की तकदीर में बम्बई का बनवास आ गया।

बम्बई में फिर से पहले जैसा जमींदारी ढंग शुरू हो गया। काम नहीं करना, सिर्फ टोका-टोकी करते रहना। मुफ्त में बैठनेवाले लोगों को चाय-कचौरी खिलाकर अपने इर्द-गिर्द रखना। ऐसे में रात में छापेखाने में इकट्ठा होनेवाले बुद्धिमान नौजवानों को देखकर उन्हें ऐसा लगने लगा कि एकाध अभूतपूर्व साहित्य-आन्दोलन इन लड़कों की मदद से चला सकेंगे। शंकर, प्रधान, चांगदेव, प्रभु, बापू, नाम्या इतने सारे इकट्ठे होकर नई-नई कल्पनाएँ सामने रखने लगे कि रामराव पूछते, कितना खर्चा होगा कुल मिलाकर इसके लिए? आँकड़ा बताने पर कहते, "करेंगे, करेंगे। थोड़ा ठहरो!"

उन दिनों शाम के समय किए गए उन सबके इरादे अगर गलती से भी पूरे हो जाते तो मराठी निश्चित रूप से संसार की समृद्ध भाषा बन जाती। उनमें से एक योजना थी दुनिया की सभी भाषाओं में जो भी छोटे-बड़े महान ग्रन्थ हैं उनको अनूदित कर मराठी में छापना। दूसरे, मराठी में और मराठी से सभी भारतीय भाषाओं तथा संसार की प्रमुख भाषाओं के शब्दकोश बनाना। तीसरे, सभी संस्कृत ग्रन्थ—ऋग्वेद से शांकर भाष्य तक—बढ़िया कागज पर मराठी अनुवाद के साथ

पुस्तकाकार छापना। और छोटे बालकों के लिए मराठी में सभी प्रकार के साहित्य का निर्माण करना। मराठी में अच्छी समीक्षा नहीं होती इसलिए अच्छे समीक्षकों का भी निर्माण करना। ऐसे कई प्रकल्प उनके आर्थिक बजट के साथ वहाँ चर्चित हुए। उच्च अभिरुचि सम्पन्न, सर्वांग सुन्दर एक मासिक पत्रिका का प्रकाशन बहुत ही जरूरी था। हर बात करेंगे, करेंगे। देश की उन्नति के लिए सब आवश्यक था। यह एक मूलभूत तथ्य सबकी समझ में आ गया कि हिन्दुओं की उन्नति किसी का उद्देश्य हो तो उसे डिक्शनरी से शुरुआत करनी पड़ती है।

शंकर को दिन-भर कुछ भी काम नहीं होता था। वह एक प्रकाशक के लिए कुछ हिन्दी में अनूदित कर रहा था। उसके कुछ पेशगी पैसे भी मिले थे। इसलिए सिनेमा, नाटक की मौज चलती। इसके अलावा *गोवर्धन* मासिक के पचास रुपये मिलते। उसका काम भी बहुत नहीं था। महीने में चार-पाँच ठहरे हुए लोगों के अत्यन्त गम्भीर विषय पर चिन्तनपरक उकताऊ लेख आते। उन्हें, लेख स्वीकार किया गया है, यथावकाश प्रकाशित करेंगे—इस आशय के पत्र लिखकर सम्पादक पटेल साब के टेबल पर रख देना पड़ता। लेख सरसरी तौर पर देखकर पटेल पत्र के नीचे दस्तखत कर फिर इसके टेबल पर रख देते। उन पत्रों की जाँच कर उन्हें डाक में छोड़ने के लिए चपरासी को देना पड़ता था। इस मासिक के लेखक ज्यादातर पटेल के पहचान के ही होते और इसलिए वे कुछ चौंकनेवाली बातें नहीं लिखेंगे इसका उन्हें विश्वास था। एकदम ही अगर किसी नए लेखक का लेख होता तो उसके साथ अधिकतर पुराने लेखक का सिफारिशी पत्र भी होता। इसलिए उसे भी पढ़ने की जरूरत नहीं होती। पटेल आराम से पिछले दस वर्षों से *गोवर्धन* मासिक का सम्पादन करते आ रहे थे। सरकारी मदद बरस के अन्त में आती। कुल मिलाकर ठीक चल रहा था। शंकर को इसी वजह से ऐसा लगता कि यह नौकरी कब छूटेगी। वह कहता, "हमारे *गोवर्धन* मासिक का व्यवहार पटेलसाब की तबीयत के समान ठीक चल रहा है। सवेरे ठीक समय पर लैट्रिन, समय पर दो बार खाना, चाय, कॉफी, तमाखू की मनाई और शाम को पैरों के व्यायाम के लिए घंटा-भर घूमना। मेरे लिए मुश्किल हो गया है यहाँ रहना।"

छापाखाने नियमित रूप से आनेवालों को दूसरा कोई महत्त्व का काम तो था नहीं। सारंग घर बैठा था। प्रभु बरसों से एक गुजराती की दुकान में कारकुनी कर रहा था, फिलहाल वह भाई के पास ही रहता। हर महीने सौ रुपये बैंक में जमा होने ही चाहिए यह उसकी कोशिश रहती। शादी-ब्याह का इरादा नहीं था। कभी

पगड़ी देने लायक रकम जमा हो गई तो एक कमरा खुद के नाम पर लेगा जिससे बुढ़ापे में झंझट न हो, ऐसा उसका विचार था।

बापू बीच-बीच में बेकार हो जाता। इधर एक साप्ताहिक में मुफ्त में काम देख रहा था और इसके अलावा एक अखबार में नाटक-सिनेमा पर भी लिख रहा था। इस साप्ताहिक में ऐसे होनहार लड़कों से मुफ्त में काम कराने की परम्परा ही थी। वह एक दिन शंकर से बोला, "तुम्हारे *गोवर्धन* मासिक में तुम्हें कम-से-कम पचास रुपये मिलते हैं। हमारे साप्ताहिक में तो मुफ्त काम करनेवाले चाहिए। लिखनेवालों को लिखने की हवस हो और पुराने चार-पाँच सौ ग्राहक कायम रहें तो ऐसा बरसों चलता रहेगा। कल एक होनहार लेखक हमारे यहाँ आया और हमारे मलणीकर से बोला, 'मुझे यहाँ कुछ काम मिलेगा क्या? मैं साहित्य-विशारद प्रथम श्रेणी में उत्तीर्ण कर चुका हूँ और बाहर से बी.ए. के लिए बैठ रहा हूँ। कई अखबारों में मेरी कहानियाँ-कविताएँ छप चुकी हैं।' तब वहाँ बैठे हुए सबकी ओर हाथ दिखाकर हमारे सम्पादक महाशय मलणीकर बोले, 'ये एक-से-एक बुद्धिमान लड़के हमारे यहाँ तजुर्बा प्राप्त करने के लिए काम करते हैं। तुम्हें भी आकर बैठना हो तो बैठो!' कल से वह लड़का भी आकर बैठने लगा है। उसे क्या काम बताया कल? एक अमरीकी मासिक पत्रिका में संसार के विभिन्न देशों में आहार मान पर एक लेख आया है उसे मराठी में लिखकर देना! चूतिया सम्पादक।"

रामराव कहने लगे, "पूना में भी ऐसे मशहूर होने की इच्छा रखनेवाले छात्र कायम थैलों से मिलते हैं। उन्हीं पर तो यह सब साप्ताहिक और मासिक पत्रिकाएँ चलती हैं। पारिश्रमिक भी कोई नहीं देता। कहीं किसी कोने में नाम छपकर आ गया किसी स्तम्भ में तो धन्य हो गए। अपनी पत्रिका निकलती तब हम हर एक को कम-से-कम दस-पाँच रुपये तो देते थे। मुफ्त में किसी से काम नहीं लेना चाहिए।"

चांगदेव के कॉलेज के कुछ लड़के इसी तरह मुफ्त में लेख लिखकर इतराते रहते। नारायण भी ऐसा ही कुछ अंग्रेजी में लिखकर धीरे-धीरे खासा स्थापित हो गया था। उन्हीं दिनों शंकर भी पूना से बम्बई आया था। हॉस्टल के सामने के गुडलक होटल में सब लोग रोज शाम को बैठते। उनमें परांजपे, कभी-कभार भैया और श्रॉफ भी होते। महाजन भी होते। वे उन दिनों लेक्चरर थे, लेक्चरर होकर भी लड़कों में घुल-मिल जाता हूँ इसमें उन्हें अभिमान लगता। आगे चलकर वे दूसरे एक कॉलेज के प्रिंसिपल बन गए, तब से उन्होंने आना-जाना कम कर दिया। लेकिन उन दिनों अड्डा अच्छा जमा था। रात में बारह-एक

बजे तक होटल बन्द होने के बाद अन्दर फर्श की सफाई शुरू होने तक सब गप्प-शप्प लड़ाते रहते—कोई नाटक के बारे में, कोई नए सिनेमा के विषय में, कोई राजनीति पर तो कोई बम्बई में नई आनेवाली पेपरबैक पुस्तकों के बारे में। ऐसा जोश में चलता। उनमें से नारायण, शंकर इधर-उधर लिखते; लेकिन ज्यादा जोर पढ़ने पर, नए-नए अनुभव प्राप्त करने पर होता। फिर दूसरे भले-बुरे लोग भी बाद में आने लगे। इनमें था मल्होत्रा, हवाई अड्डे के वर्कशॉप में काम करनेवाला। पहले यह मल्होत्रा और शंकर जब पूना में थे तब चिंचवड साथ-साथ जाते-आते। तब वे दोनों जे. कृष्णमूर्ति को पढ़ते थे। इसलिए दोस्ती हो गई थी। बम्बई आने पर मल्होत्रा ने पढ़ना छोड़ दिया था लेकिन रात के इस अड्डे में बैठकर उसे पर्याप्त बौद्धिक खुराक मिलती। कम-से-कम दो-चार असली चुटकुले सुनने को मिलते ही। वह दिल खोलकर हँसता और वर्कशॉप में आई थकान को निकाल फेंकता।

अब तक उन सबको उस वक्त की गुडलक की महफिलों की याद आती। महाजन कहते कि सच तो यह है कि हमारी यूनिवर्सिटियों में इस प्रकार की ही शिक्षा का प्रारम्भ करना चाहिए। भैया कहता, "उस समय गुडलक होटल में राजनीति में रुचि पैदा हुई इसीलिए तो मैं कॉलेज की बकझक छोड़कर आदमियों में चला आया। नहीं तो पिता की इच्छानुसार हम वनस्पतिशास्त्र में पी-एच.डी. कर निकम्मे बन जाते और कहीं प्रोफेसर बनते!"

जिसके पास पैसे होते वह बिल चुकाता। गरीब छात्रों को मुफ्त में बैठकर चाय की प्याली पर चर्चा करने का अवसर मिलता और अत्यन्त गम्भीर निष्कर्षों से लेकर हँसी-मजाक के समापन तक किसी भी विषय का किसी भी तरह अन्त किया जाता। इस कारण फालतू विषय अपने आप खिल्ली उड़ाने के विषय बन जाते। सशक्त विषय ही टिके रहते। मिसाल के तौर पर, एक बार किसी ने बेलगाँव का सवाल छेड़ा तो सब मिलकर उस पर इतना हँसे कि बाद में उसने आना ही छोड़ दिया।

लेकिन धीरे-धीरे एक-एक आदमी उस अड्डे से कम होने लगा। भैया पार्टी के कामकाज के कारण नहीं आ रहा था। मल्होत्रा का तबादला कुछ समय की ट्रेनिंग के लिए जोधपुर हो गया। शंकर बीच में बरस भर के लिए पूना में ही रहा। चांगदेव भी बीच में जो आधान हुआ था उससे मूड में नहीं था। महाजन प्रिंसिपल बन गए। प्रधान, प्रभु, नाम्या ने दादर के ईरानी होटल में दूसरा, सारंग वगैरा खास

साहित्यिक लड़कों का एक नया अड्डा ढूँढ़ निकाला। श्रॉफ सिर्फ साहित्य की बातों से उकता गया। परांजपे कमर कसकर प्रायोगिक नाटक कम्पनी नाम से एक कम्पनी रजिस्टर करा चुका था। इसलिए वह उधर ही अपनी शामें बिताने लगा। बालु उत्तर हिन्दुस्तान में किसी गवैये का तानपूरा पकड़ने चला गया था, उसके वापस लौटने के आसार दिखाई नहीं देते थे। नारायण को तो हर रोज इस तरह इकट्ठा होने से ही कोफ्त होने लगी।

इन दिनों फिर से लोग रामराव के यहाँ इकट्ठा होने लगे। ऐसे जुटान के लिए एक सार्वजनिक लगनेवाली काफी खुली लेकिन एकदम ही शहर की सड़क पर पड़ी कँगलों जैसी न लगे ऐसी थोड़ी बन्द जगह, एकाध श्रॉफ जैसा या महाजन जैसा हरदम जेब में बिल चुकाने के लिए पैसे रखनेवाला और इसके लिए कभी भी नहीं झींकनेवाले आदमी—इतनी बातें आवश्यक होती हैं। प्रमुख बात यह कि अखबारी चर्चा से बचने वाले सब लोग हों।

प्रभु बोला, "अपना वह अड्डा फिर से शुरू करने में हर्ज नहीं है।"

शंकर बोला, "अब गुडलक की खुली जगह गई। बम्बई कार्पोरेशन ने रास्ते चौड़े करने के लिए होटल की खुली जगह खोद डाली है। मैं परसों गया था तो देखा सब वेटर भी छोड़ गए। बूढ़ा याकूब अफीम की पीनक में ऊँघता पड़ा रहता है। अन्दर सब टाइट पैंट पहने टेरिलीनवाले कॉलेज के छैलाबाबू छोकरे जमा थे। और याकूब ने बीचोबीच रेकॉर्ड का ज्यूक बॉक्स रख दिया है। उसमें चवन्नी डालकर शंकर-जयकिशन के गन्दे गाने सुनता रहता है हर कोई। गुडलक होटल अब बन्द मकान जैसा लगता है। पन्द्रह-बीस लोग एक टेबल के चारों ओर बैठें यह अब सम्भव ही नहीं है। इस हिसाब से अपना ईरानी होटल अच्छा है। गुडलक अब खतम हो गया। शायद वह जमाना ही बम्बई से चला गया।"

"लेकिन ईरानी के यहाँ वह मजा नहीं आता यार!"

"बात तो यह भी सच है। लेकिन जगह अपने-आप तैयार हो जाती है। ऐसे तय करके नहीं होती। थोड़ा-बहुत संस्कृति जैसा ही होता है अड्डे की जगह का स्वरूप। अपने-आप एकाध कल्चर तैयार होता है, अपने आप ही खतम।"

"आजकल तू बी.ए. करने की सोच रहा है क्या, कल्चर पर बहुत बोलने लगा है जो?"

"बी.ए. कायका जमता है? भाई शादी कर औरत ले आया है घर में। हम बाकी के सब एक कमरे में ठुँस गए हैं। परसों बहुत बोर हो गया था इसलिए सोचा, यूँ ही क्या करें और रसोई के दरवाजे में कान लगाकर सुनने लगा। सोचा, देखें तो शादी होने के बाद क्या बोलते होंगे लोग! तो भाई भाभी से कह रहा था, 'तुम्हें कितनी बार कहा कि रात होते ही सिर्फ ब्रेसियर और जाँघिया पहनकर सोना। यह मेरा घर है। मेरी मर्जी के मुताबिक सब होना चाहिए!' ऐसा सुनकर मैं तो दंग रह गया। क्या साले शादियाँ करते हैं! दे ताली!"

"तुझे यह सब कबड्डी का खेल लगा होगा।"

"पहले ठीक था। बारह-एक बजे तक बक-झक करते रहना, घर जाकर सो जाना। अब बहुत जल्दी घर जाना पड़ता है। सच कहें तो अब भी गुडलक में बैठने में हर्ज नहीं है। शायद हम लोग बूढ़े हो गए हैं इसलिए वहाँ के अब के नई पीढ़ी के छोकरों की पसन्द हमें अच्छी न लगती हो। हर दो-चार बरस में नई पीढ़ी तैयार होती है, सो गुडलक बदलता जाएगा ही। हम लोग बहुत कुछ सीरियसली करते रहते थे।"

"यह सोचना तो निश्चित ही बुढ़ापे की निशानी है! सभी लोग सीरियसली कुछ-न-कुछ करते रहते हैं।"

बीच में रामराव बोले, "तुममें से कोई भी कुछ भी सीरियसली नहीं करता। उधर क्रिश्चियन मिशनरियों को देखो कैसे अकाल पीड़ित विभाग में झोंपड़ियों में रहकर धर्म प्रचार करते हैं। धीरे-धीरे सारा हिन्दुस्तान नागालैंड हो जाएगा तब?"

"हो गए सब क्रिश्चियन, तो क्या बिगड़ा? पूरी दुनिया क्रिश्चियन हो गई तो अच्छा ही है।"

"सारी दुनिया क्या खाक क्रिश्चियन होगी। उधर मुसलमान बैठे हैं कुरान और तलवार लेकर!"

"हम सबके सब मुसलमान भी हो गए तो क्या बिगड़ेगा?"

चांगदेव बोला, "इसमें उलटा इस्लाम को ही धोखा है। हिन्दू भी मुसलमान हो गए तो इस्लाम जैसा है वैसा थोड़े ही रहनेवाला है। मुसलमानों में भी हिन्दू जैसा एक अलग इस्लाम तैयार होगा। इसलिए धर्म का प्रचार नहीं करना चाहिए यह हम हिन्दुओं का तरीका अच्छा है। अब मुसलमानों को हम हिन्दू बना लेंगे तो वे बेटे किस तरह के हिन्दू होंगे?"

रामराव कहने लगे, "हमारा तरीका ऐसा नहीं है। हमारा धर्म अपने आप ही अपने भीतर से ऊपर आया। हम अपने-आप हिन्दू बन गए। जबकि हिन्दुओं को ही धर्मभ्रष्ट कर मुसलमान बनाया गया।"

"कैसी गप्प हाँक रहे हैं रामराव! उत्तर से धीरे-धीरे मारपीट करते आर्य दक्षिण में घुसते चले गए, लड़कियों पर बलात्कार करते गए। कितने उदाहरण बताऊँ रामायण के और पुराणों के? वह पुरानी मिलावट बड़ी शान्ति के साथ हुई ऐसा नहीं है। मतलब हिन्दू धर्म की हिन्दुस्तान में जैसी खिचड़ी बनी वैसी दुनिया-भर में किसी धर्म की बनी तो क्या बिगड़ेगा? जीतनेवाले कितने ही क्यों न इठलाते रहें, हारनेवाले भी जाते-जाते उनमें मिलकर उन्हें अपने ढंग से पराजित करते ही रहते हैं।"

रामराव चिढ़कर बोले, "मतलब हम हरदम हारते रहें, तुम यह कह रहे हो? यही है तुम्हारी सीरियसनेस? सिर्फ शुष्क बौद्धिक गप हाँकते रहते हो। तुम्हें किसी माँ-बाप की चिन्ता नहीं, किसी पर बहनों के शादी-ब्याह करने की जिम्मेवारी नहीं। सिर्फ तर्क लड़ाते रहना, बाहर कितने जात-पाँत हैं, प्रादेशिकता, सिफारिशबाजी, कितनी गन्दगी है? तुम यह सब टालकर मात्र कल्पना के संसार में विचरण करते रहते हो। दूसरी तरफ मामूली मराठी-तमिल शब्दकोश करने के लिए आदमी नहीं मिलता।"

चांगदेव बोला, "मतलब हम सिर्फ इनसान बनकर जीना चाहते हैं यह भी आपसे देखा नहीं जाता? आप जो बातें कहते हैं हम उन्हें आचरण में उतारकर ही तो इठलाते हैं, या नहीं? मेरा ही देखें, मुझे किसी ने नौकरी दिला दी, किसी ने जगह दी, किसी ने कोई मदद की? मुझे तो यह सब अजीब लगता है। वरना यहाँ कोई रास्ते पर मर भी रहा हो तो कोई उस तरफ झाँक कर भी नहीं देखता, ऐसा यह शहर है।"

"उलटे ऐसे ही शहर में तुम अपनी जिम्मेदारियाँ भूल जाते हो और तुम्हें वे दोस्तोएव्स्की और कामू और काफ्का अपने बहुत निकट के लगने लगते हैं। दोस्तोएव्स्की की किताब परसों शंकर से ले गया था। वह क्या उपन्यास है? मेरे से तो दस पन्ने पढ़े नहीं गए। तुम ऐसे उपन्यास पूरे के पूरे पढ़ जाते हो। मतलब तुम्हारे कड़ियलपन का कमाल है।"

ग्या रह बजे रामराव निकल जाते। छापाखाना रात में भी चलता रहता। इसलिए जिन्हें वहाँ बैठना होता, बैठे रहते। चांगदेव यूनिवर्सिटी की क्लास में कभी-कभार ही बैठता। नाइट स्कूल होते ही यहाँ आ जाता। दो-तीन दोस्त थे, वे क्लास में हाजिरी लगा देते। उनमें शेखर रेग्युलर था। सवेरे ट्यूशन होने पर थोड़ा-सा कुछ खाकर चांगदेव लाइब्रेरी में जा बैठता। वहाँ जो जी में आए वह जी भरकर पढ़ता। बीच-बीच में उदास होकर किताब बन्द कर सामने की खिड़की की रंगीन काँच की ओर देखता रहता। बहुत ही उद्विग्न हो जाता तो उठकर किसी मित्र के यहाँ चला जाता। शाम होने पर स्कूल की ओर, फिर छापाखाने चला जाता। चाय पर चाय होती रहती जिससे भोजन अपने आप टल जाता। दस-ग्यारह बजे शंकर के साथ कहीं सस्ती राइस प्लेट खा लेता। शंकर उसके लिए काफी खर्चा करता। आगे कभी होगा तब मैं भी उसके लिए खर्चा करूँगा, ऐसे वह मन-ही-मन तय करता। वैसे उसकी कोई जरूरत नहीं थी।

इन दिनों पूना के कुलकर्णी नाम के एक प्रकाशक भी बार-बार छापाखाने में आते। उन्होंने एक मशहूर लेखक की लम्बी-चौड़ी किताब रामराव के यहाँ छापने के लिए दी थी। वह पन्द्रह दिन में छपकर तैयार हो जानी चाहिए थी क्योंकि उस बरस सरकारी पुरस्कार की समिति में कुलकर्णी प्रकाशक के अपने दो-तीन सदस्य थे और पुरस्कार मिलना सुनिश्चित होने से इस किताब का छपकर आना जरूरी था।

पन्द्रह दिन में कम-से-कम चार-पाँच कॉपियाँ तैयार कर पुरस्कार समिति के लोगों को पहुँचाना आवश्यक था। उधर अखबारों में इस आशय के विज्ञापन भी आने लगे कि किताब प्रकाशित हो गई इसलिए यह तय हो गया था कि रामराव यह किताब कम्पोजिंग के लिए दस प्रतिशत और छपाई के लिए पच्चीस प्रतिशत ज्यादा रेट पर छाप कर दें और आठ-दस कॉपियाँ आठेक दिन में ही दे दें।

इस विषय में एक बार कुलकर्णी प्रकाशक छापाखाने में आकर रामराव से चर्चा कर रहे थे, तभी इन जवानों की टोली भी वहाँ आकर बैठ गई। उनकी चर्चा के बीच चुप रहना असम्भव हो गया तो शंकर बोला, "मतलब दस कॉपियाँ ही पुरस्कार के लिए तैयार करनी हैं तब केवल दस कॉपियों का ही पहला एडिशन क्यों नहीं निकालते? पुरस्कार मिल जाने के बाद धीरे-धीरे अगले बरस बची हुई कॉपियाँ छापना।"

इस बात पर सब खिलखिलाकर हँस पड़े।

तब कुलकर्णी प्रकाशक गुस्से में आकर शान्ति से रामराव से पूछने लगे, "ये कौन हैं? इनका क्या सम्बन्ध है?"

रामराव ने उन्हें कहा कि गलत मत सोचिए लेकिन कुलकर्णी प्रकाशक किसी की ओर न देखते हुए वही बात दोहराने लगे।

"यह ऑफिस है या एस.पी. कॉलेज? यहाँ धन्धे की हर बात गुप्त रहनी चाहिए। ठीक है, इस विषय में फिर बात करेंगे। चलता हूँ।"

रामराव भी हड़बड़ी में उठकर खड़े हो गए। जाते-जाते कुलकर्णी प्रकाशक फिर गरजे, "कल इसी समय आऊँगा। ये मच्छर फिर से यहाँ दिखाई नहीं देने चाहिए, कम-से-कम मैं आता हूँ तब।"

उनके जाने पर सबको लगा कि रामराव चिन्तित हो जाएँगे। लेकिन रामराव ने कहा, "अच्छा हुआ। स्साले को टेक्स्ट बुक के पैसों की मस्ती चढ़ी हुई है। कल पूरा फार्म फिर से छपाया, हाशिए में कहीं थोड़ी सी गलती हो जाने के कारण। पन्द्रह दिन में काम होगा ऐसा लगता तो नहीं है। दूसरा एक काम एक-दो दिन में शुरू कर दूँगा। फिर देखना कैसे चीखेगा। मैं किसी की अकड़ की परवाह क्यों करूँ? चाहो तो छपवाओ नहीं तो उठाओ! जाएगा कहाँ? बम्बई में छापाखाने हैं कहाँ?"

जैसा कहा था वैसे रामराव ने कुलकर्णी प्रकाशक की पुरस्कार की किताब कल होगी, परसों होगी करते-करते पूरे दो महीने लगा दिए। इसलिए कुलकर्णी प्रकाशक का आना-जाना बढ़ता गया और धीरे-धीरे शंकर की और उनकी अच्छी-खासी दोस्ती हो गई। कुलकर्णी प्रकाशक आते ही पूछते, "कहाँ है वह तेज-तर्रार लड़का? क्यों भाई, क्या पढ़ रहे हो इन दिनों? कुछ लिख भी रहे हो या यूँ ही?"

और छापाखाने से निकलकर शंकर और वे उनकी कार से कहीं घूम-फिर आते। अंग्रेजी की नई-नई किताबों की गप्प हाँककर शंकर ने उन्हें पूरी तरह से वश में कर लिया था। उधर, जिस किताब को पुरस्कृत घोषित किया गया वह किताब अभी प्रकाशित ही नहीं हुई है, ऐसी चर्चा दबी जुबान से दूसरे प्रकाशकों के कर्मचारियों ने शुरू कर दी।

अखबार में किसी निर्भय प्रकृति के लेखक ने खत लिखकर इसको जनतंत्र की अवहेलना और प्रकाशकों की तानाशाही करार दिया। कुलकर्णी प्रकाशक खिलखिलाकर हँसते और कहते, "अच्छा खत लिखा है। मानना पड़ेगा भला आदमी है। लेकिन कौन है?"

यह बेबाक वृत्ति शंकर को अच्छी लगती। किताब का काम पूरा हो गया तो वे बोले, "पूना आओ तो जरूर आना। भूलना मत। सीधे हमारे यहाँ ठहरो तो और अच्छा। कल से हमारी किताब का ठीक से देख लेना। मैं बाद में आदमी भेज ही रहा हूँ। लेकिन तुम हमारे लिए एकाध चक्कर पूना का लगाना।" ऐसा कहकर वे चले गए। महीने-भर के लिए शंकर का अच्छा मनोरंजन हुआ! जाते-जाते शंकर पर खुश होकर उन्होंने उसे काफी किताबें खरीद कर दीं। सिनेमा पर एक किताब निकालना जरूरी है यह बात शंकर ने उनके गले उतार दी। तब उन्होंने शंकर को ही वह किताब लिखने के लिए कहा—"जैसा तुम्हें लिखना है लिखो। हम छापेंगे।" उनका छापाखाने का काम जो शंकर ने देखा था उसके पैसे लेने से वह मना करने लगा तो उन्होंने एक साथ दो सौ रुपये शंकर को सिनेमा देखने के लिए दे दिए। वे बोले, "अच्छे-अच्छे सिनेमा देखकर नोट्स निकालो, सिनेमा के विषय की किताबें खरीदो, उसके पैसे मैं अलग से भेज दूँगा। लेकिन तुम्हारे जैसे होशियार लड़के सिर्फ होटल में बैठकर बेकार की बातें करें, सबको गालियाँ देते रहें यह बन्द करो।" ऐसा बड़े प्यार से कहते गए।

शंकर को कुलकर्णी प्रकाशक बहुत ही अच्छे लगे। वह सबको कहने लगा, "ऐसा प्रकाशक ढूँढ़े नहीं मिलेगा।"

रामराव बोले, "तुम्हें मालूम नहीं इसने कितने लेखकों को उनके पैसे नहीं दिए।" शंकर बोला, "लेखक भी फालतू होंगे, उनके पैसे नहीं दिए तो क्या हो गया?" चांगदेव स्कूल करके लौटता तब तक कुलकर्णी चले जाते। इसलिए उसकी कुलकर्णी के साथ विशेष दोस्ती नहीं हुई। उसके बाद शंकर और चांगदेव ने जी भरकर सिनेमा देखा। वास्तव में सिनेमा का असली शौकीन तो चांगदेव ही था। बीच में सब उल्टा-पुल्टा हो जाने से और पैसे न होने से सिनेमा देखना बन्द हो गया था। लेकिन अब उन दोनों ने पहले जो अच्छी-अच्छी फिल्में देखी थीं उन पर चर्चा शुरू हो गई। दूसरे दोस्तों को भी धीरे-धीरे उसमें रस आने लगा। कहीं अच्छी अंग्रेजी, इतालवी, जापानी, बंगाली फिल्में होतीं कोई तो मालूम कराता। शंकर और चांगदेव भी कोई काम न होने से ठीक समय पर बम्बई में कहीं भी कोई सिनेमा देखने बिलकुल हाजिर हो जाते। दूसरे भी कोई खाली होते तो हाजिर हो जाते। फिर फिल्म छूटने पर चाय पीते, चर्चा करते छापाखाने पर पहुँच जाते। वहाँ फिर फिल्म कैसी थी उसका रामराव के सामने पूरा विश्लेषण। रामराव कहते, "अच्छा हुआ अब किताबों के बाहर की भी तुम कुछ बातें करने लगे।"

हिन्दी फिल्में भी बीच-बीच में अच्छी होतीं। उस समय बर्मनदा भी जोश में थे। किशोर कुमार अपने फॉर्म में था ही। वहीदा रहमान भी बेहद जोश में थीं। ऐसे में फेलिनी की फिल्म *ला डोल्शे व्हिटा* भी लगी थी। चांगदेव को अब सच्ची-झूठी दुनिया की मिलावट बहुत ही अद्‌भुत लगने लगी। सारी दुनिया से घृणा करते रहने की कोई वजह नहीं थी, क्योंकि इसी दुनिया में चार्ली चैपलिन हैं, सत्यजित और ऋत्विक हैं, किशोर कुमार और आइ.एस. जौहर हैं। वहीदा रहमान और गुरुदत्त हैं। अली अकबर खाँ और बड़े गुलाम अली खाँ हैं। अभी बिलकुल इस घड़ी जिन्दा हैं। इन लोगों ने भी हमारे समान ही जीवन के स्वरूप को अवश्य ही जाना होगा। सच तो यह है कि यह जिन्दगी फेलिनी की फिल्मों जैसी मधुर जिन्दगी है। जीते रहना है जितने दिन मधुर मानकर चलना। गीत सुनते, किताबें पढ़ते, फिल्में देखते, भट्‌ठी की शराब पीते, सिगरेट फूँकते इस और उस दुनिया का मिश्रण कर जीते रहना। नूरजहाँ की तरह, 'मुहब्बत करें खुश रहें मुस्कराएँ' कहकर नाचते-गाते हर पल जैसा है वैसा ही भोगते रहना। कड़वाहट मन में रखने से कम नहीं होती। कड़वाहट को अन्दर भींचकर ऊपर ऐसे फूल खिलाते रहना। आखिर हैं कितने दिन? सच तो यह है कि एक हद तक कड़वाहट को पचाए बिना जीवन इतना मीठा हो ही नहीं सकता। इसके अलावा बड़ी-बड़ी अनुभूतियों का आकलन भी नहीं होता। इसीलिए तो युद्धों से उबरे लोग महाभारत, इलियड लिख बैठे। सभी कलाकारों को कुछ-न-कुछ दुख होगा ही। मुझे भी है। इसीलिए तो इन कलाकृतियों का पूरा आकलन होता है। शंकर को भी कुछ-न-कुछ दुख होगा ही। वह मुझे बताता नहीं। मैंने भी तो उसे कहाँ बताया है?

चांगदेव में धीरे-धीरे समय काटने के लिए सब कुछ झेलने की एक अजीब वृत्ति आती गई। इसलिए वह समय काटने के लिए सब कुछ उसमें झोंकने लगा। मनोयोग के साथ पढ़ाने लगा, लाइब्रेरी में पढ़ाई भी बिला वजह उदास रहकर राक्षस के समान घंटों करने लगा। लेकिन रस किसी में न था। प्रचंड उदासीनता बीच-बीच में धक्का देकर दहला जाती। नारायण भी अपनी फिक्र में उदास होने से चुप ही रहता। बहुत तड़के बिना नहाए मुँह धोकर गन्दे कपड़े पहन निकल जाता। चांगदेव को उस परिस्थिति में यह पार्टनर बहुत ही अच्छा मिला था। बीच-बीच में कमरे की बम्बइया छत देखते-देखते प्रचंड तिलमिलाहट होती। जन्म-मृत्यु पर सोचने की अपनी क्षमता कम ही होती है इसलिए सिर्फ कुढ़ता रहता था। नतीजे की फिक्र नहीं थी।

दूसरे टर्म में चर्चगेट पर एक हॉस्टल में कमरा मिला। यहाँ से नाइट स्कूल में दसेक मिनट में जाया जा सकता था और लाइब्रेरी भी पाँच मिनट में। यह सस्ते में अच्छा कमरा था इसलिए उसने नारायणवाला कमरा छोड़ दिया। नारायण को भी महीने-दो महीने में कमरा छोड़ना ही था। उसे एक बड़ी अमरीकी कम्पनी में नौकरी मिलने की बात चल रही थी। भुखमरी के दिन समाप्त होने के लक्षण दिखाई दे रहे थे। उसने अंग्रेजी किताब भी इंग्लैंड के किसी प्रकाशक को भेजी थी और उसके वहीं पर प्रकाशित होने की सम्भावना भी थी।

नए कमरे में आने पर सभी दोस्तों को चर्चगेट से उसके पास आना बहुत ही सुविधाजनक हो गया था। शंकर सवेरे दादर से निकलता तो पहले चांगदेव के पास पहुँचता। उसे उठाकर दोनों बाहर निकलते। कुछ खा-पीकर दोनों साथ-साथ कहीं जाते या फिर चांगदेव के लाइब्रेरी में जाने के बाद शंकर *गोवर्धन* का काम देखने अथवा और कहीं समय काटने के लिए चला जाता। शाम को स्कूल का काम खत्म कर छापाखाने पर दस के आसपास मिलना तय था।

कुछ पैसे इकट्ठे होने पर रामराव ने *कामिनी* नाम की मासिक पत्रिका शुरू की। शंकर को अब दिन-भर यही काम रहता। लेख इकट्ठे करना, विज्ञापन देना, अनुवाद, पत्र-व्यवहार, फोन, छपाई आदि-आदि। उसी के जिम्मे सब कुछ सौंपने से उसे काम में उत्साह लगने लगा। दूसरे, अच्छा-अच्छा लिखनेवाले नौजवान लेखक पहले से ही भरपूर मौजूद थे। इसलिए दो-तीन महीने में ही मासिक पत्रिका अच्छी-खासी मशहूर हो गई। फिर मुखपृष्ठ पर अत्यन्त उन्मादक औरत का चित्र रामराव सोद्‌देश्य कहीं से प्राप्त करते। बक्कतूर नाम का इस व्यवसाय का एक बहुत ही जानकार आदमी रामराव का पुराना दोस्त था। वह हर दिन सवेरे घंटे-भर के लिए आ जाता और रामराव को और शंकर को क्या-क्या काम करना है, क्या काम हुआ है, कहाँ से और कैसे विज्ञापन लाने हैं, सचिवालय में किससे मिलना है, कागज कहाँ से प्राप्त करना है, बिक्री करनेवाले एजेंट को कैसे पकड़ना है, यह सब कहकर अपने काम चला जाता। इस वजह से *कामिनी* बहुत ही जल्द सुचारु रूप से चलने लगी। सभी ऐसा कहने लगे कि रामराव ने अच्छे लोग पकड़े हैं। फिर रेलवे बुकस्टॉल के लिए भरपूर कमीशन देकर एक हजार कापियों का सौदा पहले ही कर लेने से उतनी खपत तो सुनिश्चित ही थी। धीरे-धीरे चन्दा देनेवाले ग्राहक बढ़ रहे थे।

रामराव को घर से निकलकर रात में वापस लौटने तक डेढ़ सौ से अधिक लोग हर रोज मिलते। उनमें से अधिकतर हर रोज मिलनेवाले ही होते। लेकिन हर

कोई उन्हें इस विषय में सलाह देता कि पत्रिका कैसी होनी चाहिए और रामराव उस पर जरूर सोचते। किसी ने कहा, एकाध तो शृंगार कथा होनी ही चाहिए। दूसरे ने कहा हिटलर पर नियमित रूप से कुछ-न-कुछ बकवास आती रहे—मतलब बख्तरबन्द गाड़ियाँ कहाँ से कहाँ घुस पड़ीं इसकी जानकारी वगैरा देनेवाली। फिर एक ने पत्रिका के लिए मासिक भविष्य खुद लिखकर देना शुरू कर दिया। किसी ने कहा, मासिक पत्रिका में पत्राचार का स्तम्भ होना चाहिए क्योंकि जिनके पत्र छपकर आते हैं वे तो पत्रिका खरीदते ही हैं। इसके अलावा दोस्त-बिरादरी के लोगों के खास लेख—शंकर के फिल्म पर, चांगदेव या प्रधान की एकाध खास कविता, बापू की एकाध नव-कथा, नाम्या की खेल साहित्य पर प्रासादिक रचनाएँ, भैया से बीच-बीच में आनेवाले आदिवासियों के जीवन पर लेख वगैरा सामग्री मुफ्त में ही इकट्ठी हो जाती और वह अन्यथा कहीं पर न आनेवाली ऐसी विशेष सामग्री होती। धीरे-धीरे *कामिनी* के लिए अनाहूत आनेवाले साहित्य से फाइलें भरने लगीं। चारों ओर काफी चर्चा हो रही है ऐसा लगता था। चन्दा देनेवाले ग्राहक ही डेढ़ हजार हो गए। इसके अलावा फुटकर प्रतियाँ बिकतीं, वे अलग। सभी रामराव को शाबासी देने लगे। इसका श्रेय सब लोगों को था। हर कोई *कामिनी* अपनी ही है, ऐसे समझकर चल रहा था। इसमें रामराव का एक मायने में फायदा ही था। लेकिन जो जी में आए वह लिखने दे ऐसी दूसरी पत्रिका भी इन नौजवान कुँआरों को कहाँ से मिलती? खासकर मराठी के सुविख्यात लेखकों पर बहुत ही चिढ़कर लिखे हुए आलोचनात्मक लेख चांगदेव, प्रधान, सारंग वगैरा लिखा करते। ऐसे लेख अन्यत्र कहीं कोई प्रकाशित न करता। कुल मिलाकर सब तूफानी जोश में थे।

लेकिन इतनी भिन्न-भिन्न रुचि के लोगों को एक साथ सँभाले रखने का श्रेय रामराव को था। उसमें भी मुखपृष्ठ, छपाई का स्तर वे खुद सँभालते। मिसाल के तौर पर दीपावली अंक के लिए सभी हिन्दू देवताओं के चित्र उनके हमेशा के चित्रकार ने पसन्द के लिए भेजे तब उन्होंने यह पत्र लिखकर चित्रकार को चित्र वापस भेज दिया कि लक्ष्मी के स्तन सरस्वती से बड़े निकाले जाएँ। जब इस बात पर सब हँस पड़े तब वे हँसते हुए बोले, "इसमें कुछ अश्लील लगा क्या आपको? छोकरो, लक्ष्मी मतलब वैभव, अमीरी। उन्हें फबने जैसा रूप चाहिए या नहीं?"

लेकिन दीपावली के बाद सचमुच एक वृद्ध महाशय एक दिन छापाखाने में आए और रामराव से बोले, "कम-से-कम आप ऐसे चित्र छापेंगे ऐसा तो नहीं लगा था। आपका अंक एक दिन भी घर में रखना कठिन हो गया।"

शंकर बोला, "तो क्या जला डाला?"

वे बोले, "जलाना? वह तकलीफ कौन उठाए। घर से निकला तब ट्रेन में थोड़ा सा उलटा और ट्रेन में ही अंक रखकर नीचे उतर आया हमेशा की तरह!"

उधर शंकर ने बौद्धिक विलम्ब वगैरा कर *गोवर्धन* से अपने को मुक्त कर लिया और वह *कामिनी* का काम ही देखने लगा। धीरे-धीरे *कामिनी* का प्रसार बढ़ता गया इसलिए रामराव *कामिनी* का ऑफिस फोर्ट में ले गए। यह सबके लिए सुविधाजनक हो गया। फिर वहीं रोज का अड्डा जमने लगा। सब लोग छह बजे तक ऑफिस में काम वगैरा कर आ जाते और यहाँ आने पर हर किसी को जोश आ जाता। मतलब शाम छह बजे लिफ्ट के बन्द हो जाने पर भी लोग चार मंजिलें चढ़कर आते ही। शंकर की *गोवर्धन* की नौकरी छूटने पर उसके पास उस महीने के बाद बिलकुल ही पैसे नहीं थे। चांगदेव ने एक जी.पी. से आय का सर्टिफिकेट लेकर दे दिया जिससे विद्यापीठ से फीस की रकम उसी समय रिफंड में मिली। उसने खुशी से शंकर को सौ रुपये दे दिए। महीना हो जाने पर भी रामराव शंकर को उसके काम के लिए सौ रुपये भी नहीं दे रहे थे...। शंकर को पैसे माँगते शर्म आती। सच तो यह है कि रामराव की भी इच्छा थी कि शंकर *कामिनी* का काम पूरे समय के लिए करे। लेकिन पहले की नौकरी छोड़ दो, ऐसा उन्होंने स्पष्ट रूप से नहीं कहा था। फिर भी शंकर को पैसे की जरूरत थी। किसी ने बाद में उन्हें यह बात बताई तो कहने लगे, "अरे मैं तो भूल ही गया था।" ऐसा कहकर उसे दो सौ रुपये दिए। शंकर ने 'इतने क्या करने हैं, सौ काफी हैं फिलहाल' कहकर सौ रुपये वापस लौटा दिए। बाद में बापू, प्रधान वगैरा ने उसे गालियाँ दीं। वे बोले, "तुम ही अगर पैसे लेने में आनाकानी करने लगे तो हम जैसों को लिखने के लिए पैसे कब मिलेंगे? वैसे बाद में कभी वसूल तो करेंगे ही।"

लेकिन रामराव हर महीने बिना भूले शंकर को कभी डेढ़ सौ, कभी सौ देते रहते। वह मानो शंकर की पगार ही तय हो गई थी। क्योंकि एक बार उसका कोई रिश्तेदार उससे मिलने के लिए आया तब उसने शंकर से पूछा, "यहाँ कितना पगार मिलता है।" तब शंकर बोला, "डेढ़ सौ मिल जाते हैं। काफी होते हैं। काम भी थोड़ा ही होता है।"

सच तो यह है कि उस उम्र के दूसरे कुँवारे लड़के इस सोच में रहते हैं कि कहाँ ज्यादा पगार की नौकरी मिलेगी, लेकिन ये सब लड़के मन मुताबिक कुछ हो रहा है तो पैसों की क्या फिक्र करना, ऐसा सोचकर खुशी से इकट्ठे होकर इस पत्रिका के प्रूफ जाँचने का काम करते। इकट्ठा होने के लिए मिलता है यही पर्याप्त है, ऐसा सबका मत था। दूसरी जगह इतना सा समझौता करने के लिए भी इनमें से कोई राजी न होता। अत्यन्त प्रखर आदर्शवाद से भी यह कुछ अलग ही बात थी। अपनी अभिरुचि का एक छोटा-सा राज स्वतंत्र रूप से अस्तित्व में आ रहा है, यह खास मराठी बाना सबमें था। प्रधान का कविता-संग्रह एक प्रकाशक ने प्रकाशन के लिए लिया लेकिन ऐन मौके पर झगड़ा हो गया। उस कविता-संग्रह के लिए प्रकाशक ने किसी बेकार समीक्षक से प्रस्तावना लिखवाई जिसका प्रधान ने विरोध किया। प्रकाशक का कहना था, "समीक्षक कितना ही तोतारटन्त क्यों न हो, संग्रह कोर्स में लगाने के लिए उससे मदद मिलेगी। फिर पुरस्कार वगैरा भी...!" लेकिन प्रधान ने किताब वापस ले ली। ऐसे ये अजीबोगरीब लोग थे। उनकी धारणा थी कि वे खुद बहुत ही योग्य हैं इसलिए धड़ल्ले से मशहूर हो जाएँगे। वे यह भी चाहते थे कि सारा साहित्य-जगत उनकी अपेक्षा के अनुरूप हो। इसलिए बहुतों के पास पांडुलिपियाँ बक्से में ठीक ढंग से सँजोकर रखी हुई थीं। बीच-बीच में कहीं छापने का तय होता, पांडुलिपियाँ बाहर आतीं, फिर कुछ अनबन हो जाती और वे फिर बक्से में बन्द हो जातीं। इसलिए कुछ ने तो ऐसा ही निश्चय कर लिया था कि माँगने पर भी किसी को नहीं देना। कइयों को इस बात से कभी-कभी छटपटाहट होती कि अपने मरने के बाद तो नाम होगा ही।

ऐसे उस्ताद लोगों का साहित्य भी *कामिनी* के लिए झट से मिल जाता। किसी के मिलते ही पूछा जाता, "अरे, पता चला है तुम्हारे पास छोटा उपन्यास लिखा हुआ है, दे रहे हो क्या *कामिनी* के लिए?" और वह कहता, "ले जाओ।"

सभी दूसरी मासिक पत्रिकाओं से तंग आ चुके थे। कुछ नए-नए लड़के भी धीरे-धीरे *कामिनी* में आने लगे। इन सबको लगता यहाँ छपने का मौका तो जरूर मिलेगा। सारंग बोला, "साला मैंने कविताएँ भेजीं तो वापस आ गईं। और बाद में कॉलेज मैगजीन के लिए दीं तो हमारे प्राध्यापक कहने लगे, 'तुम्हारी कविताएँ मुझे बहुत अच्छी लगीं। मैं जहाँ हमेशा जाकर बैठता हूँ उस सम्पादक को कल कविताएँ दिखाईं। उन्होंने स्वीकार कर अपने पास रख ली हैं।' मैंने कहा, 'आपको बेकाम के काम करने के लिए किसने कहा था? उस पत्रिका में कविताएँ नहीं छपनी

चाहिए।' प्रोफेसर बहुत ही तंग आ गया बेटा। उसे दौड़ते-भागते जाकर कविताएँ वापस लानी पड़ीं। चाहे जो हो उन्हें अब हम कुछ भी छापने के लिए नहीं देते। और हम अच्छा लिख रहे हैं यह तो हमें मालूम हो ही जाता है।"

प्रभु बोला, "अरे मेरे साथ तो इससे मजेदार बात हुई। पहले लेख वापस आ गया। फिर सरला नाम लिखकर भेजा तो स्वीकार किया, ऐसा पत्र और पत्र में फूल की पंखुड़ियाँ! अब बापू के थ्रू यह सब अखबार में देता हूँ। सालों को चक्करघिन्नी देनी चाहिए।"

फिर दूसरे दोनों-तीनों कहते, "बिलकुल छोड़ना नहीं। सालों की धज्जियाँ उड़ा देनी चाहिए। ऐसी पत्रिकाएँ एकदम बन्द हो जाएँ इसके लिए हमें जान लड़ा देनी चाहिए।"

"*कामिनी* एक साल और इसी तरह चलती रही तो एक-एक अपने आप बन्द होती जाएँगी।"

"काहे की बन्द होती है दादा, अब तक *कामिनी* जैसी पचास अच्छी-अच्छी पत्रिकाएँ समय-समय पर निकलीं और दो-चार बरस में बन्द हो गईं। इनकी दुकानें कायम रहती हैं। निरन्तर चलाते रहना इनकी खासियत है। उतने से ही सरकारी ग्रांट विज्ञापन सब घर बैठे मिलता रहता है। इनकम टैक्स बचा सकते हैं।"

"इन सब पत्रिकाओं के पुराने अंक देखकर एक लेख लिख सकते हो *कामिनी* के लिए?"

"ओ येस! आनेवाली गरमी की छुट्टियों में इम्तिहान होने के बाद बैठता हूँ ग्रन्थ-संग्रहालय में।"

"जून तक दे देना।"

"जरूर हुआ तो इम्तिहान के पहले भी।"

"बस *कामिनी* को हमें जोर से चलाना है।"

"लेकिन हमें रामराव से कम-से-कम समीक्षा वगैरा के लिए जो अंग्रेजी किताबें खरीदते हैं, उनके तो पैसे माँग लेने चाहिए भैया।"

"लेंगे रे पैसे। रामराव अपने ही तो हैं।"

"हाँ, हमें भी वह शुरू करना चाहिए। तुम घर जाते ही चिट्ठी डाकखाने में डाल देना। बापू की कहानी इस बरस की सबसे अच्छी कहानी है लिख देना। चिट्ठी

छापने का प्रबन्ध कर देंगे। है ही अच्छी तो क्यों नहीं कहना? अखबारों का और नहीं तो क्या प्रयोजन होता है?"

"अच्छा, वह परसों की कहानी सीधे-सीधे चुराई हुई है। इसके बारे में कहीं-न-कहीं आना चाहिए।"

"वह जाने दो। हम यह सब गन्दगी निकालने बैठे तो हमारे अपने काम रह जाएँगे। और उसका किस्सा मालूम हुआ क्या? परसों बच्चे की जनेऊ की तो बिला गलती एक साथ बम्बई के सभी ढपोरशंख लेखकों को जीमनवार! दो ताली!"

"मतलब इस बरस का साहित्य अकादेमी पुरस्कार तय हो गया।"

"दो ताली। हम लोग उसकी किताब का रिव्यू तो छाप ही रहे हैं। शंकर उघाड़ेगा एक-एक बखिया। जनेऊ का भी डाल देंगे रिव्यू में।"

"बाप्या, तुम्हारे उपन्यास पर पूना के बूढ़े मुकदमा दायर करनेवाले हैं।"

"क्या हिम्मत है उन भड़ुवों की!"

"हिम्मत? पूना चक्कर लगाने पड़ेंगे कोर्ट के तब कहीं पता चलेगा तुम्हें।"

"एक खत भी आया है मुझे। प्रोफेसर चुलबुले कहते हैं, इस-इस पन्ने पर अमुक पंक्तियाँ अमुक शब्द और पूरी कहानी में जो गालियाँ हैं उनका अभिरुचि सम्पन्न लोगों पर क्या प्रभाव होगा, इसके बारे में सोचा है आपने?"

"प्रोफेसर चुलबुले के विषय में भी तो कुछ सुना जाता है। कहते हैं, लड़कियों को फर्स्ट क्लास देने का प्रलोभन दिखाकर दबोचता रहता है।"

"मतलब जिस चीज से उसका रोजाना का सम्बन्ध है वह चीज साहित्य में न आए, ऐसा चुलबुलेजी को लगता है! दो ताली।"

"कहते हैं उसने एक औरत को डिपार्टमेंट में नौकरी देकर रखैल बनाकर रखा है। बाप्या पर अखबार में बहुत सारे खत आ रहे हैं। इसलिए तीन-चार प्रकाशक उसका नया उपन्यास माँग रहे हैं प्रकाशन के लिए। लकी है स्साला।"

"नाम्या का उपन्यास तो साला सभी प्रकाशकों के पास से घूम-फिरकर आ गया। लेकिन कोई छापता नहीं।"

"नाम्या, तुझे बाप्या की तरकीब मालूम नहीं है। इधर-उधर से अखबारवालों को खिला-पिलाकर रविवारीय परिशिष्ट वगैरा में कुछ-न-कुछ छपना चाहिए। उसके बिना कोई पूछता नहीं है।"

"कौन पूछता है और कौन नहीं, यह छोड़ दे। लोगों को क्या सिर्फ यही काम है कि तुम्हारे उपन्यास पढ़ें? लोग साले पेपर लेते हैं, पढ़कर फेंक देते हैं। साबुन

के भाव बढ़ गए वैसा कुछ तुम लोगों के बारे में थोड़ा कुछ बोलते हैं इतना ही। बाप्या साला मूर्ख ही है। सच तो यह है वह गलती से अपने गुट में आ गया। मूलतः वह स्थापित अनन्त काणेकर ही है।"

"अपना गुट भी उसके लिए रात-भर का गुट है। ऐसे उसके हजारों गुट हैं। हरदम इधर से उधर घुसकर अपना राग अलापता रहता है। बड़प्पन जताता रहता है।"

"फिर भी वो अच्छा लिखता है यह ध्यान देने की बात है।"

"क्या खाक अच्छा लिखेंगे ऐसे लोग?"

"यह सच है, फिर भी उसने अच्छा लिखा है। ऐसे लोग भी पब्लिसिटी के लिए भाग-दौड़ करते रहते हैं, इस दशा से दुख होता है। ये देखो, ये आ गया! क्यों बे बाप्या, किसे मस्का मार के आया?"

"किसी को नहीं।"

"पुरस्कार किस-किसको मिलनेवाले हैं, इसकी टोह में गया होगा।"

"उसकी टोह में कहीं जाने की क्या जरूरत है, कमेटी में कौन लोग हैं यह मालूम होते ही किस-किस को पुरस्कार मिलनेवाले हैं यह पहले ही मालूम हो गया, वही साले बूढ़े सफेद झाँटोंवाले!"

"इस साल भी फिर वही लोग होंगे। श्रीना, खांडेकर, कुसुमाग्रज और पु.जं. करन्दीकर।"

"प्रधान कहता है मुझे कविता का पहला पुरस्कार मिलना ही चाहिए।"

"प्रधान का कविता-संग्रह ग्रेट है। क्रान्तिकारी कवि है स्साला। उसे मिलेगा। फिर प्रकाशक भी उसके पीछे है।"

"क्यों बे साले चांगो, कहाँ से आ रहा है?"

"पैराडाइज में बैठा था। प्रधान को चाय पिलाई। बहुत गुस्से में है प्रधान। स्साले को दूसरा पुरस्कार और वह भी विभाजित करके।"

"अच्छी फजीहत हुई स्साले की। हार्निया का ऑपरेशन अब वो स्थगित कर देगा।"

सवेरे से कुसुमाग्रज को गालियाँ दे रहा है, "कहाँ से बूढ़े खूसट आ टपके हम नए बच्चों में। फिर मैंने उसे एक क्लासिक उपमा बताई। भादों में नौसिखिए कुत्ते कोशिश करते हैं किसी कुत्ती के साथ, उतने में एकाध पुराना तजुर्बेकार बुढ़ऊ

कुत्ता बीच में घुसकर चढ़कर निकल भी जाता है। वैसा प्रधान का हुआ है! सच कहूँ तो चारों ओर बुढ़ऊ कुत्तों का बाजार गर्म है। साहित्य परिषद में वे, पुरस्कार में वे, रेडियो, साहित्य अकादमी, साहित्य-सम्मेलन—सभी जगह यही बुढऊ जी खोलकर फैले हुए हैं। उधर नेहरू और इधर स्साले ये।"

"आजादी मिलने से पहले स्साले जवान थे तब उनको मौका नहीं मिला। बिलकुल बौखलाए हुए थे। सैंतालीस के बाद में और संयुक्त महाराष्ट्र राज्य बनने पर साले शासन ने धड़ल्ले से उत्तेजक चीजें शुरू कर दीं। तब ये बूढ़े खूसट तबकी बची खुजली मिटाने के लिए टूट पड़े। आज इतने साल हो गए फिर भी इन जरठ कुमारों का चढ़ने का शौक कम होता ही नहीं। तुम्हारी इस नई पीढ़ी की सराहना इस भीड़ में कौन करेगा?"

"कुल मिलाकर मामला बड़ा बीभत्स है। अब हम लोग ही समझदारी से अपना-अपना काम ठीक तरह से करते रहें।"

"यह समझ भी हममें नहीं है। तुम्हारा हमारा पूना-बम्बई में ठीक है बेटा। कम-से-कम अपुन अपना कुछ तो छपवा लेते हैं। लेकिन दूसरे गाँवों में न जाने कितने अच्छा-अच्छा लिखनेवाले होंगे और उन बेचारों की रचनाएँ कौन कहाँ छापता होगा, यह सोचो। उनको अभी अच्छे साहित्यकार कौन हैं यह भी कोई नहीं बताता। अखबार और पुरानी मासिक पत्रिकाएँ पढ़कर उनकी साहित्य की धारणाएँ बनती हैं। ऐसी शोचनीय अवस्था है। अगर कहीं लोकसत्ता अखबार में कविता छपकर आ गई तो भी इन लोगों को स्वर्गीय खुशी होती है। कहीं रेडियो पर नाम आ गया कि वह बड़ा कवि है, कहीं किर्लोस्कर मासिक में तस्वीर के साथ कहानी आ गई कि वह महान लेखक है, महाराष्ट्र में ऐसा चल रहा है और सच कहा जाए तो सबके सब मशहूर लेखक और समीक्षक ऐसे हैं कि इन्हें जूतों से पीटा जाए।"

"लेकिन तुम जो कह रहे हो ऐसी बातें बहुत दिन चलेंगी नहीं। अच्छे लड़के हर जगह होंगे। धीरे-धीरे सब तरफ चिढ़ फैलती जाएगी और उसमें से कुछ तो नया निकलेगा। कुछ दिन लगेंगे। यह जो आज चल रहा है वह छिलकों के समान रद्दी में चला जाएगा। हमारे सामने होगा। लेकिन हम लोग भी लट्ठ चलाना जारी ही रखेंगे। हमें कुछ भी पुरस्कार नहीं चाहिए और न तस्वीरें ही चाहिए।"

रामराव भी अचरज में पड़ गए कि *कामिनी* का स्वरूप बरस-भर में ही इतना बदल गया। अब बम्बई के साहित्यिक जगत में रामराव का भाव अचानक बढ़ गया। 'आखिर हम जागीरदार ही ठहरे' ऐसा वे स्वयं कहने लगे। खुश होकर वे सबको खिलाने-पिलाने लगे। छापाखाना भी जोर से चल रहा था। मासिक पत्रिका में इन लड़कों ने जो गाली-गलौज मचा रखी थी इससे ग्राहक संख्या घटेगी ऐसा उन्हें डर लग रहा था। लेकिन वैसा कुछ भी नहीं हुआ। उलटे ग्राहक बढ़ गए। कहाँ-कहाँ से अच्छी कविताएँ, कहानियाँ, लेख छपने के लिए आने लगे।

फिर भी लिखनेवालों को पारिश्रमिक देने की बात वे कभी नहीं करते थे। शंकर को भी वे सौ-डेढ़ सौ से ज्यादा नहीं देते थे। फिर भी मेहनत करने में किसी ने कोताही नहीं की। हर कोई खास *कामिनी* के लिए जोश से लिखता। खुद किताबें खरीदकर समीक्षा लिखता। खुद के पैसों से नाटक देखकर परांजपे समीक्षा करता। उस बरस की सर्वोत्तम कहानी, सर्वोत्तम समीक्षा, सर्वोत्तम उपन्यास *कामिनी* में ही प्रकाशित हुए। कैसे-कैसे लोगों को पकड़कर उन्हें लिखने के लिए प्रेरित करना शंकर का एक शौक था। एक लॉउंड्रीवाले ने अपने कुछ यादगार किस्से शंकर को सुनाए तो शंकर उसके पीछे पड़ गया कि अपनी आत्मकथा लिखकर दो। उसने मौज-मजा के रूप में एक-दो प्रकरण लिखकर दिए। लेकिन बाद में वह सुस्ता गया। फिर भी शंकर उसे रोज सवेरे आते-आते मिलकर आगे का लिखकर दो ऐसी जिद करने लगा। बाद में वह आदमी उस लॉउंड्री में दिखाई नहीं देने लगा। पूछताछ करने पर पता चला कि उसने दूसरी लॉउंड्री में जोगेश्वरी या और कहीं नौकरी कर ली है। तब चांगदेव और शंकर पूरी जोगेश्वरी में पैदल दिन-भर उसे ढूँढ़ते रहे। उसके लिखे वे दो प्रकरण सबको इतने अच्छे लगे थे कि इसी तरह पूरी आत्मकथा अगर उसने लिखी तो वह मराठी की एक अच्छी किताब होती। आखिर एक लॉउंड्री में महाशय मिल गए।

"क्या अण्णा, हमसे तंग आकर तुम इधर चले आए क्या?"

"नहीं, नहीं साहब, लिखता हूँ इस सोमवार को।"

फिर मंगलवार के दिन ये दोनों वहाँ हाजिर हो गए। तब उसने कच्चा कुछ लिखा हुआ दिखाया। 'दो-तीन दिन में लिखकर दूँगा' ऐसा कहा। इतने में मालिक वहाँ आ धमका और उसने चीखकर इस आत्मकथाकार को 'जल्दी करो अण्णा' कहकर काम में लगाया।

शंकर कहने लगा, "दिन-भर इस तरह काम में जुटे रहनेवाले को रात में लिखने के लिए कहना क्या हमें शोभा देता है? लेकिन क्या खूब मराठी लिखता है अण्णा! ठेठ पुराने ढंग की। साफ। ऐसी मराठी कोई नहीं लिखता। तराशी हुई, प्रतिमान और जहाँ-तहाँ लालित्यपूरित स्टाइल।"

"वैसे हमने उसके जितने प्रकरण प्रकाशित किए हैं उसके कुछ पैसे रामराव उसे दें इसमें हर्ज तो नहीं।"

"अरे हाँ, यह बात भी मेरे मन में है। यह आदमी मुफ्त में किसलिए लिखेगा? अमेरिका में ऐसी एक किताब लिखने पर उसके जीवन-भर की फिक्र मिट जाती। इसकी वजह यह है कि अंग्रेजी किताबें दुनिया-भर में लाखों की तादाद में बिकती हैं। मराठी किताबें तो अभी महाराष्ट्र में भी कोई खरीदकर नहीं पढ़ता।"

"हम लोगों को स्साला, अंग्रेजी किताबें खरीदना बन्द कर देना चाहिए। उनके मोटे लेखकों को हमें पैसे नहीं देने चाहिए। फालतू मराठी किताब हो तो भी हमें लेनी चाहिए। अमेरिका में भी मराठी किताबें बेची जानी चाहिए। तब तक हम अंग्रेजी किताबें न लें। बेशक, हम स्साले अभी गुलाम ही हैं, इस या उस तरह से।"

अगले मंगलवार दोनों फिर गए। पता चला कि अण्णा छुट्टी पर हैं। कब आएँगे, इसका जवाब नहीं मिला।

दो-तीन दिन के बाद फिर चक्कर लगाया तब अण्णा से भेंट हुई। लेकिन लिख नहीं पाए थे। उनके घर में कहीं कुछ झंझट चल रही थी ऐसा लगा। वे काफी परेशान थे। बाद के एक चक्कर में पता चला कि अण्णा घर से ही भागकर कहीं चले गए हैं। उनका पता किसी को मालूम न था!

शंकर बोला, "साहित्य को जाने दो खड्डे में। स्साला असली आदमी का देखो क्या-क्या हो जाता है।"

मराठी की वह अभूतपूर्व आत्मकथा बहरहाल हमेशा के लिए अधूरी रह गई।

इस बारे में बताने पर रामराव बोले, "नहीं तो नहीं। अपने पास लिखनेवालों का टोटा नहीं है।"

उनकी यह बात शंकर को बहुत चुभी। चांगदेव बाद में शंकर से बोला, "तुमने मुझे अश्लीलता पर लेख लिखने के लिए कहा है। उसके लिए मुझे कम-से-कम पचास रुपये की किताबें खरीदनी हैं। लेडी चटर्ली के मुकदमे की जानकारी,

पाउंड के लेख, गोल्डन ॲस—ये किताबें मैं लाइब्रेरी में बैठकर नहीं पढ़ूँगा। मैं लाइब्रेरी में सिर्फ अपनी पढ़ाई करूँगा। कागज, स्याही खुद की इस्तेमाल करते हैं वही बहुत है।"

शंकर बोला, "रामराव को बताता हूँ।"

रामराव से यह कहने पर उन्होंने कहा, "किताबें लाकर देता हूँ।"

लेकिन उन्होंने बाद में किताबें लाकर नहीं दीं। चांगदेव ने भी लेख नहीं लिखा। इन दिनों रामराव प्रतिष्ठित लेखकों को सौ रुपये पेशगी भेजकर उनकी कहानी, लेख मँगवाने लगे थे। ये आवारा बच्चे उन्हें अब काम के नहीं लग रहे थे।

फरवरी में एम.ए. के क्लास बन्द हो गए। एक-दो प्राध्यापक ठीक पढ़ाते थे, चांगदेव उनके लिए जाता था। लाइब्रेरी में बेतुके ढंग से पढ़ते रहने से निश्चित रूप से पढ़ाई कितनी हुई है इस बात का उसने कभी हिसाब नहीं किया था। एक बार शेखर हॉस्टल में आया तब यह उसके ध्यान में आया कि उसने काफी पढ़ाई की है। शेखर और वह, दोनों मिलकर प्रोफेसर मिस्त्री के यहाँ यों ही बातें करने चले गए। शेखर मिस्त्रीजी की कुछ रिजर्वेशन की टिकटें ले आया था। बातचीत में यह मिस्त्रीजी के ध्यान में आ गया कि चांगदेव बुद्धिमान लड़का है। क्लास में अस्सी लड़के-लड़कियाँ थे। ज्यादातर अच्छे ही थे। लेकिन अंग्रेजी की पढ़ाई मतलब कोर्स में रखी किताबें पढ़ना, उन पर समीक्षात्मक पर्याप्त किताबें होती हैं, उनमें से दो-चार अच्छी तरह से पढ़ना और पर्चे लिखते समय उन शब्दों का प्रयोग कर डालना—ऐसा सबका रवैया था। अंग्रेजी के लिए यूरोप के इतिहास से वहाँ हुए सांस्कृतिक आन्दोलन की छोटी-बड़ी बातों की जानकारी के लिए कोई प्रयास नहीं करता, ऐसा मिस्त्री का कहना था। चांगदेव को वह बात जँच गई। वह बोला, "मैं तो पहले से तय करके कुछ भी नहीं पढ़ता, इसलिए टेक्स्ट बुक के बारे में कभी कोई प्रॉब्लम खड़ी नहीं होती।"

मिस्त्री ने पूछा, "शेक्सपियर के कितने नाटक पढ़े?"

चांगदेव बोला, "करीब पच्चीसेक पढ़े हैं। दीपावली की छुट्टियों में हर रोज एक पढ़ता था। बाद में बोर होने लगा।"

शेखर ने कहा, "इसने लाइब्रेरी में शेक्सपियर पर लिखी सभी किताबों का इंडेक्स पहले देखा। उसमें पन्द्रह सौ के करीब किताबें थीं। उनमें से सात सौ

के करीब इसने पढ़ ली हैं। यह सब नाइट स्कूल में पढ़ाकर! फिर कुछ मासिक पत्रिका भी चलाते हैं ये लोग।"

"मतलब काफी सक्रिय हैं ये लोग। सभी पर्चों पर समान रूप से ध्यान देना चाहिए। नहीं तो एकाध पर्चे की पढ़ाई अधूरी रह जाती है। अच्छी पढ़ाई कर रहे हैं आप।"

"सात सौ पूरी नहीं पढ़ीं। कुछ सिर्फ उलट-सा रहा हूँ। इस टर्म में तो पूरा समय महाकाव्यों में बीता। बहुत समय लगा।"

"यह ठीक है। लेकिन एम.ए. की पढ़ाई एम.ए. के ढंग से करनी चाहिए। एम.ए. का मतलब पी-एच.डी. तो नहीं है। बहुत अधिक गहराई में जाने की आवश्यकता नहीं।"

"मैंने एक पर्चे की पढ़ाई की तो अभी शुरुआत भी नहीं की।"

"अब छुट्टियों में वही करना। आजकल जी भरकर पढ़नेवाले छात्र भी कम हो गए हैं। तुम्हारे जैसा मिला इसी बात पर अचरज हो रहा है।"

उस रात नाइट स्कूल जाते हुए उसे लगा कि अगर वह दूसरों जैसा ठीक-ठाक होता तो शिक्षा के क्षेत्र में बहुत कुछ कर गुजरता। बिला वजह बीच-बीच में उसे रूमानी जगत के सपने आते हैं। उस दिन ग्यारहवीं क्लास की उसकी सबसे प्यारी लड़की हमेशा जैसे सबसे पीछे बैठकर टकटकी लगाए देख रही थी। बिला वजह हँस रही थी और वह जोश में आकर पढ़ा रहा था। लेकिन बाद में इस बचकानी हरकत से चिढ़कर उसने एक-एक लड़के को सवाल पूछकर तंग करना शुरू किया। उस लड़की को लेकिन उसने कुछ भी नहीं कहा। जो हो, फिर भी अपन से यह एक लड़की प्यार करती होगी, उसे कुछ सम्मान देना चाहिए, इस भाव से उसने शान्त स्वर में उसे बैठने को कहा।

क्लास हो जाने पर थककर वह चाय पीने के लिए नीचे जा रहा था इतने में खांडेकर सर ने उससे पूछा, "मुझे जल्दी जाना है इसलिए क्लास ले लेंगे क्या?" उसने इच्छा न होते हुए भी 'ले लूँगा' कह दिया। उसके बाद उसका अपना घंटा था। इस तरह चार घंटे पढ़ाने से वह बहुत ही थक गया। ऐसे में क्लास के बाहर निकलते समय वह लड़की फिर कुछ सवाल पूछने के लिए खड़ी मिली। उसकी ओर न देखते हुए जल्दी में कुछ कहकर वह खिसक

गया। फिर प्रिंसिपल के ऑफिस में गया। उनसे दस-पाँच मिनट औपचारिक वार्तालाप चला। हमेशा की तरह उन्होंने चाय मँगाकर उसे आधा घंटा बोर किया। "आपको परमानेंट करने का इरादा है हमारा, लेकिन एम.ए. होने के बाद आप क्या रहेंगे हमारे यहाँ?" ऐसा प्रिंसिपल कहते। चांगदेव भी कहता, "एम.ए. का कुछ निश्चित नहीं है मेरा", बीच-बीच में वे कहते, "शादी कर डालो"। हफ्ते में तीन दिन आखिरी घंटा होता चांगदेव के लिए। इसलिए वह प्रिंसिपल के साथ बातें करते स्टेशन तक जाता। एकाध दिन वे उसे अपने साथ अपने घर ले जाते खाना खिलाने। इस तरह बरस बीत रहा था। नोट-बुक जाँचने का काम जोरों से चल रहा था और इन दिनों *कामिनी* का आकर्षण भी ज्यादा नहीं बचा था इसलिए वह सीधे हॉस्टल पर आता। आते समय बम्बई शान्त लगती। नुक्कड़ पर फेरीवालों की फल की, मूँगफली की, भुट्टे की दुकानें खामोश खड़ी मिलतीं। कभी-कभार दो-चार लोग इन ठेलों पर कुछ खाते रहते। बीच-बीच में होटल में भीड़-भाड़ रहती। एक ईरानी होटल में कुछ खाकर, चाय पीकर वह हॉस्टल आता। कई-कई दिनों तक भरपेट भोजन नहीं होता। कुछ खाना और चाय, इडली अथवा डोसा, रोज यही चलता। इससे धीरे-धीरे पसलियाँ दिखाई देने लगीं। ऐसे बहुत दिनों तक नहीं चलेगा यह वह जानता था। ठीक ढंग से खाते-पीते नहीं हो क्या, ऐसा सभी पूछने लगे थे। लेकिन उसे अपने शरीर के लिए ज्यादा पैसे खर्च नहीं करने थे। ऐसा करना मतलब पैसे बेकार में बर्बाद करना था। ऐसे में हॉस्टल से रात के समय रास्ते पर आने पर उसे बम्बई के पिछले चार-पाँच बरस कुछ घंटों-से लगते। बम्बई ने उसे पूरी तरह से अपने में लपेट लिया था।

मिस्त्री के यहाँ कोई पारसी त्योहार था। उसके लिए चार-पाँच छात्रों को उन्होंने खाने-पीने के लिए बुलाया था। चांगदेव को भी शेखर के मार्फत सन्देश मिला था। उस रात बड़ा मजा आया था। दो-तीन लड़कियाँ थीं और थीं भी अच्छी। उनके कपड़े, आँखें, गाल, केश, सीना सब अभिभूत होकर देखते हुए भी चांगदेव को उनके और अपने बीच के फासले का पूरा एहसास था। सभी जी खोलकर हँस रहे थे। कोई गा रहा था। लेकिन चांगदेव, यह शरीर नहीं चाहिए इस भाव से सकुचा रहा था। वह लगातार शरबत पी रहा था।

फिर एक चुस्त ऊँची नाक की लड़की उसके पास बैठकर बहुत ही प्यार भरे सुर में अंग्रेजी में पूछने लगी, "कैसा क्या चला है आपका? पढ़ाई बहुत करते हैं क्या आप? बहुत नहीं जागना चाहिए। मेरे भाई को पिछले बरस खतरनाक दिमागी थकान हो गई जागते रहने से। आपने ये केक तो खाए ही नहीं। एकाध तो लीजिए। मैं कह रही हूँ इसलिए तो लीजिए।" और उसने एक केक उसके मुँह में डाल दिया। चांगदेव को वह परिपूर्ण नारीत्व की दैवी प्रतिमा लगी। सशक्त, पुष्ट, ऊँची और सुसंस्कृत। संसार में अच्छी चीजें इसी तरह ठीक ढंग से सँभालकर ही हो सकती हैं। पाँच मिनट में उसने चांगदेव को भला-चंगा कर दिया। वह बातचीत भी करने लगा।

फिर किसी ने अध्ययन की बात छेड़ी। मिस्त्रीजी ने सबको अध्ययन कैसे करना चाहिए, कैसे लिखना चाहिए, ठीक ढंग से बताया। प्रत्येक प्रश्न का प्रारम्भ कैसे किया जाए और कैसे समापन किया जा सकता है यह पहले निश्चित कर उसके लिए उपयुक्त उद्धरण पहले से ध्यान में रखकर परीक्षा के लिए जाना चाहिए। परीक्षा के लिए महत्त्वपूर्ण है एनर्जी! इसलिए परीक्षा के दिनों में आराम से रहना, खाना-पीना और जागरण वगैरा पन्द्रह दिन पहले ही बन्द कर देना चाहिए।

फिर वे चांगदेव से कहने लगे, "आप मराठी में क्या लिखते हैं? कितना अच्छा लगता होगा न अपनी भाषा में लिखते-पढ़ते हुए? हम पारसियों के लिए अपना लिटरेरी संसार ही नहीं है। मेरी पत्नी कुछ थोड़ा-बहुत गुजराती पढ़ती है। मैं अंग्रेजी पढ़ाता हूँ। जाने दो—क्या करें।"

चांगदेव बोला, "वैसे कुछ ज्यादा बिगड़ता नहीं है। मराठी में जो कुछ लिखा जा रहा है वह ट्रैश है। जो भी लेखक है वह गधा है।"

पहलेवाली सुन्दर सुसंस्कृत लड़की मीठी आवाज में और सुन्दर अंग्रेजी में कहने लगी, "आपका टेस्ट बहुत डेवलप हो गया होगा। इसलिए वह सब आपको ट्रैश लगता होगा। मुझे मराठी कहानियाँ अच्छी लगती हैं। अर्थात मैं थोड़ी-बहुत मराठी जानती हूँ। लिटरेरी टेस्ट तो नहीं।"

चांगदेव पर फिर एक बार उस सुसंस्कृतता का मुलायम रेशमी कोड़ा बरसा। उसने अपने बोलने की तुलना उसके बोलने के साथ की। उसे यकायक हीनता का बोध होने लगा। आखिर सुसंस्कृतता नाम की कोई चीज नहीं होती। अपने विविध कार्य-कलापों से वह सिर्फ अभिव्यक्त होती रहती है। अपने माता-पिता, घर-बार, ज्ञान, आदतें, शारीरिक स्वास्थ्य ऐसे कई! इतने दिन उसे सुसंस्कृत होने

में, सफल होने में, अमीर होने में लाज क्यों लगती थी यह उसकी समझ में नहीं आ रहा था। फिर बेफिक्र होने में भी लाज क्यों नहीं लगनी चाहिए?—इसी विरूप संसार में न जाने कितने सुन्दर संसार हैं। पैसों से, सफलताओं से, सुन्दरता से, कृपा से हर कोई अपने लिए इस संसार को सुन्दर कर उसकी बाँहों में सन्तोष प्राप्त करता है। मैंने कभी इस बारे में सोचा नहीं। सोचने की फुर्सत भी नहीं थी।

उधर मिस्त्रीजी डीडल्स की किसी कहानी के विषय में कुछ कह रहे थे। उसका सन्दर्भ समझ में न आने पर भी चांगदेव बीच ही में सुनने लगा...लेकिन आयकरस नीचे आने लगा तो उसकी चीखें दो सेकंड भी सुनाई नहीं आई होंगी। क्योंकि यह बच्चा चीख-चीखकर आखिर कहाँ तक चीखता? पानी के स्तर तक मुँह जाता तब तक ही न? बाद में फिर ऊपर आया भी होगा तो मुँह में पानी लेकर और एकाध डुबकी खाकर फिर नीचे? मतलब डीडल्स को एक मामूली बिन्दु ऊपर से दिखाई दिया होगा...टेऽरिबल-टेऽरिबल।

दूसरी एक लड़की कहने लगी, "फिर डीडल्स मात्र कारीगर नहीं था, वह एक अच्छा कलाकार भी था ऐसा एक मिथक की किताब में है। मतलब डूबनेवाला लड़का देखकर उसे जो वेदनाएँ हुई होंगी वे सचमुच ही टेरिबल होंगी।"

चांगदेव के पास बैठी पुष्ट सुसंस्कृत लड़की धीरे से वीणा जैसी आवाज में कहने लगी, "लेकिन वह पंख सँभालकर उड़ता ही रहा, तब उसने उस दुख को कितना कंट्रोल किया होगा। उलटे वह अधिक उत्तरदायित्व के साथ उड़ता रहा होगा। है न?"

चांगदेव को इन सुसंस्कृत, तीव्र बुद्धिमत्ता वाले मित्रों के लिए बहुत ही प्यार का अनुभव होने लगा। किसी बात पर इस प्रकार अन्दर-बाहर से सोचना सुसंस्कृत होने का लक्षण होता है। नहीं तो चांगदेव और उसके दोस्त जिस तरह आक्रोश करते हुए किसी बात पर चर्चा करते थे वह कितनी भड़कीली होती थी।

हम सब आयकरस हैं, ऐसा उसने अपने आपसे कहा—असंस्कृत, बचकाने, त्रस्त, असन्तुष्ट, सन्तप्त। हम जीवन के प्रवाह में अन्ततः पीछे रहकर डूब जाएँगे।

का मिनी की ओर कई दिनों से चांगदेव आया-गया नहीं था। आजकल उधर पहले जैसे लोग भी आते-जाते नहीं थे। रामराव ने धीरे-धीरे प्रतिष्ठित लेखकों को ही *कामिनी* में महत्त्व देना शुरू कर दिया था। लेकिन शंकर के लिए यकायक इसे

छोड़कर कहीं ओर जाना सम्भव नहीं था। फिर शंकर की बात रामराव भी चुपचाप मानते थे। वह अगर कहता कि किसी एक की कहानी नहीं छापनी है, फिर वह चाहे जितनी बड़ी हस्ती हो उसकी कहानी नहीं छपती। अब भी *कामिनी* जोरों में चलेगी ऐसी सभी दोस्तों को आशा थी।

शंकर एक दिन सवेरे-सवेरे चांगदेव के पास आया। चांगदेव रात-भर पढ़ते रहने के बाद सवेरे-सवेरे सोया था। शंकर बोला, "क्यों बच्चू, महीने-दो महीने हो गए तुम्हारा पता ही नहीं है। वैसे तो बड़े-बड़े मनसूबे करके जोश में आते रहते हो! ऐसे कैसे चलेगा? वहाँ लिखेगा कौन...? मैं भी छोड़ दूँ?"

"मुझे आजकल कुछ भी करना अच्छा नहीं लगता। पेट भरने के लिए जितनी करनी पड़ती है उतनी नौकरी सँभाले हुए हूँ। नहीं तो वह भी करने का मन नहीं है। समय काटने के लिए पढ़ाई करता हूँ।"

शंकर इस पर कुछ नहीं बोला। दोनों को एक-दूसरे के मन की बात बराबर समझ में आ जाती। चांगदेव नहा-धोकर आया। दोनों ने चाय ली। शंकर साहित्य-क्षेत्र के पिछले कुछ दिनों के किस्से सुनाता रहा। क्या-क्या लिखा जाना चाहिए इस पर बोलता रहा। "तुम कुछ लिखनेवाले हो क्या?" ऐसा पूछने पर चांगदेव बोला, "कुछ भी नहीं लिख रहा हूँ। मैं बाइबिल पढ़कर समाप्त कर रहा हूँ। लिखने से पढ़ना ही अच्छा है।"

इसके बाद शंकर परांजपे के यहाँ चला गया और चांगदेव ने लाइब्रेरी का रुख किया।

शंकर इन दिनों शाम को परांजपे की नाटक मंडली में जाता था। पहले चांगदेव भी कभी-कभार जाया करता था। लेकिन उन लोगों में ज्यादा दिन उसका जी नहीं रमा। लाइट, सेट, स्टेज, इनकी फालतू तकनीकी बातों पर उन लोगों का ज्यादा ध्यान था। कोई एक महिला इंग्लैंड से कुछ डिग्री लेकर आई थी। पहले वह इन लोगों के साथ हुआ करती थी। आने पर जब उसने देखा ये लोग धड़ाधड़ नाटक कर रहे हैं तो उसे अच्छा लगा। उधर की नई-नई तकनीकी बातें इन लोगों के लिए नई थीं। शंकर को यह महिला बहुत ही जीनियस लगी। चांगदेव को उस महिला के बारे में विशेष कुछ नहीं लगा। लेकिन सभी जोश में आ गए थे। फिर महिला के पास पैसा काफी था, इसलिए नए-नए नाटक शुरू करने में सबको उत्साह लगने लगा। चांगदेव कहता, "मराठी में जब तक कोई अच्छे नाटक नहीं लिखता तब तक इन सभी बातों का कोई मतलब नहीं है। अहम बात है स्क्रिप्ट।

फालतू स्क्रिप्टों पर नाटक करके भी कितना अच्छा किया जा सकता है? इससे तो नौटंकी में क्या बुरा है?"

शंकर को इस महिला से *कामिनी* के लिए एक लेख चाहिए था। वह महिला भी 'लिखेंगे, लिखेंगे' कहकर समय निकाल रही थी। शंकर का समय भी उसके यहाँ चक्कर लगाने में अच्छा कट रहा था। थोड़ा-सा कच्चा कुछ लिखकर वह महिला अपने पति के साथ महाबलेश्वर चली गई। तब शंकर ने उसका वहाँ का पता ढूँढ़कर खतों से उसका पीछा किया। उसे पत्र लिखा, आप सिर्फ कच्चा ही लिखकर पूरा कर दीजिए, मैं पक्का कर आपको दिखाकर दुरुस्त कर लूँगा और आपको दिखाने के बाद छापूँगा। महिला का एक महीने तक जवाब ही नहीं आया। इस पर परांजपे बोला, "नहीं दिया तो नहीं दिया लेख। उसका लेख दो महीने नहीं रहा तो क्या मासिक रुक जाएगा तुम्हारा? तुम स्साले, एक तो मुफ्त में लेख माँगते हो और ऊपर से यह परेशानी!"

लेकिन शंकर ने पीछा नहीं छोड़ा। किसी महिला से पत्र-व्यवहार करने का उसे बहुत शौक था। आखिर में वह इतना बेताब हो गया कि अपने खर्चे से महाबलेश्वर हो आया। वापस लौटा तब रात हो चुकी थी। रात में उसके लॉज का दरवाजा बन्द होगा यह सोचकर वह सीधा चर्चगेट चांगदेव के पास चला गया। हॉस्टल में रात के समय बाहरवालों को सोने नहीं देते यह शायद उसे मालूम नहीं था। आखिर चांगदेव और वह दोनों बाहर चौपाटी पर घूमने के लिए निकल गए। सवेरे तक का समय काटना था दोनों को! इधर-उधर समय बिताकर भी सवेरा जल्दी नहीं हो रहा था। शंकर भी इन सब बातों से तंग आ चुका था। वह कहने लगा, "किसलिए हम करते हैं यह सब? हम दो जून ठीक से खाना नहीं खाते। फिर भी ये सब झंझट करते रहते हैं। अभी मेरी जेब में एक रुपया भी नहीं है। सवेरे उडपी होटल में कुछ खाएँगे और फिर जाएँगे। तुम्हारे पास होंगे कुछ...।"

"मेरे पास पाँच-दस हैं। लेकिन इतना परेशान होने की आवश्यकता क्या है, यह मेरी समझ में नहीं आ रहा शंकर! इस महिला की मोहिनी तुझ पर अच्छी-खासी छा गई है। वह तुझे अपने पास नहीं बुलाएगी चाहे जितनी होशियारी दिखाओ।"

शंकर ने ताली दी, "मुझे स्साला, उसने महाबलेश्वर के अपने बँगले में सोने भी नहीं दिया। मुझे वहाँ महँगे होटल में रात बितानी पड़ी। फालतू पैसे गए और वहाँ भीतर क्या ठंड थी। बारह बजने पर होटल में जाना ही पड़ा। अच्छा सबक

मिला। लेख भी नहीं दिया आखिर। उसके साथ कोई नया ही आदमी दिखाई दिया होटल में।"

सवेरा होते ही आवाजें आने लगीं। समन्दर का रंग धीरे-धीरे दिखाई देने लगा। इधर-उधर इमारतों से बिजली के चौकोन उभरने लगे। चांगदेव बोला, "मुझे लगता है तू यह सब छोड़ दे।"

"छोड़ दूँ मतलब क्या करूँ? पूना मुझे जाना नहीं है और बम्बई छोड़नी नहीं है। पूना में खुद का मकान भी नहीं है। भाई के पास रहना इसके आगे कठिन है। देखेंगे जब तक चलता है।"

फिर वे दोनों उठे। हॉस्टल में गरम पानी से नहा-धोकर उडपी होटल में खूब खाया। शंकर ट्रेन से चला गया। चांगदेव लाइब्रेरी में गया। लाइब्रेरी अभी खुली नहीं थी। बाहर बगीचे में सिगरेट पीता वह बैठा रहा। शंकर के सामने जैसे दूसरा कोई विकल्प नहीं वैसे अपने लिए भी कोई विकल्प नहीं है। छोटी सी नौकरी है। प्रिंसिपल महाजन साहब ने समझदारी की सलाह दी इसलिए रहने के लिए जगह भी है, लाइब्रेरी है। रूम-पार्टनर चौहान के पास भी इसी तरह कोई विकल्प नहीं इसलिए दिल्ली से माता-पिता को छोड़कर भाग आया और फिल्म में कुलीगिरी करता है। बम्बई में सभी लोग, विकल्प नहीं होता इसलिए आए हुए होते हैं या और कोई वजह है पता नहीं। यही सब सोचते-सोचते धीरे-धीरे उसे नींद ने आ घेरा। दोपहर में माली ने जगाया। तब वह कहाँ है यह उसकी समझ में नहीं आ रहा था। गाँव में या बम्बई में, हॉस्टल में या और कहीं? धीरे-धीरे पेड़, मेहँदी की बाड़, लाइब्रेरी की इमारत ध्यान में आने पर उठा। बाहर अकादमी में जाकर चाय मँगवाकर कुर्सी पर पत्थर के समान टिककर बैठ गया। रेडियो पर 'तुम अपना रंजो-गम अपनी परेशानी मुझे दे दो' बहुत ही दुहरा-दुहराकर गाया जा रहा था। उसके बाद, सुरैया का यह गीत—'धड़कते दिल की तमन्ना हो मेरा प्यार हो तुम, मुझे करार नहीं जब से बेकरार हो तुम' चाय पीकर भी उदासी खत्म नहीं हुई। सिगरेट से इन दिनों पहले जैसी कसक पैदा नहीं होती थी। पान में ज्यादा तमाखू डलवाकर थूकते हुए वह लाइब्रेरी में आया। मुँह पर बार-बार पानी मारने पर थोड़ा जोश आया। फिर अन्तिम घंटी बजने तक चार-पाँच किताबों से जो जी में आया पढ़ता रहा।

बाहर आने पर अँधेरा—कारों की सूँ-सूँ आवाजें, चुपचाप पैदल चलनेवाले लोग, इक्का-दुक्का। भोजन की इच्छा नहीं थी। एक आलू बड़ा और चाय पीकर सिगरेट फूँकता, पान चबाता वह हॉस्टल पर आ गया। चौहान ने हमेशा की तरह

चांगदेव की कुर्सी और खाट पर अपने कपड़े, टॉवेल बेतरतीबी से फेंक दिए थे। वह सब इकट्ठा समेटकर उसकी खाट पर डालकर चांगदेव पढ़ने बैठा। पूरे मनोयोग के साथ समय निकालना जरूरी था।

अचानक चाचाजी का हॉस्टल में फोन आया कि तू कहाँ है इन दिनों? तुम्हारे लिए घर से दो-तीन चिट्ठियाँ आई हैं। कल तुम्हारे माता-पिता, बड़े बहनोई, सुमनताई और श्रीरामपुर का छोटा चाचा वगैरा सारी मंडली आ रही है। विजू और उसका पति कल रात आठ के हवाई जहाज से जानेवाले हैं। रास्ते में रोम, स्विट्जरलैंड, पेरिस, लन्दन वगैरा देखते हुए न्यूयॉर्क जाएँगे। तुम आज रात में ही इधर आ जाओ। अच्छे कपड़े पहनकर आना।

चांगदेव जिस दुनिया को भुलाए चला जा रहा था, वह फिर से महसूस होने लगी। फिर भी वह रात में नहीं गया। दूसरे दिन दोपहर में वह चाचा के यहाँ गया। सब मिले। लेकिन विजू और उसका पति शाम तक किसी एम्बेसी में ही अटके रहे। आने के बाद अजनबी-सा वह उसके पति से मिला। अब विजू अप्रतिम सुन्दर दिखाई दे रही थी; लेकिन उसका पति बहुत ही ऐयाश, बेफिक्र दिखाई दे रहा था। उसने चांगदेव की ओर तुच्छता के भाव से देखा, ब्याह में क्यों नहीं आए ऐसा अंग्रेजी में पूछा और जवाब की प्रतीक्षा भी न करते वह अन्दर जाकर भगवान के सामने बैठ गया। विजू अपने इस दुबलाए निस्तेज भाई की ओर करुणा से देखती रही। अन्दर पूजा के लिए दो बार बुलाए जाने के बावजूद वह कीमती साड़ी का पल्लू सँवारती हुई उससे बतियाती रही। ठीक से खाते-पीते रहना और अमेरिका आना, यह कहकर वह अन्दर चली गई। फिर आखिर तक विजू के पति ने उसे अकेले नहीं छोड़ा। वह लगातार हवाई अड्डे पर कहाँ क्या होता है, किसका उच्चारण क्या करना चाहिए, क्या कहना, कैसे खाना वगैरा कहता रहा। और सबको छोड़कर जाने की कल्पना से गड़बड़ाकर एकदम सुर्ख बनी, आँखों में आँसू लिये विजू हर हाँ में हाँ मिलाती हुई बैग भर रही थी। उसका पति उससे उद्दंडता से पेश आ रहा था। ऐसे आदमी के साथ बहन विदेश में कैसे रहेगी इसे चांगदेव बखूबी जान गया। लेकिन उसके पिताजी बड़े खुश थे। और माँ अन्दर से अस्वस्थ थी फिर भी ऊपर से सन्तुष्ट है ऐसा दिखा रही थी। बड़ी बहन और उसके पति बिला वजह उदास हो गए थे।

हवाई अड्डे पर विजू ने चांगदेव को भीड़ से ढूँढ़ निकाला और अपने पास खड़ा करके तस्वीर खिंचवाई।

कस्टम में जाते समय वह फूट-फूट कर रोने लगी। उसके पति ने 'अरीअप', ऐसा निष्ठुरता से कहकर उसे अन्दर खींच लिया। चांगदेव टोली के पीछे था।

माता-पिता को हवाई अड्डे पर ही छोड़कर वह ट्रेन से हॉस्टल लौट आया। छोटे चाचा एक दिन बम्बई में रुककर दो-तीन लड़कियाँ देखकर और सम्भव हो सका तो ब्याह भी सुनिश्चित करनेवाले थे। वह हो जाने पर दो-तीन दिन के बाद माता-पिता वापस जानेवाले थे। सुमन ताई को काफी खरीदारी करनी थी। काका चांगदेव से बोले, "तुम कल सवेरे ही आ जाना, लड़कियाँ देख लेंगे।" चांगदेव ने कुछ कारण बताकर उसे टाल दिया तो उसे बुरा लगा।

फिर हर रोज दो दिन नाइट स्कूल में जाने से पहले वह चाचा के यहाँ घड़ी-दो घड़ी रुककर जाता। वत्सू ताई को जचगी के कारण सास-ससुर ने आने नहीं दिया था, उसे घर में काम की और खेती की कितनी तकलीफ होती है, उसकी बेर पिताजी ने बिला वजह शीघ्रता कर ब्याह कर डाला ऐसी चर्चाएँ चलतीं। और माँ की आँख में आँसू आते। तब पिताजी कहते, "तुम्हारे इस, इस, इस शहर के तीन कौड़ी के संसार से उसकी गृहस्थी बहुत अच्छी चल रही है। मस्ती में दूध, दही, घी खाते हैं; मटका-भर छाछ बनती है; घर में नाज अटाए नहीं अटता; मजे में काम करते हैं; हँसते, बतियाते, खाते-पीते रहते हैं। उसका अच्छा चल रहा है। वो है असली गृहस्थी। ये तुम्हारे चाचा हजार रुपये कमाते लेकिन घर में डालडा खाते हैं। क्या फायदा ऐसे कँगलेपन से? देहात में खा-पीकर मस्त होते हैं। उसका छोटा लड़का देखा नहीं तुममें से किसी ने। बाप रे बाप, बिलकुल भीम है भीम। ऐसे बच्चे चाहिए। नहीं तो सुमा, तुम्हारा जयन्ता—पाव-सेर दूध भी नहीं देते तुम उसको। क्या करना है ऐसी सफेदपोश गृहस्थी लेकर?"

फिर ऐसी बातें चलतीं कि अब विजू पेरिस में होगी या लन्दन में...। और माँ आँचल से आँखें पोंछती। वह कहती, "मुझे तो ऐसा लगता है कि जैसे दिगम्बर गया वैसे ही मेरी विजू भी चली गई।" तब बाबा बोले, "हिन्दुस्तान को क्या चाटना है? वहाँ तो जमीन पर पैर रखने नहीं पड़ते। घर से कार, कार से घर, घर में बर्तन माँजने की भी मशीन है ऐसा जँवाई राजा कह रहे थे। कपड़े भी मशीन में धोना। फ्रिज है, घर साफ करने के लिए यंत्र है। चार हजार रुपये पगार हिन्दुस्तान में कहाँ मिलता है?"

सुमन के पति के साथ चांगदेव खरीदी करने गया। बाबा, चाचा और सभी औरतें लड़की देखने गए। सुमन ताई अपने बेटे जयन्त को ससुराल में रखकर वे दोनों ही आए थे। चांगदेव जयन्त के लिए कुछ मिठाई या खिलौना खरीदना चाहता था। उसने खिलौना पसन्द कर रखा था। लेकिन उतने पैसे भी पास में न थे। किसी से उधार भी नहीं मिले। बापू बोला था दूँगा पन्द्रह-बीस रुपये, मगर दो-तीन चक्कर लगाने पर भी वह नहीं मिला। उलटे उसमें पास का एक रुपया खर्च हो गया। कोई छोटी सी चीज लेना उसे अच्छा नहीं लगा। अपने अभागेपन का एहसास गहरा हो गया।

छोटे चाचा को एक लड़की पसन्द आ गई। जल्दी ही ब्याह कर डालना है, यह भी तय होने लगा।

पिताजी को अब किसी बात की चिन्ता न रही। सिर्फ चांगदेव की चिन्ता थी लेकिन अभी भी चाचा के काफी पैसे चुकाने थे! जेब में पैसे नहीं थे फिर भी बड़ी-बड़ी बातें चल रही थीं—तुम्हें यह नौकरी करने की कुछ भी आवश्यकता नहीं है, अभी तुम्हें हजार रुपये देकर जाता लेकिन तुम्हारे चाचा को दे दिए। मूँगफली बेचने के बाद मनीऑर्डर से भेज दूँगा। माँ बोली, "एक दिन भी खेत में चक्कर नहीं लगाते। इनको सभी मजदूर लूट रहे हैं। मैं तो कहती हूँ, अपने से बनता नहीं तो बेच डालो। पेट भराई के लिए तो एक बीघा भी बहुत है।"

फिर जाने के समय सबको ट्रेन में बिठाने के बाद पचास रुपये के उस नोट को खोजते हुए वह उदास मन से पैदल हॉस्टल आया, जो माँ ने सबसे छुपाकर उसके हाथ में रख दिया था।

कुछ दिनों रामराव बीच-बीच में चार-चार दिन जान-बूझकर गायब रहे। सभी काम रुके रहते। आते भी तो उनका मूड ठीक नहीं रहता। कोई बात बार-बार पूछने पर वे चिढ़ जाते और बात टालते रहते। *कामिनी* का काम दूसरे सभी मिलकर सँभालते। लेकिन इन दिनों अंक देर से निकलने लगे। एक बार रामराव स्टेशन पर जाते-जाते प्लेटफॉर्म पर ही चक्कर आने से गिर पड़े। कुछ लोगों ने उनके पते पर घर पहुँचाया।

फिर ऑफिस में कई लोग उनकी पूछताछ करने आने लगे। कइयों के बिल रुके हुए थे। आखिर में वक्कतूरजी ने अन्दर की बात बताई कि चितले के पास रामरावजी ने जो रकम रखी थी वह पूरी की पूरी डूब गई। चितले के गाँव में कुछ प्रॉपर्टी पर कब्जा करने वे गए तो दूसरे जमाकर्ताओं ने यह काम पहले ही कर लिया था। रामराव खाली हाथ लौट आए। फिर ऑफिस पर भी मूल मालिक को नोटिस आया और वह जगह भी छोड़नी पड़ी। *कामिनी* का सारा बोरिया-बिस्तर छापाखाने पर लाया गया। किसी को काम सूझ नहीं रहा था। ऐसे में रामराव बीमार रहने लगे। छापाखाने के लोगों की पगार बाकी रह जाने से आधे लोग काम छोड़कर चले गए। मैनेजर ने अपना पगार निकाल लिया और चलता बना। कागजवाले ने नोटिस लगाकर *कामिनी* की बिक्री बैंक के मार्फत अपने कब्जे में कर ली। *कामिनी* का काम देखनेवाला आदमी विज्ञापनदाताओं से चार-पाँच हजार रुपये सीधे वसूल कर गायब हो गया। कहते हैं छह महीने से उसे पगार नहीं दिया गया था। लेकिन वह चुपचाप सब सहता रहा। ऐसे एक-एक किस्से।

इस प्रकार मराठी को समृद्ध करने की और साहित्य में क्रान्ति लाने की योजना समाप्त हो गई। अब शंकर, प्रधान, बापू और नाम्या को दमड़ी मिलने की उम्मीद भी नहीं थी। अर्थात अब कोई माँगे यह भी सम्भव नहीं था। बरस-भर बेचारे जी-जान से लिखते रहे। धीरे-धीरे सबने उधर आना बन्द कर दिया था। शंकर भी नौकरी ढूँढ़ रहा था लेकिन बैठने के लिए जगह चाहिए इसलिए थोड़ी देर छापाखाने में बैठने की खातिर कुछ काम कर जाता। गण्यमान्य साहित्यकार पैसे मिलना बन्द होते ही लिखना बन्द कर ही चुके थे। पहले अस्वीकृत किए जा चुके लेखों के ढेर से जो भी हाथ लगता वह कागज निकालकर रामराव कम्पोजिंग के लिए दे देते। आनेवाले अंक की सामग्री को सावधानीपूर्वक पुराने अंकों से तालमेल बिठाकर छापने के लिए स्वयं ही देना सीख गए थे। छह महीने पहले *कामिनी* के लिए कथा प्रतियोगिता आयोजित की गई थी। उसमें तीन लोगों को पुरस्कार दिए गए थे। वे तीनों शौकिया साहित्यिक खुशी-खुशी पुरस्कार की रकम माँगने के लिए आते तो हर बार रामराव उन्हें सिर्फ चाय पिलाते। फालतू बड़ी-बड़ी बातें कर वह साहित्यिक बोर हो जाए तब तक उसे पुरस्कार का जिक्र ही नहीं करने देते, इतने पर भी दो वाक्यों के अन्तराल में उसने झट से पुरस्कार की रकम—इतना कह भी दिया तो रामराव उसकी ओर जान-बूझकर ध्यान न देते और किसी बड़े साहित्यकार को परसों कैसे पार्टी दी यह बताने लगते। अन्त में

साहित्यकार आते ही लाज छोड़कर कहने लगे, पुरस्कार की रकम लेने आया हूँ। तब रामराव कल-परसों देता हूँ कहकर महीना-भर ऐसा ही करते रहे। उनमें से तंग आकर दो ने तो आना बन्द कर दिया। लेकिन तीसरा आगे बरस भर आता रहा। उसे रामराव ने कहा, "पचासेक रुपये देता रहूँगा लेकिन आप *कामिनी* का काम देखते रहेंगे क्या" और ऐसा कहकर उसको पत्रिका के काम में लगा दिया। ये पचास रुपये भी एक-दो बार देकर आगे देना बन्द कर दिया। तब उसने फिर से रामराव को पुरस्कार की रकम की याद दिलाई। तब रामराव सहेतुक कहने लगे, "वह तो पहले ही दे चुका न? याद करो! मुझे लगता है दे दिया। आपको याद न आता हो तो दे दूँगा मैं। लेकिन मुझे तो याद आता है कि दे चुका हूँ।"

इस पर वह लेखक पेट पकड़-पकड़कर हँसकर चला गया। फिर नहीं आया। जाते-जाते बोला, वाऽ रामराव!

रामराव ने फिर *कामिनी* का एकपात्री कार्यक्रम शुरू किया। कहानियाँ, कविताएँ पुराने ढेर से निकालना, पुराने ब्लॉक उलटे या आड़े छापने के लिए कहना, भविष्य वे स्वयं लिखते। कभी-कभी कम्पोजर को कहते कि जितना आवश्यक हो उतना साहित्य इस ढेर में से ले लिया करो। और उन्होंने एक नया स्तम्भ शुरू किया वधू-वर सहायक। प्रत्येक प्रवेशिका का मूल्य दस रुपये था। उसका पत्र-व्यवहार जोरों में चलने लगा। इस योजना का प्रारम्भ करते ही अंक में शुभारम्भ के रूप में बैठे-बैठे शंकर, नाम्या, बापू, प्रधान, चांगदेव और इन सबके कुछ दोस्तों समेत पच्चीस कुँवारे लड़कों के नामों की फेहरिस्त सच-झूठ जानकारी के साथ दे दी और लड़कियों की फेहरिस्त में भी ऐसे ही कहीं से नाम, ब्योरा छाप दिया। एक अंक के बाद नए नाम आने पर ये झूठे नाम निकाल देने का उनका इरादा था। इन दिनों दोस्तों में से कोई भी *कामिनी* पढ़ नहीं रहा था इसलिए किसी के ध्यान में यह बात नहीं आई। उसमें शंकर का वर्णन सुदृढ़, ऊँचाई छह फीट, पगार मासिक आठ सौ रुपये, खुद का मकान ऐसा लिखा था। सब झूठ था। इस सूची को पढ़कर एक सज्जन शंकर की लॉज पर उसे मिलने के लिए गए। किसलिए आए हैं यह पूछने पर उन्होंने कहा, "आपकी टिप्पणी *कामिनी* में पढ़ी।" शंकर ने समझा उसने नाटक पर टिप्पणी लिखी थी वही होगी। तो वह बोला, "वाह, कैसी लगी?" तो सज्जन कहने लगे, "यह भी कोई बात है? सब बातें बराबर मिलती हैं।"

शंकर ने सोचा अपना पाठक है इसलिए चाय के लिए नीचे ले गया। धीरे-धीरे घर-बार, भाई-बहन, गोत्र-प्रवर ऐसी पूछताछ होने लगी तो शंकर को शक होने लगा। और जब वे लड़की के बारे में कहने लगे तब सब बातें साफ हो गईं। उनके पास की कॉपी लेकर उसे पढ़ते ही वह गुस्से से भर उठा। उन सज्जन को नमस्कार कर वह सीधा छापाखाने पर पहुँचा। इतने दिन तक मुफ्त में जान-बूझकर मेरा इस्तेमाल किया, इसका गुस्सा था ही। उसने रामराव को जी भरकर गालियाँ देकर मन की भड़ास निकाल ली! जब गालियाँ अपेक्षा से अधिक होने लगीं तब रामराव ने उसे छापाखाने के बाहर कर दिया।

इस प्रकार *कामिनी* और दोस्त मंडली का सम्बन्ध टूट गया। कारण यह हकीकत उसी दिन शंकर ने सबको खुद मिलकर बताई। सबको यह काफी मजाक भरा लगा। लेकिन उस महीने और बाद में भी करीब सबके पास शादी-ब्याह की पूछताछ करनेवाले कुछ लोग आते ही रहे। बापू ने रामराव से जवाब तलब किया तो बोले, "ब्याह तो तुम्हें करना है ही! तब बिना प्रवेश शुल्क के नाम डाल दिए यह क्या कम है? फिर भी अगर कुछ तकलीफ हुई हो तो माफी चाहता हूँ। अब तो हो गया।"

बापू बोला, "मतलब हमने इतना लिखा उसके पारिश्रमिक के रूप में?"

रामराव हँसते हुए बोले, "अब वैसा ही समझो। चाय तो पीते जाओ।"

लेकिन रामराव के लिए वे दिन बहुत बुरे थे। रामराव के लिए शनि की ग्रह-दशा का प्रारम्भ हुआ ही था। छह बरस के बाद फिर से तरक्की होगी ऐसा ज्योतिष में था। वे वधू-वर सहायक चलाते रहे। पाठकों को यह अजीब परिवर्तन अच्छा-खासा मजाक लगा। रामराव शनि के परिभ्रमण पर नजर गड़ाए पूरी ताकत लगाकर जीते रहे।

गरमी के दो-तीन महीने चांगदेव के लिए बड़े कठिन रहे। हरदम भुखमरी चलती रही। गरमियों में हर माह हॉस्टल का किराया देना पड़ा। स्कूल की छुट्टियाँ थीं तो पूरी छुट्टियों में पगार नहीं मिली। शायद छुट्टियों की पगार स्कूल को ही इमारतनिधि के रूप में दान करनी पड़ेगी ऐसा प्रिंसिपल ने बातों-बातों में किसी से कहा। दोस्तों के यहाँ, रिश्तेदारों के यहाँ बीच-बीच में भोजन होता। बाकी फिर इडली, मिसल ऐसा चलता रहता। वह एक रात बरामदे से कमरे की ओर जा रहा था तो उसे देखकर एक डरपोक लड़का घबरा गया। तब से हॉस्टल पर उसे ड्राक्यूला नाम से पुकारा जाने लगा। दाढ़ी बनाते समय

वह आईने में देखता तब उसे ड्राक्यूला जैसा ही चेहरा दिखाई देता। इस बात का उसके पास कोई इलाज नहीं था। मानो वह दहलीज पर बैठकर दोनों ओर की दुनिया देख रहा हो।

उधर शंकर के भी गरमियों में फाके चल रहे थे। इधर-उधर कुछ लिखकर पाँच-दस रुपये मिलते। लेकिन लॉज के पैसे चुकाना भी मुश्किल हो गया था। प्रभु ने एक महीने के भरे, बापू ने एक महीने के भरे; लेकिन खाने-पीने का टोटा ही था। किसी के यहाँ दो घड़ी बौद्धिक बातों की चर्चा कर खाना निकालना भी इन दिनों शंकर से नहीं हो रहा था।

काफी दिनों के बाद चांगदेव उससे मिलने के लिए गया। कमरे की चार खाटों में से एक पर मुर्दे के समान शंकर नंगे बदन सोया हुआ था। चांगदेव उसके पैताने जा बैठा। सिगरेट सुलगाने पर भी उसकी नींद नहीं खुली। उसकी अस्थि-पंजर देह देखकर चांगदेव को बहुत ही बुरा लगा। इतने दिलदार दोस्त के लिए कुछ भी कर नहीं पाया इस बात का दुख ज्यादा था। नन्हे शिशु को माँ जैसे करती है वैसे उसके बदन पर हाथ फेरने का उसका मन हो रहा था। उसने उसके हाथ को हाथ लगाया। शंकर को बहुत जोरों का बुखार था।

इतने में उसने आँखें खोलीं, "क्यों बे भड़वे?"

चांगदेव को देखकर उसे अच्छा लगा। उठा नहीं जा रहा था तो भी वह उठ बैठा।

"क्यों रे, कब आया?"

"अभी-अभी! सोचा, देखें तो कैसा चल रहा है तुम्हारा।"

शंकर उठकर हाथ-मुँह धो आया। कपड़े पहने और बोला, "तुम्हारे पास पैसे हों तो कुछ खाया जाए।"

"जरूर। चलो, या फिर भरपेट खाना ही खा लें।"

"हाँ, तब तो बहुत अच्छा। उधर भंडारे के यहाँ खाएँगे।"

होटल में खाने की चीजें, उनकी खुशबू सूँघकर शंकर में अचानक फुर्ती आ गई। इसलिए उसने बहुत ही बकबक करना शुरू कर दिया। चांगदेव को लगा, उसके दिमाग पर तो असर नहीं हो गया? इतनी बेतरतीब बकबक! बीच-बीच में आत्महत्या पर भी बोल रहा था। आखिर किस-किस के पास क्या-क्या माँगें? कितनी बार माँगें? इससे तो अच्छा एकबारगी सब खत्म कर दें। ऐसा ही कुछ बोल रहा था। गुरुदत्त की आत्महत्या, हेमिंग्वे की आत्महत्या, मर्लिन मनरो की आत्महत्या—ऐसी कई बातें।

चांगदेव जेब के पैसों का हिसाब करते हुए और चावल, रोटी मँगवाते हुए मन-ही-मन कह रहा था, आत्महत्या करनेवाले पहले ही कर गुजरते हैं। खाना पेट में जाते ही इसे अच्छा लगने लगेगा। सारे पैसे खर्च कर देता हूँ।

फिर वह शंकर से कहने लगा, "रोज कितने लोग कीड़े-मकोड़ों जैसे मर जाते हैं। कोई उनकी गिनती नहीं करता। उन्हीं में तुम भी शामिल हो गए तो कुछ भी फर्क नहीं पड़ेगा। किसी अमेरिकी लेखक के आत्महत्या करने पर हमारे टुच्चे अखबारवाले उधर से अखबार पढ़कर—तस्वीर के साथ खबरें छापते हैं। पड़ोस की गली में कोई बदन पर मिट्टी का तेल छिड़ककर जल मरा तो जाने-आनेवाले अरे-अरे कहकर थूक कर आगे बढ़ जाते हैं। अखबार में आत्महत्या की खबरें मामूली मानकर कहीं कोने में छापी जाती हैं और उन्हें पढ़कर कोई नहीं अकुलाता।"

फिर वे घूमते हुए गए महालक्ष्मी की पहाड़ी पर। चांगदेव ने उसे पूना जाने की सलाह दी। "कुछ भी हो बिना नौकरी के भी भाई के पास रहने में कोई हर्ज नहीं है। इतना है कि घर में ठीक ढंग से मिल-जुलकर रहो तो अच्छा है। रात में इसी तरह हर रविवार को मिलते रहेंगे ही", ऐसा कहकर चांगदेव हॉस्टल चला आया। पास के आखिरी पाँच रुपये खर्च हो गए फिर भी वह सन्तुष्ट था। हालाँकि कल उठते ही कहीं से पैसों का इन्तजाम करना जरूरी था। आखिरी उपाय मतलब शेखर से कुछ मिलने की सबको उम्मीद थी। स्कूल शुरू होने में अभी पन्द्रह दिन थे। इस बरस भी उसे लिया जाएगा ऐसा कहा गया था।

इसके बाद वाले रविवार को शंकर के पास जाना नहीं हुआ। एक तो जाने-आने के भी पैसे नहीं थे और शाम को चाची से थोड़े ले आने का इरादा था तभी अचानक धुआँधार बारिश हो गई। रास्ते पानी से भर गए। दूसरे दिन भी ट्रेन बन्द ही थी। इतनी शानदार बरसात हो रही थी फिर भी उसे सन्तोष नहीं हो रहा था कि पहले जैसे नया कुछ शुरू हुआ है। लेकिन बदन सिहर उठा। एक बरस खत्म हो गया। अब यह भी कैसे बीतेगा देखना है।

प्रिंसिपल महाजन के बी.ए. के पर्चे उसने जाँच दिए थे। उसके एक साथ दो सौ रुपये उन्होंने दिए। पैसे मिलते ही उधार पैसे वापस करने की मुहिम पर वह

निकलनेवाला ही था कि उसे शंकर का स्मरण हो आया। वह झटपट चर्चगेट से माहिम चला आया। लॉज पर उसके कमरे में सिर्फ उसकी खाट बदली हुई थी। खाट के नीचे से मासिक पत्रिकाओं और किताबों का ढेर चला गया था। नौकर से पूछा तो उसने बताया, "वे गए।"

"मतलब? कहाँ? या..."

चांगदेव को लगा कहीं मर तो नहीं गया!

इतने में मैनेजर ही वहाँ आ गए। "आपको पता मालूम है क्या उस साब का? महीने का किराया नहीं दिया। इतना पुराना मेम्बर हमारा, फिर भी देखो। पता दे दीजिए उसका। वैसे था बुद्धिमान।"

चांगदेव बोला, "चिन्ता मत कीजिए। उसने नहीं भेजे तो हम दे देंगे।"

"अब तक पन्द्रह लोग उसे ढूँढ़ते हुए आ चुके हैं, सभी ऐसा ही कहते हैं, लेकिन एक ने भी अब तक दिया नहीं।"

वैसे तो वह चला गया, यह अच्छा हुआ। लेकिन चांगदेव को उसका बम्बई में न होना कुछ अच्छा नहीं लगा। हम जिस शहर में रहते हैं उस शहर में अच्छे-अच्छे लोग रहते हों तो उतना ही सहारा रहता है।

कुछ दिनों बाद किसी ने आकर बताया कि वह आजकल कुलकर्णी प्रकाशक के यहाँ आराम से रह रहा है! उसके स्वास्थ्य-सुधार के लिए कुलकर्णी खास ध्यान दे रहे हैं। कुलकर्णी उदार दयालु आदमी हैं। शंकर के लिए उन्होंने कपड़े भी सिलवाए हैं, वगैरा। कुल मिलाकर आत्महत्या के खयाल के बाद कार में बैठकर स्पेशलिस्ट डॉक्टरों के यहाँ जाना क्या ही अच्छी बात है! अब वह सुधर जाएगा।

श्रॉफ के स्कूल में कई फोन आए। एक दिन आखिरी घंटा किसी दूसरे को देकर चांगदेव श्रॉफ के यहाँ गया।

"क्यों भाई इन दिनों मुलाकात नहीं होती। तुम्हारी तबीयत क्यों इतनी उतर गई है? ऐसी तबीयत से कर क्या पाओगे तुम?"

"हमें कहाँ बिजनेस सँभालना है तुम्हारे जैसा बाद में? तबीयत अच्छी भी रही तो करना क्या है?"

"अच्छा, खाना हो गया है क्या तुम्हारा?...थोड़ा अमरस खा लो। मैं यह खत लिख लूँ तब तक। यह सातवाँ स्मार-पत्र है आपकी सरकार को! केमिकल्स सब

पब्लिक सेक्टर को जाते हैं। अब हम फैक्टरी बन्द करें और बैठे रहें ऐसी नीति है तुम्हारी सरकार की!"

"तुम्हारी और सरकार की लड़ाई, मुझे लगता है, जब तक सिविल वार नहीं होता खत्म होनेवाली नहीं है। फिर भी इन पाँच वर्षों में तुम्हारा कारोबार दस गुना बढ़ा है।"

"यों ही बढ़ा है क्या? चौदह-चौदह घंटे काम करता हूँ मैं खुद। मेरे मैनेजर को बारह घंटे काम करना पड़ता है। तुम्हारी सरकारी फैक्टरियाँ उधर बन्द होने जा रही हैं। चार घंटे कोई काम नहीं करता।"

"अच्छा वह रहने दो। कुछ खास काम था क्या मुझसे?"

"कुछ नहीं रे। यों ही, चार-छह महीने से तुम लोगों की खबर नहीं थी। कुछ नया पढ़ने को भी नहीं मिला। रसेल की आत्मकथा अभी-अभी पढ़ी। तुम्हें पढ़ना हो तो एक खंड ले जाओ।"

"रसेल नहीं होना भैया। स्ट्रैंड में ऑस्पेंस्की की किताबें आई हैं। वे जरूर खरीद लेना। बहुत ग्रेट हैं वे।"

"मतलब तुम्हारे उस किर्केगार्द जैसा कुछ होगा। उससे तो फिर अरबिन्दो को पढ़ना ही क्या बुरा है? इन्फिनिटी के होराइजन पर सेटल हुआ इनवर्डनेस का ऑपेक लाइट...? अच्छा वह जाने दो! तुम्हारी मासिक पत्रिका क्या कहती है?"

"बन्द कर दी। मतलब बन्द हो गई।"

"होनी ही थी। मैं तो कहता ही था। ऐसी पत्रिकाएँ अपने आप बन्द हो जाती हैं।"

"मतलब यह कि रामरतन दिवालिया हो गए। इसलिए हम लोगों ने लिखना बन्द कर दिया सबने। हमारी वजह से नहीं..."

"तुम लोग पत्रिका में हरदम गाली-गलौज करते रहोगे तब वह चलेगी कैसे? और फिर वे फालतू कविताएँ जिनका कुछ भी रेलेवेंस नहीं। लेखकों को क्या और प्रकाशकों को क्या, लोगों को क्या चाहिए इस बारे में सोचना चाहिए। आपकी निरर्थक दार्शनिकता से क्या फायदा? उलटे-सीधे अंग्रेजी के प्रतिमानों का प्रयोग करना और कुछ भी समझ में न आए ऐसा लिखते रहना। हमारी कारोबारी भाषा में कहना हो तो मैं अगर टेरिलिन की फैक्टरी शुरू करूँ तो चलेगी, प्लास्टिक की निकालूँ तो भी चलेगी लेकिन टोपियाँ सीने का कारखाना शुरू करूँ तो टोपियों की आज जरूरत किसे है? ह, ह, ह...।"

ऐसा कहकर श्रॉफ और श्रॉफ भाभी जोर-जोर से हँसने लगे। चांगदेव को भी वह उदाहरण नए साहित्य के सन्दर्भ में काफी रोचक लगा। वह बोला, "नहीं, ऐसा ही तो लोगों को चाहिए इसलिए हाथ भट्‌ठी, ठर्रे का धन्धा क्यों न शुरू किया जाए? ऐसा ही तो?"

"कुछ भी बेमतलब का उदाहरण मत दो।"

"हाँ, यह सच है भाई। सिर्फ लेखक होकर रहना सम्भव नहीं है। हम सब लिखनेवाले भी दूसरे उपयोगी धन्धे करते ही रहते हैं। फुलटाइम लेखक कोई नहीं होता। आजकल कम्प्लीट होना कौन चाहेगा? हिन्दुस्तान में तो बिलकुल नहीं। रहा नहीं जाता इसलिए बीच-बीच में यों ही हम कुछ तो लिखते रहते हैं। नहीं तो अखबार के लिए हर रोज एक कॉलम लिखकर देना भी कितना कठिन है? कौन लिखेगा हर रोज चार पन्ने चार-पाँच सौ रुपये माहवार पर? इससे तो ठेले पर केले बेचना सन्तोष की बात है।"

"स्कूल में रोज चार घंटे पढ़ाने का काम दो सौ रुपयों के लिए तुम करते ही हो न?"

"वह तो है। लेकिन वह उपयुक्त है जैसा कि तुम कहते हो। यह अखबार का लेकिन किस काम का? सभी लेखन इन दिनों इवोल्यूशन के चक्र में निरुपयुक्त होता जा रहा है इसे कोई क्या करे? कई कलाएँ नामशेष होती जा रही हैं। मिट्टी के बर्तन चले गए। वेशभूषाएँ गईं। चौंसठ कलाओं के नाम भी अब हमें याद नहीं। साहित्य भी उसी राह पर है ऐसा लगता है।"

फिर श्रॉफ ने चायकोव्स्की की नई सिम्फनी खरीदी थी वह लगाई। कुछ पुराने रिकॉर्ड भी लगाए। काफी रात हो गई तब चांगदेव निकला और 'फिर अगले हफ्ते आऊँगा' कह गया। उस सिम्फनी के बाद बाहर के रास्ते अजीब लग रहे थे।

लाइब्रेरी में पढ़ना भी जोरों से चल रहा था। अब दोस्त लोग अधिक नहीं मिल रहे थे। सवेरे बीच-बीच में नाम्या आकर उसे जगाकर इडली, चाय हड़प जाया करता था। नारायण को इन दिनों एकदम जोरदार पगार की नौकरी मिल गई थी। उसी के यहाँ नाम्या शायद बार-बार जाया करता। नारायण के यहाँ जाना है, जाना है—करते हुए चांगदेव का उसके यहाँ काफी दिन जाना नहीं हुआ था। कभी तो पैसों की जरूरत होगी तब जाना होगा ही इसलिए सुस्ती-सुस्ती में जाना हुआ ही नहीं। लाइब्रेरी से सीधे छह-साढ़े छह बजे स्कूल जाना। साढ़े नौ के आसपास एक नए खुले कारोबारी होटल में सस्ते में राइस प्लेट मिलती है इसलिए उधर जाकर

खाना, पान चबाते थूकते हॉस्टल में लौटना। ऐसा हर रोज। हजारों वर्षों से जैसे वह रात में दीये के खम्बे के नीचे से कायम चलते हुए हॉस्टल में आता रहा हो ऐसा उसे लगता। बहुत ही कसा हुआ, नियमित लेकिन भीतर से देखा जाए तो अनुशासनहीन, बेतरतीब जीवन। उसका पार्टनर चौहान तो उससे भी देर से आता। और कैसे हैं चांगदेवजी कहकर कुछ भी बकते सो जाता। उनका फिल्मी लाइन में कुछ तो अलग ही चलता रहता। देखना, थोड़े दिन के बाद—ऐसा कहकर वह सो जाता। फिलहाल साइड रोल चल रहे थे। उसके लिए भी उसे हजारों फालतू काम करने पड़ते।

रात में कभी-कभी चौहान खुश होकर आता और चांगदेव के टेबल पर से चारमिनार सुलगाकर धुआँ छोड़ते हुए कहता, "मस्त लड़की थी पार्टनर! तुम यार किसी लड़की को घुमाना कभी। कितने दिन मुट्ठी मारते रहोगे? चलो अपने साथ एक दिन।"

चांगदेव पूछता, "कितना पैसा लगेगा?"

"क्या यार पैसों की फिक्र करते हो? पूरे कंजूस घाटी हो। यही टाइम है जवानी का। बाद में, शादी के बाद क्या रखा है मजा। तुमने कभी पाँव भी दबाए नहीं क्या पार्टनर? पकड़ो स्कूल में किसी को। होटल में ले जाव। एक रात का दस रुपया किराया! स्कूल में इसीलिए नौकरी करना। खाली पढ़ाने में क्या जान है?"

चांगदेव हँसते-हँसते कहता, "अपने को आताच नहीं तो खाली ले जाकर करेंगे क्या?"

"तुम जानते पार्टनर, अपने देश में लौंडे क्यों बेशिस्त हो गए हैं? क्यों उनमें इतने प्रॉब्लेम्स हैं? इसीलिए लौंडे-लौंडियों को खुल्लम-खुल्ला चढ़ने दो कि ठंडे हो जाएँगे थोड़े दिन में। अच्छा, फिर कब चलते मेरे साथ?"

"छोड़ो बाबा! कुछ व्ही.डी. वगैरा हो गया तो मुश्किल हो जाएगी। उससे तो हमारा मसलना अच्छा है। सो जाव अभी, मुझे पढ़ने दो।"

फिर अचानक कुछ भी नहीं पढ़ना ऐसा मूड हो गया तो चांगदेव को एक-एक दिन बिताना मुश्किल हो गया। समय काटने के लिए बहुत बातें थीं लेकिन अब पास में उतने पैसे न होते। बापू के साथ सस्ती शराब नाक पकड़कर पीना, उल्टी करना, कहीं भी गिरकर कभी भी उठकर वापस आना ऐसा कुछ दिन चला। फिर

उससे भी जी तंग आ गया। सिगरेट, फाके के कारण धीरे-धीरे सीढ़ियाँ चढ़कर जाने में भी साँस फूलने लगी। ऐसे में अन्त हो जाए तो अच्छा ऐसा उसे लगने लगा। लेकिन वह भी नहीं हो रहा था।

बीच में कुलकर्णी प्रकाशक के किसी काम से शंकर बम्बई आ गया। तब आठेक दिन मजे में गुजरे। लेकिन वह चांगदेव से बोला, "तू अब सिगरेट तो कम-से-कम छोड़ दे। तुम्हारा खाना-पीना भी वैसे न के बराबर होता है उसमें ये धन्धे अच्छे नहीं हैं!"

चांगदेव हँसने लगा। फिर बोला, "तुम साले सिर्फ जुबान से आत्महत्या की गप्पें हाँकते हो। कोई मर रहा हो तो उसे मरने नहीं देते। तू साले अब उस किनारे से बोल रहा है। तुमने हमारा घाट छोड़ दिया है। मैं अपनी यह आजादी छोड़नेवाला नहीं हूँ"...वगैरा।

शंकर बोला, "तब मरो भैया! मैं आपको क्या कह सकता हूँ? तुम्हारी ओर देखा नहीं जा रहा। पहले कितने मस्त दिखाई देते थे। लेकिन जाने दो।"

उन्हीं दिनों एक बार फिर से प्रधान और शंकर को एकाध मासिक पत्रिका निकालने की दुर्निवार इच्छा उत्पन्न हुई। सब एक जगह जुटते तो ऐसे मनसूबे बनते। बाद में दो-चार अंक निकालने के बाद पत्रिका गोता खाकर बन्द हो जाती। यह तरीका चांगदेव को पसन्द नहीं था। उसने कहा, "अब करना है तो ठीक ढंग से नहीं तो जो है वह ठीक है। हम दरिद्र लोग कर भी क्या सकते हैं?" प्रधान बोला, "जितनी चाहिए उतनी रकम हम खड़ी करेंगे। सिर्फ किसी चांगदेव जैसे को उसका पूरा जिम्मा उठाना चाहिए क्योंकि हममें से ज्यादातर लोग अब नौकरियाँ सँभालने में लगे हैं।" चांगदेव बोला, "वैसे भी मेरे पास दिन-भर खाली समय होता है। मैं करूँगा सब कुछ। लेकिन चार-पाँच साल तो कम-से-कम हमें पत्रिका चलानी चाहिए। इसके बिना मराठी में नया कुछ नहीं हो सकता।" शंकर बोला, "पूना में जो किया जा सकता है वह सब सँभाल लूँगा। वैसे पूना में अब कोई खास साहित्यिक आन्दोलन नहीं है। सब इतिहास जमा हो गया है। लेकिन पूना में छपाई का भाव कम है और अपनी पहचान के बहुत छापाखाने हैं। तुम ठीक ढंग से मैटर भेजते रहो। मैं अंक छपवाकर भेजता जाऊँगा।" *उखाड़* नाम तय हुआ था लेकिन एक ने *पटक* सुझाया तब सबको *पटक* नाम बहुत ही पसन्द आ गया।

हो गई शुरुआत। उसके बाद सबने दौड़-दौड़कर पैसे इकट्ठे किए। फिर जिसके हैं उसको वापस करेंगे कहकर सबने अपने-अपने पास जो भी जमा-पूँजी थी दे डाली। प्रभु ने पाँचेक सौ निकाले। नारायण ने हजार दिए। वापस न भी करो तो चलेगा लेकिन पत्रिका अच्छी निकालो ऐसा कहकर बापू, परांजपे, चांगदेव ने भी थोड़े-थोड़े दिए। नाम्या के पास कुछ भी नहीं था। चांगदेव ने सबसे ज्यादा दौड़-भाग की। सबके पास में अच्छी-अच्छी रचनाएँ पड़ी हुई थीं ही। *पटक* का पहला अंक जोरदार हो इसलिए खास कविताएँ, लेख, समीक्षाएँ ढूँढ़-ढाँढ़कर छपाई के लिए सारी सामग्री पूना भेज दी। तब तक इधर सबने दिमाग चलाकर ज्यादा-से-ज्यादा रकम जमा करने के लिए रविशंकर का प्रोग्राम रखा जाए, टिकट लगाकर तीस-चालीस हजार रुपये इकट्ठे किए जाएँ, मुख्यमंत्रीजी के हाथों लोकार्पण किया जाए ऐसी रूपरेखा बनाई। यह सब हो तो अच्छा ही है चांगदेव को ऐसा लगता था लेकिन मुख्यमंत्री को बुलाना आदि बातें बहुत ही हास्यास्पद लग रही थीं। लेकिन प्रधान के पिताजी मुख्यमंत्री के पी.ए. थे इसलिए जब वह जोकर अपने हाथ में ही है, तब क्यों न फायदा उठाया जाए? अब हमें अपनी कलंक-निष्कलंक की कल्पना का आग्रह छोड़ देना चाहिए। ऐसा तर्क-वितर्क सामने आने लगा।

टिकट वगैरा छापकर हॉल भी तय हो गया। हॉल के पैसे भी दे दिए गए। रविशंकर हमेशा की तरह तैयार थे, लेकिन उनका तबलची रकम पेशगी माँगने लगा। किसी से उधार माँगकर उसका भी इन्तजाम किया गया। सबका करीब एक महीना इसमें चला गया। उतने में पूना से पत्रिका छपकर आ गई। सबमें बहुत ही फुर्ती आ गई। टाइम्स में विज्ञापन देना निश्चित हुआ। उसके अनुसार दो-तीन लोग टाइम्स के दफ्तर में गए तो वहाँ विज्ञापन स्वीकार करने से पहले रविशंकरजी के साथ किया हुआ लिखित करार दिखाने के लिए कहते ही सबके पैरों तले की रेत खिसकने लगी। इधर कॉलेज के छात्रों ने साहित्य की सेवा करने के लिए टिकट बेचना शुरू भी कर दिया था। उधर प्रधान पैसे लेकर रविशंकर को ढूँढ़ रहा था। इसमें दो दिन लग गए। बाद में लिखित करार मिला तो भी टाइम्स में विज्ञापन एक दिन पहले नहीं छप सका। विज्ञापन प्रोग्राम के दिन छपा। उसमें टिकट कहाँ मिलेंगे इसके दो ही स्थान छपे थे। उनमें से एक स्थान पर टिकट थे ही नहीं। प्रधान कहने लगा कि यह सब नाम्या को देखना चाहिए था। नाम्या बोला, "यह मुझे एक दिन पहले बताना चाहिए था।" प्रधान कहने लगा, "एक दिन पहले? मैं

तो रविशंकर के पीछे पड़ा था, तुम्हें मिलने आता या पहले वह देखता?" नतीजा यह कि *पटक* पटकी खा गया।

मतलब उस प्रोग्राम के लिए सौ लोग भी नहीं आए। इतनी कम संख्या में श्रोतावर्ग देखकर रविशंकरजी ने भी हँसते-हँसते कुछ ऊटपटाँग दो राग बजाकर कार्यक्रम समाप्त कर दिया।

उस रात सभी एक-दूसरे पर चीखकर सुन्न बने इसके बारे में सोचने बैठे कि कार्यक्रम का खर्चा कैसे पूरा किया जाए। सबके पैसे चले गए थे। कम-से-कम दूसरों से उधार लिये पैसे वापस किए जाएँ यह तय हुआ। दोस्तों के मेहनत से जमा किए पैसे गए। इसलिए सभी एक-दूसरे पर गुस्सा कर रहे थे।

मुख्यमंत्रीजी को बुलाकर लोकार्पण करना अपने आप ही रद्द हो गया क्योंकि कहीं दंगा-फसाद होने से मुख्यमंत्री को अचानक उधर जाना पड़ गया। वह भी अच्छा ही हुआ। कार्यक्रम में आए हुए लोग गालियाँ देते गए सो अलग। बाद में चांगदेव और सारंग ने मिलकर इन सब बातों को ताक पर रखकर खुद अपना एक अलग कार्यक्रम किया। हर महीने दस लोगों से दस-दस रुपये लेना और छोटे स्वरूप में पत्रिका चलाना। अब तक एक अंक निकालकर पत्रिका बन्द करना कई बार हो चुका था। इस समय वैसा न हो ऐसा सबको लग रहा था। दो-एक महीने झगने-रूठने का क्रम खत्म होने के बाद सभी चांगदेव के पास हर महीने दस रुपये भेजने लगे। कुछ लोगों के पास जाकर पैसे वसूल करने पड़ते। कुछ लोग दफ्तर में नहीं मिलते तो घर जाना पड़ता। चांगदेव इन सब बातों में उलझ गया। लेकिन *पटक* अच्छी निकल रही थी। पत्रिका का वार्षिक शुल्क कम रखा गया था, तो सौ-डेढ़ सौ ग्राहक बन गए थे। किसी से दो-तीन विज्ञापन भी मिल गए। इस वक्त चांगदेव ने शंकर को खत लिखा कि सिर्फ बेइज्जती नहीं होनी चाहिए यही सोचकर मैं इसमें ध्यान दे रहा हूँ। वैसे, उधर तुम और इधर मैं दोनों को छोड़ दें तो किसी को *पटक* चलती रहे इसकी चिन्ता नहीं दिखती। शंकर का जवाब आया कि दोनों के अलावा ग्राहकों को भी लगता है कि *पटक* चलती रहे।

चांगदेव ने फिर लिखा कि लोगों का क्या है, कुछ भी नाचने-गाने जैसा रहा तो उन्हें लगता है चलता रहे। यह भाँपकर ही तो दलालों का काम शुरू होता है और पूरे सांस्कृतिक जगत पर झूठों और मक्कारों का राज शुरू हो जाता है। इसका कोई इलाज नहीं है। पिछले पच्चीस वर्षों में बम्बई-पूना की सांस्कृतिक

मंडी में सिर्फ पैसा और अखबारी इजारेदारी का संवर्धन हुआ है। कुल मिलाकर आजादी के बाद के इन बीस वर्षों में सिर्फ सुसंस्कृत भड़ुए डंका बजाते रहे। किसी के लिए इन्होंने कुछ भी नहीं किया। अपने-अपने लोगों को चढ़ाते रहे। सब मराठी लोगों के लिए शुद्ध लेखन के लिए ढंग से प्रयास करें यह भी इनकी समझ में नहीं आता। चोंच पर भी अनुस्वार लगाते रहते हैं। यह क्या है? लेकिन हम लोग क़ुछ करेंगे। सारंग जोश में है, फिर किसी बात की कमी नहीं होगी। लड़का ग्रेट है।

रविशंकर के प्रोग्राम का हिसाब नाम्या के पास से कहाँ गायब हो गया किसी को पता नहीं चला। चर्चा थी कि उसने बम्बई के बड़े-बड़े लोगों को टिकट बेचे थे। उनके पास बार-बार जाकर, नए साहित्य को प्रोत्साहन देना कितना जरूरी है यह बाकायदा बड़े रुआब से कहकर सौ-सौ रुपये ऐंठे थे। श्रॉफ ने भी सौ रुपये देने की बात कही, महाजन साहब ने भी सौ रुपये दिए थे यह पता चला।

फिर नाम्या ने खुद ही एक तरकीब ढूँढ़ निकाली—मराठी में किताबों की कीमतें इतनी ज्यादा हैं कि सामान्य पाठक चाहकर भी किताबें खरीद नहीं पाता। प्रकाशक और पुस्तक-विक्रेता बीच में मलाई खा जाते हैं। लेखक दरिद्र रह जाता है और पाठक की जेब पर मार पड़ती है, हम सब मिलकर इसे ध्वस्त कर दें। ठहरो और प्रतीक्षा करो!

इस आशय के पाँच हजार कार्ड छपवाकर महाराष्ट्र में और बम्बई में सभी महत्त्वपूर्ण स्थानों पर डाक से भेज दिए।

फिर महीने-भर के बाद नाम्या का दूसरा कार्ड—सस्ता साहित्य! दो सुप्रसिद्ध लेखकों के उपन्यास, एक लघु-कथा संग्रह और एक छोटे बच्चों के लिए कहानियों की सचित्र किताब—इतनी सामग्री बरस भर में आपको डाक से भेजी जाएगी। आपके लिए इन सबकी कीमत मात्र दस रुपये। पाँच हजार सदस्य बन जाएँगे ऐसी आशा है। निम्नांकित पते पर पैसे भेजें। पहला ऐतिहासिक उपन्यास दीपावली के पर्व पर प्रकाशित हो रहा है।

इन कार्डों को लेकर नाम्या बम्बई के बड़े-बड़े प्रतिष्ठित लोगों के पास गया। मराठी पाठक आपके हमेशा ऋणी रहेंगे। लेखक तथा पाठक वर्ग का जैसा संघटन

केरल में है वैसा ही संघटन हमें यहाँ शुरू करना है। हमारे साथ फलाँ-फलाँ लोग हैं। हमने अपने साहित्य को कभी बाजारू नहीं होने दिया। वगैरा।

नाम्या बोलते-बोलते ही किसी पर भी अपनी मोहिनी डाल देता। कम बोलना, कोई कुछ कहे इसके पहले, 'सोचो मैं फिर आऊँगा' कहकर निकल जाना। और बोलने की नौबत आ ही गई तो, तो मंत्रोच्चार के समान धड़ल्ले से बोलकर सुननेवाले की मति हर लेना। नि:सन्देह साहित्य की उसकी समझ अच्छी थी। कहीं से दोस्तोएव्स्की अथवा मेलव्हिल जैसे मशहूर लोगों की एकाध प्रसिद्ध सूक्ति का प्रयोग करना और कहना, कुछ करना चाहते हो तो करो, नहीं तो घर और दफ्तर करनेवाले, बैंक में पैसा इकट्ठा करनेवाले हजारों हैं, कौन किसे पूछता है, ऐसा कहना! फिर वह हरदम खाली ही रहता इसलिए सही समय पर जाकर वह ग्राहक को फाँसता। किसी के यहाँ सवेरे से ही जा बैठता और कोने में शान्ति के साथ आँखें फैलाकर निर्विकार देखता रहता। भोजन का समय हो गया तो वहीं उन लोगों के साथ शान्ति से भोजन कर, फिर शाम तक बैठने के लिए तैयार रहता। फिर बम्बई में अलग-अलग लोगों के सर्कल में प्रत्यक्ष घूमते रहने से फिल्मों के डायरेक्टर से लेकर गानेवाले, बजानेवाले, लेखक, चित्रकार, नाटकवाले—सबके विषय में प्रत्यक्ष थोड़ी-बहुत जानकारी दे पाने में वह कुशल था। इससे कोई भी आदमी उसकी बातों में आ जाता और पैसे निकालकर दे देता। ऐसे एक ग्राहक को भी रोज फाँसा जाए तो बम्बई में तो हजारों लोग हैं। इस तरीके से उसने किसी से पाँच सौ तो किसी से हजार रुपये ऐंठ लिये। मौज करता रहा। 'अब किताब निकलनेवाली ही है' ऐसा कहकर टालमटोल करता रहा। शराब में रातें रंगीन होती रहीं।

वैसे तो पाँच-सात वर्षों से वह दोस्तों के पास से चाय, खाना, सिगरेट, पैसे ऐंठ कर भिक्षुक के समान इस दोस्त के यहाँ से उस दोस्त के यहाँ घूमता रहा था। किसी एक से एक बार चिपक जाता तो फिर उसे छोड़ता नहीं था। कम-से-कम वह जो खाएगा-पिएगा वह तो मुझको मिलेगा ही, सामनेवाले की ऐसी सद्भावना पर विश्वास रख उससे चिपके रहना नाम्या का हर दिन का कार्यक्रम होता। कइयों को घर में बैठे-बैठे बम्बई के सांस्कृतिक जगत में क्या-क्या हो रहा है यह उससे मालूम हो जाता, जिसके लिए एक समय का भोजन बोझ न लगता। लेकिन अच्छे-अच्छे लोगों के यहाँ इस तरह आते-जाते रहने से रास्ते में उनसे मिलनेवाले लोगों पर इसका रुआब हावी हो जाता। आगे कभी-न-कभी तो

इन नए लोगों को—बरस-दो बरस में फाँसना है इसकी वह अपने मन में गाँठ बाँध लेता। फिर उसके पास पूरा खाली समय था जिसमें किसी के लिए सिनेमा की टिकटें ले आता तो उनके साथ पिक्चर देखने को मिल जाती। अथवा किसी के साथ उनके पैसों से तिरुपति घूम आने का सुयोग भी कई बार बन जाता था। बम्बई में पैसों की फिक्र कोई नहीं करता। नाम्या जैसा कोई आदमी साथ रहा तो जो भी खर्च होता है होने दो। गाँजा कहाँ मिलता है, शराब कहाँ मिलती है, बम्बई का यह अंडरवर्ल्ड का नक्शा भी उसे इतने दिनों की घुमक्कड़ी की वजह से अच्छी तरह से याद था। मतलब जानकारी रखने में नाम्या जैसा दूसरा आदमी नहीं हो सकता था। इस बात का उसने अच्छी तरह से फायदा उठाया।

बड़े-बड़े अफसरों से लेकर चांगदेव तक के पास से उसने पैसे निकाले थे। पैसे ऐंठने के सब गुर उसे मालूम थे। मसलन, रात के ग्यारह बजे नारायण के घर जाकर दरवाजे पर ही कहता—"थोड़े पैसे चाहिए थे। मिलेंगे क्या? अथवा शाम के समय चांगदेव को पकड़कर चौपाटी पर घूमते-घूमते वह शुरू करता—समझो मीलों हरियाली फैली हुई है—हरी-हरी और ऊपर हैं नीले-पीले फूल और उसके ऊपर से बख्तरबन्द गाड़ियों का एक काफिला जा रहा है... कैसा लगेगा?"

या कहता—"तू एक बार उधर जाकर आ। प्रचंड चम्पे के वृक्ष खिले हैं। सुफेद सुनहरे वृक्ष...पूरी पहाड़ी भरी हुई है। और काले-काले भौंरे गुनगुन करते जा रहे हैं। भौंरे भी कितने? हजार...दस हजार...बीस हजार...चालीस हजार भौंरे। कोई ओवी छन्द ही गा रहा है ऐसा लगता है। ऐसा लगता है कि वाल्मीकिजी को ऐसा कुछ सुनने के बाद ही दंडकारण्य में अनुष्टुभ छन्द सूझा होगा। तुम एक बार जरूर सुनो।"

और चांगदेव को वाल्मीकिजी का अरण्य, फूलों के वृक्ष, हजारों भौंरे, उनकी लयबद्ध आवाज की कल्पना में पूरी तरह से खोया देखते ही नाम्या धीरे से मरीन लाइंस स्टेशन के पास अचानक खड़ा होकर कहता, "अरे तुम्हारे पास दो-एक रुपये हैं क्या?"

और माँगता भी बेफिक्र होकर! दिया तो ठीक, ऐसी पहले से ही आजमाई हुई कामयाब नीति थी। चांगदेव चुपचाप निकालकर दो रुपये दे देता। चालीस हजार भौंरों के बाद दो रुपये कुछ ज्यादा नहीं लगते थे। ऐसी हरकत, नई-नई चाल चलता था नाम्या।

बम्बई में नाम्या हर क्षण किसी-न-किसी को फाँसकर पैसे निकालने की मुहिम पर लगा हुआ है यह कल्पना चांगदेव को बहुत भयानक लगती। शहर में जनता यूँ ही बढ़ती जाएगी, बिना कमाए पैसे ऐंठने की कला अनेक रूप धारण करती जाएगी, यह कल्पना भी भयानक थी।

फिर इम्तहान भी धीरे-धीरे नजदीक आ रहे थे। इम्तहान के लिए अलग से तैयारी करने की जरूरत नहीं थी। चाहे जो हो इम्तहान देने पर फेल होने का डर नहीं था। वैसे एकदम अच्छे पर्चे लिखने की झंझट उसे करनी भी नहीं थी और मध्यम स्तर के जवाब लिखने से मध्यम स्तर के मार्क मिलते ही हैं, इसलिए ज्यादा भाग-दौड़ करने की आवश्यकता उसे नहीं लगी। जी-तोड़ पढ़ाई करने के लिए, जो भावी जीवन के सपने होते हैं, वे उसके पास नहीं थे। इसलिए जो जी में आया वह पढ़ना, दोस्तों के यहाँ चक्कर लगाकर *पटक* के लिए चन्दा उगाहना, सस्ते में कागज कहाँ और कैसे मिलेगा यह देखना, कवर का कागज दूसरी जगह ढूँढ़ना, मैटर इकट्ठा करना, करीने से लगाकर भेजना, पूना से हरदम आने-जानेवाले टाइम्स के दफ्तर में काम करनेवाले एक सज्जन पत्रिका के गट्ठर लेकर आते। तारीख की जानकारी शंकर भेज देता, उस दिन उधर जाकर आना। प्रतियाँ प्रत्यक्ष जा-जाकर सबको दे आना। डाक से भेजने के लिए लिफाफे पहले ही पते लिखकर तैयार रखे जाते। अंक आते ही किसी को साथ लेकर लिफाफे में डालकर टिकट लगाना और डाक में छोड़ आना। कई बार यह सब चांगदेव को अकेले ही करना पड़ता। बेतहाशा थकान आ जाती। सिगरेट पी-पीकर काम पूरा करना और अंक आँखों से ओझल होते ही पैर फैलाकर खूँटी तानकर सो जाना। जानकार लोगों को *पटक* एकदम पसन्द आ गई थी।

धीरे-धीरे *पटक* के दस रुपये इकट्ठा करना मुश्किल हो रहा था। कुछ लोग जान-बूझकर पैसे निकालकर देना 'कल' पर डाल देते। उनके यहाँ तीन-चार चक्कर लगाने पड़ते। कुछ लोगों को ऐसा लगने लगा था कि जाने यह सिरदर्द कब खत्म होगा। उधर शंकर का और इधर चांगदेव का जोश जल्द ठंडा करने के उद्देश्य से कुछ लोग जान-बूझकर चांगदेव को चक्कर लगाने पर मजबूर करते। वह तीसरी बार भी पहुँच ही जाता तो विवश होकर दस रुपये निकालकर दे देते। *पटक* के सदस्यों की संख्या कभी-न-कभी तो चार-पाँच सौ हो जाएगी और फिर

अपनी लेफ्ट-राइट बन्द हो जाएगी ऐसा चांगदेव को वास्तव में लगता था। तब तक हाड़ तोड़कर काम करते रहना चाहिए ऐसा उसने निश्चय कर लिया था। आगे की दिशा काल्पनिक थी। इस वक्त तो थक जाना ही सत्य था।

सच तो यह था कि इस-उस के पास उनके लिए दिए हुए समय पर पहुँचने से फोन करना अच्छा था। लेकिन चलकर जाने से फोन के दस पैसे बच जाते हैं और वे चाय के काम आते हैं ऐसा चांगदेव का हिसाब था। फिर *पटक* के कारण बम्बई में उसकी हर कहीं पहचान बढ़ गई थी। वैसे उससे कोई लाभ होने जैसी बात नहीं थी, लेकिन इतने लोग एक साथ अच्छी पहचान के हो जाना भी कम सन्तोषजनक बात नहीं थी। नशे में चूर होकर अघोरियों-सा मेहनत करना जारी था। बीच-बीच में पीठ में तेज दर्द होता, मस्तिष्क सुन्न हो जाता फिर भी पैदल यात्रा चल ही रही थी। दरअसल उसको दबाए रखने के लिए वह ज्यादा-से-ज्यादा देर कमरे से बाहर रहता। कमरे में सिर्फ सोने के लिए ही जाता। नहीं तो दिन में पहले जैसे पड़े रहने से पागल ही हो जाना था। बहुत ही बुरे दिन थे। लेकिन फिर भी दिमाग पर काली पर्त कभी भी चढ़ने नहीं देनी है यह उसने बिलकुल तय कर लिया था। मन हरदम समतल फैला रहे, कभी भी ऊपर या नीचे उसे नहीं जाने दिया जाए स्वानन्द का यही एक रास्ता था। हरदम किसी-न-किसी से मिलते रहना, उसके साथ चाय पीना, मजाक करना, जीने की गम्भीर बातें करना, अच्छा फिर मिलेंगे कहकर दूसरे के पास जाना। इन दिनों मनुष्य के साथ ज्यादा-से-ज्यादा सम्बन्ध बना रहे ऐसा उसे लगने लगा था। भीतर के विस्फोट भीतर ही विलीन किए जाएँ, कभी चेहरे पर उनके निशान दिखने नहीं देना, हरदम पैरों पर खड़े रहकर घूम-घूमकर थक जाना और कमरे में आना और आते ही सो जाना। स्कूल में भी वह जी-तोड़ मेहनत करने लगा। रविवार के दिन भी एक्स्ट्रा पीरियड लेने लगा। श्रॉफ, महाजन ये पारिवारिक लोग हरदम उसकी तबीयत और शादी के विषय पर बोलते रहते इसलिए उसने उधर जाना भी बन्द ही कर दिया था। एकाध दिन खबर मालूम होगी तब इन्हें सबका पता चलेगा। एकदम लम्बा-चौड़ा चबूतरा बनाकर रखना और फिर छलाँग लगाकर गायब। यह ज्यादा अच्छा होगा।

इतने दिन सवेरे काफी नींद मिल जाती थी। लेकिन चौहान को किसी फिल्म की असिस्टेंट डायरेक्टरशिप जब से मिली तब से इन दिनों रात-भर वह स्टूडियो में

अँधेरी में ही रहता और सवेरे हॉस्टल में आता। उस समय चांगदेव को बस नींद आई हुई होती। तड़के छह बजे के आसपास पहली ट्रेन से वह चर्चगेट आता। आते ही जल्दी से कमरे में घुसकर, जल्दी-जल्दी दाढ़ी बनाकर नहा-धोकर चेहरे पर रंग-रोगन लगाकर फिर वह आठ-नौ के दरमियान चांगदेव को जगाकर "दरवाजा बन्द कर ले यार, चोर बहुत हो गए हैं आजकल" ऐसा कहते हुए बाहर निकल जाता।

फिर चांगदेव गुस्से में दरवाजा जोर से बन्द कर सो जाता। जब तक चांगदेव दरवाजा बन्द नहीं करता चौहान जाता ही नहीं था। कमरे में कैमरा, टेपरिकॉर्डर वगैरा थे। ये कीमती चीजें उसने स्मगलरों से ली थीं। घर से भागकर आने के कारण उसकी भी हालत ठीक नहीं थी। इसलिए जो चीजें उसके पास थीं उन्हें जी-जान से वह सँभालता। चांगदेव के समान वह भी कभी क्लास में न जाता। सिर्फ हॉस्टल के लिए उसने हिन्दी एम.ए. ज्वाइन कर रखा था। एम.ए. के दो बरस बीतने पर रहने का इन्तजाम क्या होगा इसकी वह अभी से फिक्र कर रहा था। इस बीच अच्छा सा रोल मिलने से थोड़े-बहुत पैसे मिलते रहे तो अच्छा होगा ऐसी वह आस लगाए हुए था। लेकिन फिलहाल तो स्टूडियो का सभी काम कुली बनकर मुफ्त में करना पड़ रहा था। डायरेक्टर के लिए कलकत्ता पान लाकर रखना और जब तक वे माँगेंगे तब तक उन्हें देने से लेकर चाय-बिस्किट, व्हिस्की, खर्च का हिसाब, उनकी डायरी ठीक से लिखते रहना, शूटिंग के बाद में स्टेज साफ कर स्टूडियो मैनेजर के हवाले सब सामान करना, बम्बई में पैदल दौड़-भागकर जो लोग चाहिए उन्हें और चीजें लाना, अभिनेता-अभिनेत्रियों को डायरेक्टर की कार से जहाँ जाना चाहें वहाँ छोड़ना, उनका इन्तजाम—ऐसे काम करने पर एक बरस के बाद आखिर में एक फिल्म में मालिश करनेवाले का काम मिला! और अब ताँगेवाले का दस-पाँच मिनट का काम भी उसे मिलनेवाला था। चौहान की इस मूर्खता के कारण चांगदेव उसका बहुत तिरस्कार करता था। आजकल वह सवेरे-सवेरे शोर मचाकर नींद खराब करने लगा था जिससे चांगदेव चौहान पर बहुत ही चिढ़ा हुआ था। वह हर दिन परेशान होकर तय करता वार्डन के पास शिकायत करनी चाहिए। वास्तव में सबको रात के साढ़े नौ के पहले हॉस्टल में आना चाहिए ऐसा नियम था। लेकिन चौकीदार गुरखा को पैसे देकर सब देर से लौटते। खुद चांगदेव भी हरदम देर से आता। इसलिए चुप रहने के अलावा कोई रास्ता न था।

फिर चौहान से मिलने के लिए आनेवाले लड़कीनुमा चेहरे के नौसिखिए लड़कों की तादाद भी इन दिनों बढ़ रही थी। वे दरवाजा खटखटाकर चौहान किधर गया, कब गया, जरा पेन दीजिए चिट्ठी लिखकर रख लेता हूँ, कागज मिलेगा, उनको दे दीजिएगा—ऐसा कुछ-न-कुछ कहकर चांगदेव को सवेरे सोने नहीं दे रहे थे। आखिरकार खीजकर जागने से लाल हुई आँखें लेकर वह नहा-धोकर बाहर निकला। किसी बात का किसी बात के साथ तालमेल ही नहीं रह गया था। फाके, भाग-दौड़, पैदल रपट, जागरण—इसमें दिन-भर उसका मन सुलगता रहता। हिन्दी फिल्मों में चौहान जैसे लोग होते हैं इसलिए हिन्दी फिल्मी दुनिया उसे महज बचकानापन लगती।

चौहान आजकल सिर्फ फिल्मों की नई-नई एक्स्ट्रा लड़कियों की बातें कहता रहता। आगे कभी तो हीरोइन का चांस मिलेगा इसलिए किसी के भी हाथों लुट जाने के लिए तैयार लड़कियों के कितने ही किस्से! चौहान कभी कहता, "क्या यार लड़की थी! एकदम मधुबाला बनेंगी वशिला लगाया तो! तू तो देखते ही दीवाना बन जाएगा। एक-दो दिन में साली को दबा देता। देखते रहना। आ हा हा, क्या आँखें थीं साली की।"

कभी वह कहता, "यार चार-पाँच पहलवान चाहिए कल शूटिंग के लिए। चलते मेरे साथ? मुझे तो म-हेटी आती नहीं।"

कभी काम बहुत हो जाता तो कहता, "पार्टनर साले ये पंजाबी और बोंगाली लोग फिल्मों में इतने एस्टैब्लिश हो गए हैं कि तुम्हारे-हमारे जैसे लोगों को कुछ स्कोप नहीं। सब अपने-अपने भतीजे ऊपर डाल देते हैं! चार-पाँच साल में साले हीरो बन जाते हैं बुद्धू! और हम...अब क्या करें...सोना मत यार इतनी जल्दी! कुछ बातें कर। सुबह-सुबह क्या सोता यार?"

चांगदेव को इन बातों में कोई रस नहीं था। लेकिन चौहान उसे सोने न देता। फिर चिढ़कर वह उससे कहता, "तेरे जैसे गधे क्या हीरो बनेंगे? अब मुझे सोने दो भैनचोद! पाँच बजे तो सोया मैं, और ये तेरी किरकिर...जाव बाहर जल्दी।"

"इधर मेरी जिन्दगी बर्बाद हो रही है पार्टनर...*दो आरजू में कट गए, दो इन्तजार में*...जूते सर पर लेने के दिन कभी हटते ही नहीं। जब बम्बई आया तो क्या-क्या अरमान थे यार! लेकिन रुकना कितने साल? बताइए।"

उसका यह कहना मानो तो करुण था, या मानो तो हास्यास्पद था क्योंकि आठ दिन के बाद सिर्फ सत्रह साल की छोकरी के साथ रात कैसे बिताई यह

जाँघों में तकिया दबाकर कहता। किसी फालतू फिल्मी पत्रिका के एक आदमी को पार्टियाँ दे-देकर, छोकरियाँ सप्लाई करके उसने उस पत्रिका के नए सितारे स्तम्भ में कुछ भी सच-झूठ जानकारी अपनी तस्वीर के साथ छपवा ली थी। पता हॉस्टल का था और नए लोगों को फिल्म में काम दिलाने के लिए आप हरगिज मदद करते हैं यह भी उसमें छपा था। इसलिए हिन्दुतान के न जाने कहाँ-कहाँ से उसे चिट्ठियाँ आने लगीं, फोटो आने लगे। उनमें से लड़कियों की चिट्ठियाँ और फोटो वह सँभालकर रखता और लड़कों के फेंक देता। लड़कियों को खत लिखता। कभी स्टूडियो में काम करते समय बड़े-बड़े अभिनेता और अभिनेत्रियों के आसपास की अपनी तस्वीरें भी भेजता। इस-इस फिल्म में मैं हीरो का रोल अदा कर रहा हूँ ऐसा भी दे मारता। कुल मिलाकर इस जाल में उसने कई लड़कियों को फाँसा था। उनमें से एक तो उसे बताकर सीधे लखनऊ से बम्बई आ टपकी थी। वह घर से गहने वगैरा काफी ले आई थी। उसे इसने फिल्मों में प्रवेश प्राप्त करने के गुर अच्छी तरह पढ़ा दिए। उसके मुताबिक आलीशान होटल में कमरा लिया गया। बम्बइया फैशन के कपड़े सिलवाए। रस्मो-रिवाज सिखाए। "जल्द ही प्रोड्यूसर के यहाँ ले जाऊँगा, डायरेक्टर के पास ले जाऊँगा" कहते हुए पन्द्रह दिन दिन-रात वह उसके साथ काम-तृप्त होता रहा। कहते हैं, बहुत खूबसूरत लड़की थी। उसकी आवाज भी बड़ी मीठी थी। उसे एक ग्रुप सॉन्ग में घुसेड़ देने के लिए असिस्टेंट म्यूजिक डायरेक्टर को कह दिया था। "एक बार वह उधर गई कि फिर हाथ से गई तब तक वह मेरे आगोश में है," ऐसा कहकर वह आँखें मूँदकर तकिया दबाता रहता!

फिर ऊँचे-ऊँचे इरादे लेकर आई उस लड़की के पास के पैसे खत्म हो गए। फिल्मों में कहीं प्रवेश मिला नहीं। यह भी जैसे मामूली बात हो चौहान जब इस अन्दाज में कहने लगा तब आँखों पर आती रोशनी को हाथ लगाकर टालते हुए चांगदेव बहुत दुखी होकर सुनता रहा। कौन लड़की होगी वह...इतनी सुन्दर और इतनी मूर्ख। मुश्किल है....मुश्किल है। आदमी किसी तरह किसी भी झंझट से छूट जाते हैं लेकिन स्त्री होना और सुन्दर होना, मतलब भ्रष्ट होने का पक्का अभिशाप ही है जैसे। सारा बाँध टूट गया है और पानी बाँध से हहराकर चारों तरफ फैल रहा है ऐसा कुछ उसके दिमाग में आने लगा और अर्धचेतना के नशे में वह पड़ा रहा।

हरदम सवेरे भूख लगी रहती। थकान भी दिमाग तक महसूस होती। सोना भी सम्भव न होता। क्योंकि चौहान की बकबक खत्म होने पर उसके जाने के लिए

निकलते ही दरवाजा बन्द करने का काम रहता। इस तरह बिना नींद के एक के पीछे एक दिन निकलते रहे।

"...मेरी समझ में यह नहीं आता। मैं समझ ही नहीं सकता। फिर वही! आयम् शॉक्ड, आयम् रीअली शॉक्ड, पाटील। इम्तहान देने से क्या फायदा, नौकरी करके भी क्या फायदा? हम सब लोग जो नौकरियाँ करते हैं वे क्या इसलिए करते हैं कि हमें अच्छी लगती हैं? फुटपाथ पर धूप में उस नाई को देखो हजामत करते बैठा है। चार आने में! वह क्या उसे अच्छा लगता है इसलिए कर रहा है? तुम्हारी यह अनार्की इसके पहले इतिहास में नहीं पाई जाती...मैट्रिक होने पर यह लिफ्टमैन लिफ्ट की नौकरी करता है, तुम एम.ए. होने पर कॉलेज में पढ़ाओगे। इसमें फर्क क्या है, मेरी समझ में नहीं आता! आय डोंट अंडरस्टैंड दिस! किसी को पढ़ाने में तुम्हें क्या ओछापन लगता है? नौकरी तो नौकरी है। आय डोंट अंडरस्टैंड दिस! आय डोंट...और वह लिटल मैगजीन की बीस पन्नों की चोपड़ी बड़ी हिम्मत से चलाकर उसके लिए तुम रात-दिन खटते रहते हो, उससे भी क्या फायदा है? सिगरेट फूँकते रहते हो, उतने पैसों का कुछ खाओ, केले, ब्रेड तो तबीयत ऐसी नहीं होगी। यह देखो, मिस्टर पाटील, सभी बातें व्यर्थ ही होनेवाली होती हैं। एवरीथिंग इज कलोजल वेस्ट। उसमें हमने अपने आपको झोंक देना..., उसमें जिद के साथ हिस्सा लेना।"

पुरानी लिफ्ट चूँ-चरमराती ऊपर की मंजिल पहुँची। प्रिंसिपल महाजन गुस्से में अकेले बाहर निकले। नीचे से किसी ने बटन दबाया तो लिफ्ट के दोनों दरवाजे बन्द हो गए और वह लिफ्ट के साथ एकदम नीचे आ गया। फिर से ऊपर जाने की इच्छा नहीं थी। जरूरत भी नहीं थी। ऐसा कब तक चलेगा? तकदीर। तकदीर। महाजनजी के साथ बहुत ही दो टूक बातें की...चांगदेव मुँह पर मानो थप्पड़ पड़ा हो ऐसे बाहर निकला।

"क्यों भई एकदम ऐसा क्यूँ? हिन्दी फिल्म नहीं तो अंग्रेजी देखेंगे।"

"उसमें भी सब वही-वही। मुझे तो इन दिनों सभी बनाई गई चीजों के पीछे धोखाधड़ी, फाकाकशी, भागदौड़ और ट्रैजिक लाइफ दिखाई देती है। कविता भी

बेचारे कवि भागमभाग कर लिखते हैं और हम लोग पढ़ते हैं। मुझे मिचली आ रही है कब से। ये कॉपियाँ तो लो जरा।"

"तुम्हें हाँफनी भी जबर्दस्त लग रही है चांगो। थोड़ा सा बैठेंगे इन सीढ़ियों के नीचे। सिगरेटें तो बन्द करना।"

पटक के अंक लेकर सारंग और चांगदेव डाकघर की सीढ़ियाँ चढ़ रहे थे। चांगदेव काफी पिछड़ रहा था। सुबह से चाय के अलावा कुछ भी पेट में नहीं था। कल रात भी थोड़ा-सा ही कुछ खाया था। नींद तो कई दिनों से अच्छी नहीं आ रही थी।

फिर भी वह जोर लगाकर चढ़ने लगा। जबर्दस्त सिरदर्द था। छाती में सूँसूँ आवाज आ रही थी। पीछे से अन्दर छोटी सूई-सा कुछ चुभ रहा था। वह जोर से कश लेने पर रुक जाएगा ऐसा सोचकर उसने जोर से सिगरेट का कश खींचा। थोड़ी देर के लिए दर्द कम हुआ। लेकिन उसी दम एक जबर्दस्त हूक-सी उठी और उसकी ताकत ने जवाब दे दिया। पत्रिका की सभी कॉपियाँ गिर पड़ीं। मत्था पसीने से तरबतर हो गया। वह लड़खड़ाकर गिर पड़ा।

सारंग हड़बड़ाकर उसे सँभालते हुए पूछने लगा, "क्या हो रहा है पाटील? थोड़ी देर बैठें क्या यहाँ?"

"कुछ नहीं...मुझे लगता है यहाँ बैठें।"

चार-पाँच सीढ़ियाँ उतरने पर खाली कोना था। उधर वह खुद लड़खड़ाता हुआ जाने लगा। लेकिन दो-तीन सीढ़ियाँ उतरते ही हहराकर गिर पड़ा।

सारंग रुआँसा होकर 'क्या करना, क्या करना' करता हुआ उसे पकड़कर उठाने लगा। सीढ़ियों पर से आने-जाने वाले रुके। कुछ सिर्फ देखकर चले गए। किसी ने कहा, "पानी लाओ।" एक बोला, "टैक्सी लाओ। भागो!"

चांगदेव भयानक कराह रहा था। आँखों के सामने अँधेरा छा गया था और जो वह चाहता था वही हो रहा था। यह वह जान गया लेकिन दर्द सहा नहीं जा रहा था। सारंग दौड़ता हुआ सड़क पर आया। जो भी टैक्सी दिखाई देती उसके सामने जाकर दोनों हाथ उठाकर उसे रोकने लगा। बीच-बीच में वह सीढ़ियों पर कचरे के समान पड़े हुए चांगदेव का न जाने क्या हुआ होगा सोचता। इतने में कोई दो आदमी चांगदेव को उठाकर सड़क पर ही ले आए। एक टैक्सी भी उसी वक्त अपने-आप आकर खड़ी हो गई। उसे अन्दर ठूँसा गया। सारंग आगे बैठा। टैक्सीवाले ने एक्सिलेटर दबाकर शीघ्रता से पहिया घुमाते हुए पूछा, "कहाँ?"

सारंग जोर-जोर से कराहनेवाले चांगदेव की ओर देखकर बोला, "कहाँ?"

तब तक टैक्सी काफी आगे आ चुकी थी। सारंग पहले तो बोला, "चर्चगेट। यूनिवर्सिटी हॉस्टल।" फिर होश में आकर बोला, "डॉक्टर मालूम है इधर कोई?"

टैक्सीवाला सारंग की ओर घृणा से देखता हुआ, पहिया घुमाकर ब्रेक लगाते हुए एक्सिलेटर दबाते हुए कुलावा में घुस पड़ा। एक डॉक्टर के दवाखाने के सामने टैक्सी रोककर वह अन्दर भागा। स्ट्रेचर आया। चांगदेव का चीखना बेशुमार बढ़ गया था। अन्दर डॉक्टर तैयार ही थे। स्टेथेस्कोप लगाकर उन्होंने टैक्सीवाले से कहा, "जल्दी अस्पताल में एडमिट करो। सीरियस केस है। भागो।"

फिर से कर्कश हॉर्न बजाते हुए सरपट भागती टैक्सी व्ही.टी. के पास अस्पताल पहुँची। तब तक चांगदेव की आवाज खत्म होने लगी थी। लेकिन आँखें पूरी तरह से खुली थीं। हिलते ही छाती में शूल-सा दर्द होता। थोड़ा-बहुत बोल सकता था। कैज्युल्टी में एक लम्बे टेबल पर लैम्प के नीचे वह चित लेटा था। सारंग दौड़ भागकर डॉक्टरों को, नर्सों को ढूँढ़ रहा था। लेकिन सभी कहीं प्रोग्राम के ग्रुप फोटो के लिए गए हुए थे। कोई भी अपनी जगह पर नहीं था। सारंग माँ-बहन की गालियाँ बकता हुआ उन्हें ढूँढ़ रहा था। यों ही फोन घुमा रहा था। बीच-बीच में अन्दर आकर चांगदेव को हाथ लगाकर 'घबराना नहीं' कहकर फिर बाहर चला जाता।

पन्द्रह-बीस मिनट के बाद सब डॉक्टर, नर्सें, छोकरियाँ हँसी-मजाक करते हुए सुपारी चबाते हुए आए। सारंग के चीखने-चिल्लाने का किसी पर कोई असर नहीं हुआ।

चांगदेव के बाजू में दूसरे एक टेबल पर एक आदमी फटे कपड़ों में सोया हुआ था। उसके पास दो अलग-अलग रंग के टुकड़ों की ओछी साड़ी पहने एक महिला इस तरह खड़ी थी मानो चिन्ता के परे हो गई हो। एक नौसिखिए डॉक्टर ने पहले उधर जाकर फटे कपड़ेवाले के बदन पर से गन्दा अँगोछा चुटकी में पकड़कर फेंक दिया। एक-एक आँख माथे की तरफ से खोलकर देखी। सीने की जाँच की। और फिर से ढककर नर्स से कहा, "उठाओ यह यहाँ से, उठाओ।" वह महिला अपनी आध्यात्मिक मुद्रा छोड़कर डॉक्टर से पूछने लगी, "क्या हुआ डॉक्टर साब?" डॉक्टर कुछ भी नहीं बोला। नर्स ने उसे कुछ कहा और वह अपनी साड़ी के फटे पल्लू से आँखें पोंछने लगी। सारंग ने गर्दन दूसरी ओर फेर ली।

चांगदेव की जाँच कर स्टेथेस्कोप बार-बार लगाकर डॉक्टर ने सारंग से कहा, "एडमिट करो। कार्ड भरकर दो। चलो!"

स्ट्रेचर पर से ऊपर सीमेंट के शहतीर देखते-देखते आखिर में वह एक लम्बे-चौड़े ऊँची छतवाले हॉल में पहुँचा। एक के पीछे एक नर्स आकर अपना काम कर चली गई। एक ने कपड़े बदले। ढीली-ढाली लम्बी कमीज और ओछा पाजामा। दूसरी ने गोलियाँ और कड़वी दवा दी, तीसरी ने मुँह में थर्मामीटर डालकर और हाथ में हाथ लेकर उसकी नब्ज गिनी। कितने ही दिनों के बाद ऐसा हाथ उसके बदन को लग रहा था! सारंग अब तक अस्थिर मन से खड़ा ही था। चांगदेव ने उसे क्षीण आवाज में कहा, "रात हो गई। तू जा।"

"बोलो मत। मैं चला जाऊँगा। पहले तुम्हारा पूरा इन्तजाम तो हो जाए। तुम्हारे रिश्तेदारों को खबर देनी है क्या? जाते-जाते पहले दे दूँगा मैं।"

"नहीं, नहीं। मैं जिन्दा हूँ। कुछ नहीं होगा।"

"कल आऊँगा," कहकर सारंग ने उधर डॉक्टर को कुछ कहा, कुछ पूछा और उसके पास आकर बोला, "कल हम सब आएँगे।" फिर वह झटके से चला गया।

अब मन निर्विकार था। एक विचित्र यात्रा समाप्त हुई। पढ़ाना, पढ़ना, रास्ते-रास्ते मोड़, चढ़ना-उतरना, ट्रेनें बदलना—सब एकदम थम गया। नर्स ने अत्यन्त क्रोधित होकर कहा था—थोड़ा-सा भी हिलना नहीं। चित लेटने से पूरी पीठ के नीचे, पैरों के नीचे, मस्तक के नीचे प्रचंड पुराने पलंग का आधार था। ऐसा मजबूत आधार पीठ को कई दिनों से मिला न था। अब उठना तो होगा ही नहीं। ऐसे अस्पतालों से ज्यादातर लोग मरकर ही बाहर निकलते हैं। उसे जो जगह चाहिए थी ठीक उसी जगह वह आ गया था।

थोड़ी देर में ऊपर दो-तीन चेहरे दिखाई दिए। एक जवान डॉक्टर था और एक जवान लेडी डॉक्टर। वे दोनों प्रेमी थे और शादी करने का इरादा रखते थे। शादी हो जाने के बाद कहाँ और कैसे दवाखाना शुरू किया जाए इस बात पर क्वार्टर पर चर्चा कर रहे थे तभी उन्हें बुलाया गया था। उनके चांगदेव की ओर देखने के बजाय वही उनकी ओर ज्यादा देख रहा था। वह जवान लेडी सिर्फ शरमाती हुई उसकी बात में बात मिलाकर हाँ में हाँ कर रही थी। उसका केस-पेपर किसी तरह तैयार कर दोनों पहले की बातों में खो जानेवाले थे। इसलिए पहले-पहल

उससे अंग्रेजी में पूछे गए सवालों का उद्देश्य जल्दी में सब कुछ समाप्त करने का था। लेकिन, धीरे-धीरे डॉक्टर चिन्तामग्न होता चला गया। पेन दाँतों में दबाकर गर्दन हिलाने लगा।

"आपको इसके पहले कभी कोई सीरियस इलनेस हुई थी क्या?"

बार-बार यह सवाल पूछा गया। थोड़ी देर बाद फिर पूछा तब भी चांगदेव कुछ नहीं बोला। फिर तो डॉक्टर चीखकर बोला, "तुमने सच्ची जानकारी दी तो वह तुम्हारे ही हित में होगी।"

चांगदेव ने उसकी ओर ध्यान नहीं दिया। लेकिन बाद के मामूली सवालों के जवाब अच्छी तरह से दिए। डॉक्टर धीरे-धीरे चकराता चला गया। उसकी डॉक्टर प्रेयसी के लिए यह सब अजीब था। वह अधिकाधिक करुणा से चांगदेव की ओर देखने लगी। दारू भी पीता हूँ। सिगरेट चारमीनार के चार पाकिट भी तो रोज, फिर तमाखू वाले पान, भूख कम। भरपेट खाना नहीं के बराबर। बुखार-खाँसी कभी नहीं आती। नाखून काले पड़े हुए, आँखें निस्तेज, वजन पहले भी कभी किया हो याद नहीं आता। सब अजीबोगरीब था। कुछ भी वजह मिल नहीं रही थी। पेन चबाते हुए वह डॉक्टर बहुत ही परेशान लगाने लगा। डॉक्टरनो का हँसता चेहरा भी चिन्तातुर हो गया। उनका पहले जो मूड था वह सब चला गया। केस-पेपर वहीं पर रखकर दोनों चले गए।

फिर एक प्रौढ़, बुद्धिमान नाक-आँखवाले तजुर्बेकार डॉक्टर को लेकर वे दोनों वहाँ आए। उन्होंने कहा, "हलो! यंग मैन गुड ईविनिंग!"

फिर केस-पेपर गौर से देखते हुए एक खाली जगह पर उँगली रखते हुए तजुर्बेकार डॉक्टर ने कहा, "वह बाद में देखा जाएगा। इसमें से बच गया तो आगे का आगे।"

लेकिन प्रेमी डॉक्टर कह रहा था कि कम्प्लीट इनवेस्टिगेशन जरूरी है।

फिर एक काली, कमल जैसे नेत्रोंवाली नर्स ट्रे लेकर आई। गोलियाँ और कड़वी दवा ट्रे में से उसे सावधानी से देकर आगे चली गई। चांगदेव को धीरे-धीरे ग्लानि होने लगी। वह मीठी और निर्विकार नींद में खो गया।

फिर से वही काली कमलाक्षी नर्स गले में पहने क्रॉस से खेलती हुई उसे उठा रही थी। "उठो, काना काव", ऐसा कहकर उसके मुँह पर झुककर उसे उठा रही थी।

उसने उसकी गर्दन के नीचे हाथ डालकर उसे धीरे-धीरे उठाया। सीने में दाहिनी ओर जबर्दस्त शूल-सा दर्द हुआ तो वह मुँह भींचकर थोड़ा-सा कराह उठा। इस लड़की के सामने कराहना उसे अच्छा नहीं लग रहा था। उसने पीछे तकिया लगाकर उसे आधार दिया। जाँघों पर ट्रे जैसी चौपाई रखकर चावल, मच्छी से ठसाठस भरी हुई डिश और दूध का गिलास। चटपट खाकर वह तकिए के सहारे टिककर बैठ गया। चारों तरफ नरकंकाल-से निस्तेज रोगी खाना खा रहे थे। कोने में कोई जोर-जोर से करुण स्वर में चीख रहा था। चारों तरफ सफेद चद्दर पर बम्बई के फेंके हुए ये कचरे जैसे प्राणी। उन्हीं में से वह भी एक था। लेकिन उसे यहाँ से फिर बाहर बम्बई में जाने की इच्छा नहीं थी। रात में बत्ती बुझाते समय उसे फिर से इंजेक्शन, गोलियाँ दी गईं। काली सिस्टर "रात में उठना नहीं, कुच लगेगा तो बेल बजाना, मैं हूँ," कहकर उसे फिर से हौले से सुलाकर, चादर ओढ़ाकर चली गई। चारों तरफ चुस्ती से चलनेवाली ये साफ-सुथरी नर्स बनी लड़कियाँ, उनके ऊपर की लाल फीते की प्रौढ़ मेट्रन इनको देखकर उसे चार साल पहले पढ़े हुए फ्लॉरेंस नाइटिंगेल की जीवनी याद आई।

इन लोगों ने दुनिया में चिरस्थायी स्वरूप का कुछ तो किया है। ग्रेट लोग हैं। जीवन से अटूट प्यार करनेवाली संस्कृति है उधर की। और हम खासे गलीज इंडियन। पौर्वात्य। लेकिन इस नर्स के गले में पाश्चात्य लगनेवाला क्रॉस येरुशलेम का है। पौर्वात्य ही है। ईसाई धर्म से ही यूरोप खड़ा हो सका। तमाम यूरोपीय आन्दोलनों में, शास्त्रों के पीछे ईसाई धर्म है। फ्रेंच राजक्रान्ति में जनवादी ईसाई जोश है। इस अस्पताल की नींव में ईसाई धर्म का दयाभाव है। यीशु तो मूल में कश्मीर का था ऐसा कहीं पढ़ने में आया था। और इस लड़की के सीने पर झूलनेवाला क्रॉस भी पराया नहीं है। यह सब अपना ही है। अपने देश में भी बहुत सारे क्रिश्चियन हैं। हिन्दुस्तान में सब कुछ है। ये क्रिश्चियन लड़कियाँ तो गजब की खूबसूरत दिखाई देती हैं। अब मैं मरने जा रहा हूँ। नहीं तो मैं इस ईसाई लड़की से ही प्यार करता। अब तो सब कुछ समेटने की बेला है। इसलिए प्रेम-वरेम करना बस्ते में डाल देना ही अच्छा है। उसका क्रॉस बड़ा होता हुआ आसमान में फैलता जा रहा था और गोलियों के असर से उसे फिर नींद ने घेर लिया। क्रॉस! क्रॉस!! क्रॉस!!!

देखते-देखते सब लाइटें बन्द हो गईं। रात पाली की नर्स लड़कियाँ, पहलेवाली नर्सों से हँसी-मजाक करती हुई उनको किस कॉट के पेशेंट को क्या देना है इसकी जानकारी लेती हुई उन्हें छुट्टी देकर वॉर्ड में चक्कर लगाकर काम में जुट गईं। चांगदेव के मुँह में एक ने थर्मामीटर रखा और नाड़ी देखी। थर्मामीटर उसके मुँह में वैसे ही रखकर वह काफी देर तक नहीं आई। बाद में आई तब चांगदेव मुस्कराया। वह बोली, "रात में कुछ लगा तो बेल बजाने का। उठना नहीं।"

उधर दो लड़कियों ने रेडियो शुरू किया। सब सो गए थे। चांगदेव को नींद की गोलियाँ देकर गुडनाइट कहकर वह लड़की चली गई। वह रेडियो के गाने सुनने की कोशिश कर रहा था लेकिन आँखें झपकने लगीं। उधर काफी देर तक संगीतकार रोशन का प्रोग्राम चलता रहा। बीच ही में उसकी बेहद पसन्द की फिल्म 'बरसात की रात' की कव्वाली चलती रही। एक नर्स पैरों से ताल दे रही थी यह उसे साफ सुनाई दे रहा था। उसी में किसी समय उसे नींद आ गई।...रुसवा किया खराब किया इस निगाह ने...ओ जुल्म बेहिसाब किया इस निगाह ने...भई जी चाहता है चूम लूँ अपनी नजर को मैं...अफलातून पुराने दिन एक साथ जमा होकर आँखों के सामने घूमने लगे और वह उसमें डूब कर सो गया। कई महीनों के बाद इतनी अच्छी शान्ति के साथ नींद आ रही थी। इसी को अगर मौत कहते हैं तो फिर से जागने की इच्छा ही नहीं होती। जवान बच्चों को मरने से डर नहीं लगता। इस उम्र में सब कुछ अद्‌भुत, अकल्पनीय लगता है। उसी में एक मृत्यु भी है। इसीलिए जंग में जवान लोग पराक्रम करते हुए मर जाते हैं। जवान क्रान्तिकारी जोश के साथ वन्देमारतम् कहते थे वह भी इसी कारण। सन्तोष के साथ झट से मरना इसी उम्र में सम्भव होता है। दिगम्बर के समान।

रात में एक समय उसे लगा कोई उसे दबाकर पकड़ रहा है और वह चीखता हुआ जाग पड़ा।

फिर उसने आँखें तरेरकर देखा तो सिर्फ एक लाइट जली, नर्स बीच में से चलती हुई चांगदेव के पास चक्कर लगाकर वापस चली गई और लाइट फिर बन्द हो गई। वह चीखता हुआ उठा था। लेकिन चारों तरफ खामोशी थी। उसके सीने में कोई वजनदार चीज कुंडली मारकर बैठी है ऐसा उसे लग रहा था। जोर से हँफनी आने लगी। पूरा बदन पसीने से तरबतर हो गया था। लेकिन करवट पर

सोना मुमकिन नहीं था। मौत आनी ही है तो करीने से आए, अब किसी दूसरी चीज की चाह भी नहीं है।

और उस अवस्था में ऐसा अकेलापन उसकी चेतना पर छाने लगा जैसा पहले कभी नहीं हुआ था। कभी भी जो नहीं दिखाई दिया वह बचपन दिखाई देने लगा! भाई, बड़ी हवेली और घर की रसोई से उठता धुआँ और धाँय-धाँय जलता चूल्हा। उस समय घर में रहनेवाले भाई-बहनों के चेहरे, चाचा की चालें, झगड़े, फूफियों के खेल, दीवारों पर भाई-बहनों के बनाए चित्र और नाम, पास-पड़ोस की चाचियाँ, दादियाँ, बूढ़े, मायके आई लड़कियाँ और उनको मोटा-ताजा लड़का होगा कहनेवाली गोंड जाति की औरतें। इकट्ठा होकर पापड़, बड़ी, कुरडया, सेवइयाँ करनेवाली सभी स्नेहशील औरतें, उनके आसपास घूमते लड़के, त्योहार के बाद त्योहार और खाना-पीना, दिल बहलाने के लिए छोटे बच्चों के मुँह में स्तन दे देनेवाली गली की बाल-बच्चेदार औरतें। ओसारे में पुरानी हल्दी-कुंकुम की डिबिया सामने रखकर चोटी करनेवाली बहनें और बुआएँ, भाई-बहनों के फटे कपड़े मोटे सूती धागे से सीनेवाली लड़की, तीखी नाकवाली माँ...और उसे ऐसे भी दिखाई दिया कि सीते-सीते बीच-बीच में माँ अपने पल्लू से आँखें पोंछ रही है। और इस समय सपने में सुनाई देनेवाली आवाजें आँधी के कारण बदली हुई थीं। उनके घर के पीछे गुरव का घर था, वहाँ भिकु गुरव बड़ के नीचे अपने जुड़वाँ बच्चों को शहनाई सिखाया करता। वे आवाजें उसके बचपन से जुड़ी हुई हैं। लेकिन अचानक विट्ठल मन्दिर के नगाड़ों की आवाजें, घण-घण बजनेवाली घंटियाँ। और फिर पहाड़ी गुनगुन करते मोरपंखी रंग-बिरंगे भँवरे।

उसने मन-ही-मन तय किया था कि सब कुछ याद करेगा मगर बचपन के चौदह-पन्द्रह बरस तक की कोई बात याद नहीं करेगा। वह नितान्त सुन्दर जगत मन में शुद्ध, पवित्र बना रहे ऐसा वह चाहता था। अब उसे याद कर भ्रष्ट नहीं करेगा इसका उसने निश्चय किया था। उसे अपना बचपन इतना उज्ज्वल लगता कि बचपन पर कविता-कहानी लिखनेवालों का वह तिरस्कार किया करता। इसी निर्झर पर तो वह इतने वर्षों के अकाल में जीवित था। उसे खोदकर कभी ऊपर नहीं निकालना है। वहाँ उसकी जड़ें शान्तभाव से रस ग्रहण करती रहतीं। इतना सुन्दर सशक्त, निरोगी बचपन नींव में रहने से उसे किसी बात की परवाह नहीं थी।

लेकिन चाहे जितना टालो अब वह ऊपर आ रहा था। औषधि के कारण या किसी और वजह से उसका अपने ऊपर नियंत्रण नहीं रहा! बार-बार सतपुड़ा

की ऊँची पर्वतमाला में बसा अपना छोटा-सा गाँव सामने आता। पहाड़ों से, वृक्षों के बीच से होकर टीले पर पहुँचने पर साँय-साँय करती हवा में खड़े रहकर नीचे झाड़-झंखाड़ में वह बसा हुआ दिखाई देता। वैसे ही, पास से धीमी गति से बहनेवाली प्रचंड तापी का प्रवाह। चाहे कितनी टालने की कोशिश करो जीवन के ये स्रोत भुलाए नहीं भूलते। हम लोग कितने ही प्राकृतिक शक्ति के बोझ लेकर तैरते रहते हैं...भय, क्रोध, तिरस्कार, वासना, उत्सुकता, स्वाभिमान, स्व-धिक्कार, अकेलापन, उन्माद, कर्तृत्वशक्ति, असहायता, अनुभव, भावना, संवेदना, चिन्तन, स्मरण, बुद्धि, अधिकार का एहसास। इतनी बातें समुद्री बेड़े के काफिले के समान हमारे शरीर में प्रवाहित होती रहती हैं। इतनी सारी बेहतर चीजें एक साथ रख देने से ही शायद वे एक-दूसरे पर ग्रहमंडल के समान नियंत्रण रखकर हमारा जीना सन्तुलित करती हैं, और मृत्यु के समय में सभी एक-दूसरे पर आघात कर अलग अलग होना चाहती हैं।

खाट के नीचे टटोलकर पेशाब का बर्तन ऊपर लेकर किसी तरह निशाना लगाते हुए पेशाब किया और बर्तन फिर नीचे रख दिया। फिर से वही छलाँग लगाकर ऊपर आनेवाले सुन्दर चित्र। लेकिन वह सबको दबाकर रखना चाहता था। वह सुन्दर जगत अबाधित रहना चाहिए, उसे अभी के ये धब्बे नहीं लगने चाहिए। मतलब अब सपने न आएँ इस ओर ध्यान देना जरूरी था।

सवेरे जब वह जगा तब काफी देर हो चुकी थी। सभी खाट पर रोगी जगकर चाय पी रहे थे। फिर से उसे श्यामवर्णा सुन्दरी ने ही जगाया। लैट्रीन नहीं आ रही थी इसलिए उसने कुल्ली की और पीछे की कतार से आगे आनेवाले कल के चतुर आँखवाले डॉक्टर के पीछे आनेवाले झुंड की ओर देखते हुए चाय में डुबोकर डबलरोटी खाता रहा।

सुन्दर आँखोंवाली साँवली सिस्टर आकर बोली, "जल्दी कीजिए, बड़ा डॉक्टर आ रहा है। हिलना नै।" ऐसा कहकर उसने नाड़ी, बुखार देखकर नोट किया। उसका क्रॉस फिर सामने उछल-कूद कर रहा था।

फिर कल के चतुर आँखवाले डॉक्टर उनके साथ के सात-आठ जवान डॉक्टर, डॉक्टरनियों को कुछ कहते हुए उसकी खाट के सामने आ गए। डॉक्टर-डॉक्टरनियाँ उत्साह से गले के स्टेथेस्कोप के साथ खेलते हुए उसका केस-पेपर इस-उस के

पास देते हुए इसका अर्थ समझने का प्रयास करने लगे कि प्रोफेसर क्या कह रहे हैं, कल का प्रेमी डॉक्टर भी उनमें था। लेकिन चांगदेव के साथ बात करने की किसी की इच्छा नहीं थी। वह क्रूर विद्रोही लग रहा था। लेकिन उसे डॉक्टरनियाँ बनी ये लड़कियाँ बहुत ही मोहक, प्यारी लग रही थीं। खड़ीं, स्फूर्ति से भरपूर, वैज्ञानिक तटस्थता के साथ परोपकार के लिए उत्सुक।

चतुर आँखवाले प्रोफेसर डॉक्टर ने तीक्ष्ण दृष्टि से केस-पेपर देखकर सबको कुछ आश्चर्यजनक बात समझाकर कही। फिर प्रेमी डॉक्टर से कहा, "दिस अमाउंट्स टु सुइसाइड"। फिर सभी शिष्यों ने मिलकर फुफ्फुस के कोलैप्स होने के कारणों की चर्चा की। "इनमें से एक भी कारण इस जवान आदमी में नहीं है", ऐसा चतुर डॉक्टर ने कहा, "स्मोकिंग, स्टार्व्हिंग, ड्रिंकिंग, मालन्यूट्रिशन इनमें से कुछ भी हो सकता है। हम इस केस की ठीक से स्टडी कर निर्णय लेंगे। तब तक इसकी तबीयत भी थोड़ी सुधर जाएगी।" ऐसा कहकर वे आगे बढ़ गए। केस-पेपर पर आज क्या-क्या करना है यह चतुर डॉक्टर ने लिख दिया।

दोपहर में चांगदेव को जोर की भूख लगी। सबका खाना हो गया लेकिन उसका खाना नहीं आ रहा था। फिर कल का प्रेमी डॉक्टर आया और उसके पीछे-पीछे स्ट्रेचर। उसे स्ट्रेचर पर रखकर डॉक्टर अन्दर के कमरे में ले आया। डॉक्टर ने वहाँ उसके पूरे कपड़े उतारकर जाँच की। चांगदेव अब डर से काँपने लगा। डॉक्टर ने नौकर को फिर से कपड़े पहनाने को कहा और हाथ का कागज नचाते हुए पूछने लगा, "तुम्हारा इसके पहले क्या ट्रीटमेंट हुआ है? बता दो तो अच्छा है। कौन सा ट्रीटमेंट?"

चांगदेव चुपचाप पड़ा रहा। फिर उसने कहा, "कुछ नहीं।"

फिर डॉक्टर ने बार-बार वही पूछा। चांगदेव तय करके चुप रहा।

"तुम्हें बोलते हुए हँफनी लगती है क्या? अभी भी सीने में दर्द होता है?"

चांगदेव ने कहा, "नहीं।"

"फिर बताओ न, यह जानना हमारे लिए जरूरी है।"

डॉक्टर गुस्से में आकर थोड़ी देर बाहर हो आया। अत्यन्त डरावनी शान्ति थी। थोड़ी देर में डॉक्टर के साथ वही सुन्दर आँखोंवाली साँवली नर्स आई। इंजेक्शन

की सूई काँपते हुए हाथ में ऊपर आँखों के सामने पकड़कर उसने धीरे से दो-तीन बूँदें उछालकर गिरा दीं। उसका मरियल हाथ देखकर तुच्छता से डॉक्टर बोला, "नीचे ही दो।" कूल्हे में इंजेक्शन देने पर डॉक्टर कठोर आवाज में बार-बार वही सवाल पूछने लगा। "वी मस्ट नो" हर बार वह ऐसा कह रहा था।

चांगदेव शुरू में होश बचाकर चिल्ला रहा था, "लीव मी। आय वांट टू डाय। डैम इट। नहीं, नहीं, मैंने कोई ट्रीटमेंट नहीं लिया है। आय अव्हायडेड इट।"

सिली-सिली। लेकिन बाद में उसे इतना ही होश रहा जिससे जान सके कि जो नहीं कहना था वह भी कह रहा है। डॉक्टर ने मुस्कराते हुए कुछ लिख लिया यह भी उसे मालूम हो रहा था। चांगदेव की प्रतिकार करने की शक्ति पूरी तरह से टूट चुकी थी। प्रचंड अस्वस्थता बढ़ गई। इतने वर्षों तक अपनी खुद की छुपी दौलत मानकर जिसे अपने-आप तक से छुपाकर रखा था वह सब कुछ उसने उगल दिया था। तीन साल पहले किस डॉक्टर ने क्या कहा था, यह भी।

डॉक्टर ने तब बहुत ही प्यार से, "अब बस करो, अब चुप रहो। तुम्हारे फेफड़ों पर प्रेशर आ जाएगा इनफ्, इनफ्, गुड बॉय!" ऐसा कहकर बड़ी सहानुभूति के साथ दूसरा इंजेक्शन दिया। नर्स से कहा, "इसे तुरन्त खाना देकर सोने दो।"

फिर चांगदेव को इतनी थकान आती गई कि बोल भी नहीं सकता था। उसे फिर से बीच के हॉल में लाकर धीरे से उसकी खाट पर डाल दिया गया। खुद डॉक्टर ने उसे ठीक तरह से खाट पर लिटाया। फिर अन्दर बहुत देर तक फोन करते हुए उसने चांगदेव का केस-पेपर न जाने क्या-क्या लिखकर भर डाला। धीरे-धीरे ओंठ भी शान्त होते गए और कमल जैसी आँखोंवाली साँवली नर्स ने मुँह में, जो कड़वी दवा डाल दी थी उसको भी निगलना मुश्किल हो गया, इतनी मधुर-मधुर ग्लानि उसके बदन पर छा गई। नर्स के गले में झूलता छोटा-सा चाँदी का क्रॉस धीरे-धीरे बड़ा होता चला गया और चांगदेव को एकदम निर्विकार नींद आ गई। रात में पहाड़, नदी, पेड़, खेत नजर आ रहे थे। और डाल-डाल से घूऽघूऽ करते पक्षी। बीच ही में पक्षियों की क्लीक-क्लीक जैसी आवाज। आखिर में प्रचंड गगनभेदी चीख। इमली का अजस्र पेड़।

—जागने की संवेदना। फिर नींद।

खिली धूप। भूख। ब्रेड बटर और चाय। फिर से शरीर में जीने का एहसास। फिर से पीछे से आता हुआ डॉक्टरों का उत्साही काफिला। अस्पताल। बम्बई।

आज बड़े डॉक्टर चतुर आँखों से केस-पेपर पढ़कर एकदम अचरज से उस प्रेमी डॉक्टर से एक के पीछे एक सवाल पूछने लगे। फिर उन्होंने एक-दो बातों का सुझाव दिया। कहने लगे, "हमें उसकी चिन्ता करने की आवश्यकता नहीं है। इसमें से क्युअर करने के बाद आगे का अलग से देखा जाएगा। डॉ. मेहता को इस आशय का नोट अभी से ही भेज देना, ऑपरेशन के बाद में ही यह प्राब्लेम सॉल्व्ह किया जाए। बाद में प्राइवेटली भी वह किया जा सकेगा। वो प्रॉब्लेम पेशेंट का है हमारा नहीं। यंगमैन बहुत ही अजीबोगरीब हालत में है। फोन करके और भी कुछ डिटेल्स निकालने की कोशिश करो। तब तक ऑपरेशन की तैयारी करो। अब यह केस हमारे सेक्शन में रखने की जरूरत नहीं।" फिर उन्होंने प्रेमी डॉक्टर की पीठ थपथपाकर शाबासी दी।

वे दोनों जब आपस में यह चर्चा कर रहे थे तब दूसरे जवान डॉक्टर उसकी जाँच कर रहे थे। फिर उन्होंने आपस में चर्चा भी की। उस सारे ढंग से चांगदेव को लगने लगा कि वह मात्र निष्प्राण वस्तु है। बड़े डॉक्टर फिर यह केस निपटा लिया गया इस सन्तोष से आगे बढ़ गए। साथ के दूसरे डॉक्टर आगे की खाट को इसी तरह घेरकर खड़े हो गए।

दोपहर में उसे स्ट्रेचर पर रखकर एक्स-रे के लिए ले गए और फिर दो जनों ने किसी तरह खाट पर ला पटका। फिर नींद।

उसे लगा उसके दोस्त अब शाम को झुंड के झुंड आएँगे। लेकिन कोई भी नहीं आया। दोस्तों को मालूम तो जरूर हो गया होगा। सारंग को तो सभी हरदम मिलते रहते हैं। लेकिन किसी के पास वक्त नहीं होगा, किसी को लगा होगा कि जाएँगे धीरे-धीरे। लेकिन चाचा-चाची को मालूम हो गया तो उसी समय दौड़ते आ जाएँगे। दोस्त और रिश्तेदारों में यह फर्क होता है।

छह बजे सारंग आया। चांगदेव को अच्छा लगा। वह तीन-चार मोसम्बियाँ भी लेता आया था। इस वजह से और भी अच्छा लगा। सारंग ने कल प्रधान, बापू, परांजपे इन तीनों को खुद मिलकर ही बताया था। आज सभी आने को कह रहे थे। बचे हुए दूसरे दोस्तों को भी मालूम हो गया होगा। लेकिन सभी घर

जाने की जल्दी में होते हैं। आएँगे धीरे-धीरे—सारंग इसलिए कह रहा था ताकि उसे अच्छा लगे।

वह अगर कल ही मर जाता तो दोस्तों ने आज दुःख अभिव्यक्त किया होता। बस।

केस-पेपर से सारंग की कुछ समझ में नहीं आ रहा था। एक्स-रे निकाला है यह कहने पर उसे थोड़ा-बहुत अन्दाजा हुआ। चांगदेव सोचने लगा, एक फुफ्फुस कोलैप्स हो गया है। लेकिन एक के बिगड़ने से कुछ नहीं होता। सारंग कहने लगा, "मेरे मामा का भी एक फेफड़ा निकाल दिया गया है। उससे कुछ नहीं होता।"

फिर सारंग ने विषय बदला—"शंकर को पत्र लिखा है, वह कुछ काम के लिए आने को कह ही रहा था। मैंने उसे तेरे बारे में भी लिखा है। शंकर कह रहा था कि कुलकर्णी प्रकाशक को इस बरस के पुरस्कार के लिए भेजने के लिए एक सशक्त उपन्यास चाहिए। उसने कुलकर्णी से कहा कि हमारे दोस्तों में से कोई भी ऐसा उपन्यास लिख सकता है! लेकिन लिखते रहना हममें से किसी को अच्छा नहीं लगता, हममें कोई फडके, खांडेकर नहीं है। उसने कहा कि चांगदेव भी अच्छा-सा उपन्यास लिख सकता है।"

"मैं...?" चांगदेव सिर्फ हँसता रहा, "हँ हँ हँ!"

"मेरे भी पीछे पड़ा है वह! कुलकर्णी के पास मेरी भी बहुत तारीफ की है उसने। लेकिन मैं क्या उपन्यास लिख सकता हूँ?"

"तू लिख सकता है। तुम्हारी बहुत ही ओरिजिनल स्टाइल है। लिखा तो अच्छा ही लिखोगे! शंकर यों ही किसी की तारीफ नहीं करता। तुम लिखो तो।"

"नहीं भाई, इस बरस बी.ए. निकालकर किसी तरह नौकरी कर लेनी है। घर में हर रोज ऐसा लगता है कि बाप के ढाबे में रह रहा हूँ।"

"वह भी सच है। लेकिन फिर भी अगर हो सकता है तो लिखो जरूर।"

"अरे कल परांजप्या, एक क्लासिक कह रहा था। कहते हैं, उसने परसों बहुत अच्छा रोल किया। नाटक समाप्त होने पर अपनी सुजाता उसे बोली, 'मैं बहुत खुश हो गई हूँ तुम्हारे काम पर। तुम्हें क्या ले दूँ...? कमीज, पैंट या किताबें? तुम्हारी चप्पलें बहुत दिनों से फटी हुई हैं। चलो तुम्हारे लिए कीमती चप्पलें ले दूँ।' ऐसा कहते हुए सुजाता उसे खींचते हुए बाहर ले गई और नई चप्पलें उसे पहनाकर और पुरानी चप्पलें बाहर फेंककर अपनी जॅग्युअर में चली गई।"

"सुजाता ग्रेट है।"

"सुन तो सही। परांजपे बोला, 'मुझे तो लगा सुजाता से शादी ही कर लें, लेकिन वह क्या हाँ कहनेवाली है?' देखा न, कैसा है परांजप्या? सिर्फ नाटक में किए काम के बदले में यह सब सोचना ज्यादा हो गया। चप्पल काफी नहीं है?"

"काफी काहे को होगी? परांजप्या को कहना फिर से जब वह मिले तब जरूर पूछना। ऐसी लड़की चाहे जितनी अमीर हो फिर भी देखना, हाँ कहेगी! अच्छी लड़कियों में फालतू घमंड नहीं होता।"

"तुम्हारा सन्देशा पहुँचा दूँगा।"

सीने में फिर दर्द होने से वह हाँफने लगा। सारंग सिस्टर को बुला लाया। सिस्टर 'ठहरो' कहकर गई। सारंग को उसने बाहर जाने को कहा। सारंग 'कल फिर आऊँगा' कहकर चला गया। खाना आया। फिर से दवाइयाँ, इंजेक्शन और एक साथ घेरनेवाली नींद। फिर से गुरवों की शहनाइयाँ और उनकी विलम्बित तानों के साथ मेल-मिलाप के प्रयास में गलतियाँ करनेवाले लड़कों की तानें। और चाँदनी रातें और चाँदनी में बड़ के नीचे परछाइयाँ। पागल बना दे ऐसा वह बचपन। गाँव के गरीब तबके के लोगों ने अपनी एक तमाशा कम्पनी शुरू की थी। रात में उनका ढोलक शुरू हो जाता और फिर प्रारम्भ के गण गीत के बोल उभरते : पत्ते में *पत्तऽऽ त-छोटे का पत्ताऽऽ होऽऽ।* फिर मंगु तेली के घर के सामने ओसारे में कुई-कुई आवाज करता कोल्हू और उसमें छपनी बँधा घूमता हुआ बैल। कुएँ पर चलती चरसी की कुहुँ-कुहुँ आवाज। बड़ के नीचे सुस्ताती हुई भैंस और उस पर पंखों से सन्तुलन बनाकर शान्ति के साथ चमचुई ढूँढ़ता कौवा। एक-एक कर मरकर अदृश्य होनेवाले सभी बूढ़े। उनकी लालजर्द पगड़ियाँ और उपरने। अब कितने बरस बचे हैं बापू, किसलिए बीस रुपये की शाल लाया मेरे लिए—कहनेवाली दादी। और तालुके के गाँव जाकर कंट्रोल की मकई के लिए दिन-भर कतार में खड़े रहनेवाले दिगम्बर, सोपान और चांगदेव।

सबने बहुत काम किया बचपन में। खेतों में दिन-भर पानी देना, चड़स खींचना। पहाड़ी से ठेले पर पत्थर लाना तो हरदम का काम था। बछड़े को बधियाना हो तो छोटी-सी दमनी-बैलगाड़ी लेकर सभी भाई, चाचा सारे रास्ते हुड़दंग मचाते। बछड़ा बेकाबू हो जाता तो गाड़ी जोर से दौड़ने लगती और बीच ही में बछड़ा फाँ-फूँ कर उलटा हो जाता। उसे फिर से सीधा कर जोतना, मतलब उसके सींग के धक्के खाने की तैयारी रख उसके साथ धींगा-मुश्ती करते हुए सन्ध्या तक उसे पूरी तरह से थका डालना। और जब उनके प्यारे एक जरीले बछड़े को बधियाने

के लिए मांग लोगों के हाथों उसके अंडकोश को कूटा गया तब उन्हें गहरा अफसोस हुआ...खलिहान की बेरी के नीचे जरीला बछड़े के पैर बाँधकर, दोनों हाथों में नहीं समाएँगे ऐसे उसके बड़े-बड़े अंडकोश को मक्खन लगाकर पत्थर पर रखकर हरी मांग पत्थर से उसकी नसों को दे दनादन, कूट-कूटकर कुचल रहा है। जरीला आँ-आँ करते हुए मिट्टी में मुँह घुसेड़ रहा है। आवाज भी नहीं निकल रही...हे भगवान, हे भगवान! आदमी के लिए पशुओं का सुख-दुख कुछ है ही नहीं...बाद में जरीला बीस बरस तक हमारे घर बैल के रूप में रहा। पोला-वृषभ पूजन के दिन उसके सफेद झक् बदन पर रंग, चादर और सींगों में चँवर, माथे पर सेहरा बँधता। हे भगवान् मरना है तो झट से मर जाना...यह ऐसा कब तक पीठ पर पीड़ा ढोना? चटपट जो हो जाना चाहिए वह व्यर्थ ही में लम्बा होता जा रहा है। दाँव नाकामयाब हो गया।

मरते-मरते जो थोड़ा-बहुत उधर की दुनिया का एहसास हो रहा था, उसमें कुछ भी नहीं लग रहा था। कुछ तो अतिमानवीय था खुला-खुला, आकारहीन। इस समय जैसे सब देखी-सुनी बातों में अपने रेशे-रेशे जुड़े हुए हैं, वैसा उस ओर कुछ भी नहीं है। कुछ भी नहीं होगा। यही अगर मौत है तो इतने दिन कितनी बचकाना बातें सीने से लगाए हुए था मैं। ऐसी कुछ बातें कई बार उसे छू-छूकर गईं।

फिर और गहरी ग्लानि में पेड़ों के शिखर दिखाई देने लगे आँखों के सामने। होऽ रामा रेऽऽ गाने में साथ देनेवालों की ऐसी तानें और धोंडी के गाने की मीठी तर्जें...*यह कैसा झरना राह में मैया, खोदा किसने राह में।* फिर धुआँधार बरसती बरसात और पूरे गाँव में नाचते लोग-लुगाई...बरसो रेऽ बरसो रेऽ मेघुराया बरसो रेऽ। फिर गाँव में घर में चारों तरफ सुनसान। सब खेतों में गए हैं। टोकरी में ढककर रखी हुई रोटियाँ और झींके पर से दूध, दही, छाछ निकालकर खानेवाले भाई-बहन। खा-पीकर थालियाँ धोते-धोते ही बाहर भाग जानेवाले। फिर खेल—पान लाओ पत्ती लाओ। आजना का पत्ता लाने के लिए पहाड़ों में जाना। बबूल पर चढ़कर धीरे से झपट्टा मारकर पकड़े हुए बेचारे वजनदार भौरे। गाँव में छोटे बच्चों को सँभालनेवाले बड़े भाई-बहन। बड़ी सी टोकरी में अपने चुन्नू-मुन्नू को ढककर, रखकर, झुककर काम करनेवाली बच्चेदार औरतें, टोकरी पर कौव्वे के बैठते ही, 'होरे हो' कहकर उड़ानेवाली। बहनों, बुआओं की जचगियाँ। लोरी, गाने, ऊपर के मकान में मिट्टी का घर बनानेवाली गुँऽ गुँऽ करती बई और उनकी गुँऽ गुँऽ आवाज। तड़के चक्की पर गाया जाता ओवी छन्द। थकी हुई माँ, चाची, पिसान।

उन दिनों पास के एक गाँव में आटा पीसने की चक्की शुरू हुई थी। पाटील के इज्जतदार घराने की महिलाओं को बाहर गाँव पिसाई के लिए जाना शोभा देनेवाला नहीं था। इसलिए बच्चों के माथे पर पिसान बाँधकर भेज देते। सभी भाई-बहनें हँसी-मजाक करते जाते। किसी के माथे पर दो सेर, किसी के माथे पर तीन सेर किसी के चार सेर। एक बार माँ नहीं-नहीं कह रही थी फिर भी चांगदेव चार सेर जुआंर लेकर गया। जुआंर की गठरी गर्दन पर लेकर तोल सँभाला। पिसवाकर गरम आटा वैसे ही माथे पर लेकर धूप में नंगे पैर वापस आना। चारों ओर धूप-ही धूप थी। नीचे से धूप के चटके और ऊपर गरम आटे के चटके। आधे रास्ते में उसे लगा कि वह लड़खड़ाकर गिर पड़ेगा। लेकिन वह हिम्मत के साथ चलता रहा। तब जैसा! या बच्चा दह में तैरते-तैरते थककर आखिर नीचे पैर टिकाना चाह रहा है, पर पैर नहीं टिक रहे, गोते पर गोता, दो हाथ चलाकर फिर पैर से टटोलना और फिर गोता। नदी का किनारा ऊपर-नीचे हो रहा था। अब डूब जाऊँगा यह निश्चित...उस समय जैसा। बचपन की वे सब बातें निरामय। दूर तक हरे किनारों के बीच से बहती हुई नदी के समान हरदम झरझर बहने वाली। बरसों तक। दह में ऊँचाई से कूदता दिगम्बर।

जोर से प्यास लगी। उसने आँखें खोलकर ऊपर-नीचे आसपास सभी फासले जान लिए। फिर बम्बई। यह मरियल-सा अस्पताल। फिर से यह वर्तमान की जिन्दगी। पीछे के पाँच-छह गन्दे साल। हाथ फैला-फैलाकर भी पानी का बर्तन हाथ नहीं आ रहा था। किसी तरह उठकर सीने को पकड़कर उसने पानी का बर्तन अपनी ओर खींचा। पानी पीकर सो गया।

सुबह! फिर से डॉक्टर और उनका काफिला। फिर से उनके सवाल-जवाब। उसे अब यह सुहाने लगा। लेकिन बड़े डॉक्टर कह रहे थे, "तुम्हारे जैसे पढ़े-लिखे लोग भी ऐसा करते हैं तब अनपढ़ लोगों का क्या हो?"

फिर प्रकाश में एक्स-रे फोटो सबको दिखाते हुए एक ओर के धब्बे पर अँगुली रखकर कहने लगे, "सी, सी, इट्स फाइन।" फिर वे नर्स से बोले, "इसको डॉक्टर मेहता के पास भेज दो। जल्दी से हवा निकाल लेनी चाहिए।"

"येस सर।"

लेकिन डॉक्टर मेहता के पास पेशेंट फुल थे। दो-चार दिन लगेंगे ऐसा नर्स उसे कह गई। उस रात वह खाट खाली करना जरूरी था। इसलिए उसे उठाकर बाहर बरामदे में ले गए। वहाँ खुले सीखचों से बाहर का आकाश, बाजू के अस्पताल की एक इमारत दिखाई देती थी। ठंड कड़ाके की थी और बीच-बीच में उसकी साँस फूल रही थी। माथे पर से पूरी तरह ओढ़ने पर कोई नर्स आती और चद्दर जोर से खींचकर निकाल जाती। अब जब तक डॉक्टर मेहता के पास जगह नहीं होती तब तक ठंड में ठिठुरते रहो।

दो दिन कोई मिलने के लिए भी नहीं आया। दिन-भर चित पड़े चाय की, खाने की बाट जोहते रहना। फिर सारंग आ गया। उसने थोड़ी देर विनोबा के किस्से सुनाए : "किसी को गाँव में दारू नहीं पीना चाहिए ऐसा जब वे कह रहे थे तब एक शराबी उनसे बोला, 'विनोबाजी, आपने कभी दारू पी है क्या? दारू पीने पर क्या लगता है इसका आपको तजुर्बा है क्या? वह बुरी ही है यह आप छाती बजाकर कह ही कैसे सकते हैं?' तब विनोबा बोले, 'मुझे उस आदमी की बात जँच गई। दारू का बुरा प्रभाव हम जानते हैं लेकिन कुछ अच्छा भी होगा वह हमें मालूम नहीं है।' तब से विनोबा ने, कहते हैं, दारू पर बोलना छोड़ दिया।"

चांगदेव को यह बहुत ही अच्छा लगा। वह बोला, "अप्रतिम है यह तो।"

"एक और ग्रेट बात इस भाषण में आई है। विनोबा महाभारत का सन्दर्भ देकर कहते हैं, 'भीष्म की समझ में सब आता था। लेकिन दुर्योधन का नमक खाया हुआ था! क्या करते? अर्थस्य पुरुषो दासः कहकर ढोंगी कौरवों की ओर से लड़ते-लड़ते मरा। इसको ढोंग भी कैसे कहें? मरते दम तक ढोंग करना भी क्या ढोंग है? ऐसे लोग महाभारत में हैं', ऐसा विनोबा कह रहे थे।"

"अरे, यह तो और भी ग्रेट है। हम स्साले फालतू ही अंग्रेजी पढ़ते रहते हैं। मैंने तो विनोबा को देखा भी नहीं।"

"लेकिन महाभारत भी कहाँ मैंने पूरा पढ़ा है? लेकिन इन दिनों मैं फेंकी हुई चिट्ठियाँ इकट्ठी कर रहा हूँ। यह देखो, आज एक मिली। पढ़ो :

> सौभाग्यवती भाभीजी से साष्टांग नमस्कार। आपकी चिट्ठी पाई। मुझे बुरा मालूम होता है। तुम आस मत छोड़ना। मेरा भाई मेरे लिए बाप के बराबर है। मैं उसे कभी अपने से दूर नहीं करूँगा। मैं तुम्हारी

बताई सभी चीज-वस्तु ले आऊँगा। दशहरे को लाईंगा। किराया भोत है। इस वजहे दशहरे को एकबारगी आईंगा। निकर, कुडते का नाप मिल गया। लाईंगा। विमल, सुमण, इसको शुभ आशीर्वाद कैना। भैया को साष्टांग नमस्कार कैना। बाडे के सभी लोगों को साष्टांग नमस्कार कैना।"

सारंग ने वह गन्दी हो चुकी चिट्ठी सँभालकर किताब में रख दी। थोड़ी देर में बोला, "क्या कहा डॉक्टर ने?"

"दूसरे डॉक्टर के पास भेज रहे हैं। कुल मिलाकर यह मामला बढ़ता ही जा रहा है। लगा नहीं था यहाँ तक नौबत आ जाएगी।"

"हो जाएगा। तुम आराम करो। कोई आया नहीं मिलने के लिए? बापू कह रहा था जाऊँगा। प्रधान भी कह रहा था। साले इधर-उधर घूमते रहते हैं जेब में लेख डालकर मादरचोद। नारायण को उतना बताना नहीं हो सका। प्यार-व्यार करने लगा है वो। शादी ही करनेवाला है कहते हैं।"

"जाने दो। आकर भी क्या करेंगे। तुम्हें भी विशेष कोशिश करके आने की जरूरत नहीं है।"

एक नर्स ने कहा, 'बुखार है' लेकिन दूसरी ने उधर ध्यान ही नहीं दिया। उसे प्यास लग रही थी। पानी खत्म हो गया तब भी किसी ने लाकर नहीं दिया। यहाँ घंटी भी नहीं थी। चीख सकता था। लेकिन थोड़ी प्रतीक्षा करेंगे—बाद में चीखेंगे ऐसा करते-करते उसे ग्लानि आ गई। हॉस्टल पर पड़ा सामान वैसे ही पड़ा रहेगा, *पटक* के अंक का काम भी अधूरा ही रहा, ऐसा सोचते-सोचते उसे कॉलेज के पुराने दोस्त, कमरे, होटल में रात की गपशप ऐसी सभी बातें याद आती चली गईं। आँखों के सामने जो चेहरे थे उन्हें प्रचंड वेग आ गया। नारायण—दुबला-पतला गरीब, एकदम अड्डे पर चाय पीता हुआ, एकदम कमरे में भूखा सोया हुआ और अब बड़े दफ्तर में मुलायम कुर्सी पर। शादी भी की। भैया चिढ़कर बोलते-बोलते एकदम आदिवासियों के बीच में। सुशीला पाटणकर—तेजस्वी। क्लास में फिर बाग में फिर एक बार रास्ते में और फिर शादी। और वह खुद बम्बई आए। जोश में बम्बई छानता रहा और फिर पढ़ाई और अड्डे पर गुडलक में और फिर अचानक गिरते-गिरते यहाँ। पराक्रमी योद्धा के समान आखिर में थककर यहाँ चित

पड़ा हुआ। और फिर अचानक बहनें याद आने लगीं। अब सुमन ताई का जयन्त स्कूल जा रहा होगा। तब तीनेक बरस का था। माँ-बाप दोनों छोड़कर गए थे और वह अकेला दरवाजे के पास खेल रहा था। माँ की राह देखता। उस दिन ताई को आने में देरी हुई। स्कूल में कोई काम निकल आया। चांगदेव अचानक बहन के यहाँ चला गया। बहन के जैसी सुन्दर आँखों, भौंहोंवाला जयन्त डिबिया के ढक्कन को डोरी बाँधकर ऊपर के आड़े बाँस पर फेंक रहा था। कभी तो ढक्कन ऊपर अटककर पैली ओर चला गया कि यह चिल्लाता—होऽ। चांगदेव को देखकर होशियार लड़के के समान वह पूछने लगा, "कौन चाहिए?"

"आप ही।"

"माँ अभी स्कूल से नहीं आई है।"

"बाबा?"

"बाबा भी क्या घर में होते हैं?"

"फिर क्या तुम्हें घर के बाहर निकालकर चले जाते हैं?"

"तो फिर। चोर घुस आएँगे न घर में? आप कौन?"

"मैं तेरा मामा।"

"मामा? हिडीस। मामा क्या ऐसा होता है?"

"फिर कैसा?"

"इतनी मिठाई लेकर आता है। इतनीऽऽ।"

चांगदेव तो मिठाई लेकर नहीं गया था। वह जितनी हाथ से दिखा रहा था उतनी तो सम्भव ही नहीं थी।"

"दोबारा आऊँगा तब ढेर सारी मिठाई लाऊँगा।"

"ढेर सारी? फिर तो बहुत दिनों तक चलती रहेगी! वा!"

लेकिन फिर वह बहन के यहाँ कभी गया ही नहीं। मिठाई ले जाने की रह गई। कभी ले जा ही नहीं सका। सुमन ताई स्कूल से थककर भी आई तो भी झट से छोटी सी रसोई में पसीने-पसीने होते हुए भी स्टोव पर रसोई बनाना। घर में जो भी कुछ है, वह सब भाई को खिला देती। वैसे भी घर में बहुत कुछ होता नहीं था। घर में पार्टीशन कर एक कमरे के दो भाग किए हुए थे। जीजाजी दूसरे गाँव में, हाथ से खाना बनाकर खाते और तबादले के लिए अर्जी देते—पाँच साल से। इतने से बच्चे के लिए घर में खाने के लिए कुछ भी मिठाई नहीं थी। लेकिन वह अकेला सुबह से वक्त काटता रहता। बड़ी बहन की ऐसी गृहस्थी!

बीच की बहन को देने के लिए दहेज था ही नहीं इसलिए बस से उतरकर पाँच मील पैदल चलना पड़ता ऐसे उजड्ड गाँव में पुराने मिट्टी के भारी-भरकम घर में उसे गृहस्थी सँभालनी पड़ रही थी। दिन-भर के काम करते-करते मरने की नौबत आ जाती। गाँव टीले पर बसा हुआ था। नीचे से नदी से लाकर पानी भरना दिन निकलने के पहले। नदी पर जाकर ही कपड़े धोना, घर की लिपाई-पुताई करना। गाय, भैंस, रसोई। इतना करके फिर भाता लेकर खेत में जाना, वहाँ काम करके संध्या को लौटकर फिर रोटियाँ थापते हुए खानेवालों की थालियों में डालते रहना। वहाँ दो दिन भी रहना उसके लिए मुश्किल हो गया था। और बहन को तो वहाँ हमेशा रहना है।

वह जब वहाँ पहुँचा तभी बहन की अन्धी सास ने उससे कहा था, "कब की गई है नदी पर कपड़े धोने।" खटिया पर बैठे-बैठे वह तंग आ गया तब वह नदी की ओर चला। उस रास्ते से माथे पर और कमर पर घड़ा लेकर बहन बरसात-पानी में कैसे आती-जाती होगी? फिसलन-भरी पगडंडी से अपने-आपको गिरने से बचाते हुए वह नीचे गया। टीले का एक चक्कर लगाने पर नीचे दूर तक फैला घुमावदार नदी का विस्तार, पशु, औरतें। इनमें बहन कौन सी है? सभी औरतें जैसे कि अपना ही भाई आया है इस नेह से उसकी ओर देखती रहीं और कुछ तो कुछ देर कपड़े धोना छोड़कर देखती रहीं। फिर एक ने जोर से बहन को पुकारा। बहन झुक-झुककर धोती पछाड़ रही थी। पास में छोटी बेटी रेत से खेल रही थी। वह चलते हुए आगे बढ़ा तब पल्लू खोंसे पानी में खड़ी बहन दिखी—वह विहंगम दृश्य उसी तरह हमेशा के लिए अंकित हो गया स्थान-काल को स्थिर करते हुए सिर्फ उतना ही। नोकदार नाकवाली और बड़ी-बड़ी आँखोंवाली बहन नदी में खड़ी। पत्थर के समान पानी में खड़ी। पीछे दूर तक नदी का विस्तार।

बचपन में मिलकर भोजन करनेवाले भाई-बहन, चचेरी बहनें, चचेरे भाई, फूफियाँ, चाचा। इकट्ठा गूदड़ी पर सोनेवाले सभी छोटे-छोटे भाई-बहन, चाचा, फूफियाँ—जाने कौन कहाँ? और वह यहाँ बिलकुल अकेला।

इस भीड़-भरी चित्रवीथि में घूमते-घूमते वह छोटे से बड़ा होते-होते धीरे-धीरे अकेला रहा ही नहीं। उन दो-तीन दिनों में उसे लगा कि वह कभी अकेला था ही नहीं। चारों ओर अपने प्यार करनेवाले लोग हैं। मामा, मौसियाँ, चाचा, चाचियाँ, चाचियों के मायकेवाले लोग, बहनें, भाई, चचेरी बहनों के ससुरालवाले लोग, चचेरे भाइयों की ससुरालें, फूफियाँ। कितनी ही जगहें वह अब तक एक बार भी नहीं गया। लेकिन वे हैं ही जहाँ-तहाँ। रात और दिन एक से ही लगने लगे। यह

गीलापन पता नहीं इन जड़ों से कहाँ-कहाँ ऊपर दौड़ता चला जा रहा है। उसे आध्यात्मिक नशा चढ़ने लगा। ऐसे एक के बाद एक दिन।

बाद में डॉ. मेहता के पास जगह खाली हो गई इसलिए उसे लिफ्ट से उधर ऊपर ले जाया गया। मेहता गबदुल हँसमुख, बूढ़ा आदमी था। वह हाथ में केस-पेपर और फोटो लेकर ही आया। गुजराती ढंग की मराठी में वह चांगदेव से कड़ी आत्मीयता से बोल रहा था। "क्यों रे बाबा, बम्बई में क्या बीमार गिरने के लिए आया। आँ? दो-तीन बरस से कुछ दवा-पानी भी करता नाय! ऊँ? और तो और, ऊपर से फेफड़े की बीमारी? अभी सिनेमा खत्म हो जाता तो? आँ? थोड़े से में बच गया। अच्छा, अच्छा, आपन सब ठीक करेगा। क्या? ऑपरेशन करना पड़ेगा पहले। कोई नाना, मामा, पास नहीं क्या तेरे? कोई भी नहीं? लेकिन, तुम्हारा सिग्नेचर हमको लगेगा बाबा। सिस्टर, कल सब तैयार रखना भला। और इसमें से ठीक होने पर सब ठीक-ठाक करने का भला। तुम्हारे डॉक्टर ने आपको सब बताया। सब ठीक होगा भला बेटा। कुछ घबराने की बात नहीं।"

शाम को नर्स ने एक पीले रंग का फॉर्म सामने रखा—साइन करो...मर गए तो कोई जिम्मेदार नहीं...कुछ देर के बाद नाई आया और उसके कपड़े उतारकर पूरी छाती उस्तरे से साफ कर गीले कपड़े से पोंछकर चला गया। फिर बहुत सारी गोलियाँ और दवाई उसे एक साथ पिलाकर नर्स चली गई। थोड़ी देर में लाइट बन्द हो गई। हॉल में दस-बारह खाट थे। अधिकतर रोगी मानो मर ही गए हों ऐसे चुपचाप लेटे हुए थे। कइयों के ऑपरेशन बस हुए ही थे। तीन-चार जन इस बात से घबराकर टकटकी लगाए पड़े थे कि कल ऑपरेशन होगा। कल शायद हम नहीं होंगे, यह बात उनकी घबराहट से जाहिर हो रही थी। लेकिन चांगदेव शान्त, उलटे कुछ टटका-सा लग रहा था। अब भी मरने का एक मौका था। वह भी क्लोरोफॉर्म से। नर्स उसके पास ज्यादा देर ठहरती। "रात को पानी मत पीना बाबू" ऐसा बार-बार सबको कहकर फिर उसके पास आकर खड़ी हो जाती। वह भी यों ही उसकी ओर टकटकी लगाकर देखता रहता।

बाहर के दूर से आनेवाले ट्यूब के प्रकाश से पूरे हॉल का अँधेरा धुँधला गया था। नींद में सीधा फैलता जाए ऐसा धुँधला अँधेरा। उस रात उसे गहरी नींद आई। थोड़ा सा अस्पष्ट-सा भी कुछ एहसास नहीं हुआ। सिर्फ बचपन में तालुके के गाँव

कभी-कभी सब मिलकर फिल्म देखने जाते। पुराने इंजन की आवाज पास ही से आती रहती और मशीन के गर्म होते ही फिल्म टूट जाती और इंटरवल हो जाता। ऐसा चार-पाँच बार होता। आगे क्या होगा इसकी उत्सुकता बढ़ती जाती। फिल्म के टूटने पर सामने एकदम :

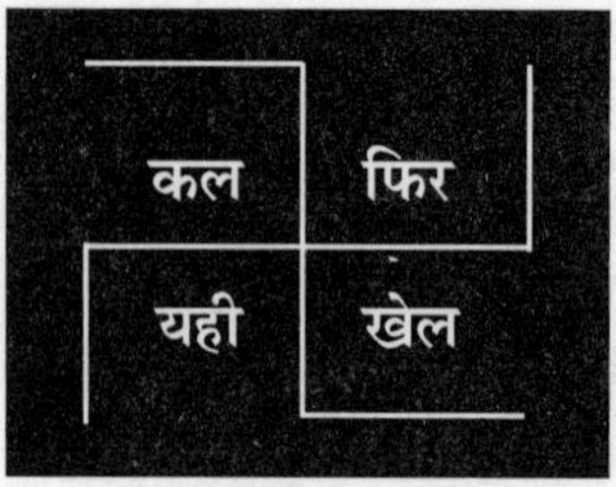

फिर आगे की फिल्म होने तक नीचे फर्श पर बैठे हुए सब लोग नीचे से ऊपर तिरछे-आड़े खड़े वही-वही पढ़ते हुए समय काटते : खेल यही फिर कल, फिर यही खेल कल। कल यही खेल फिर, फिर यही खेल कल—इस तरह उकताकर फिर उस उकताने से उकताकर पढ़ते रहना : यही फिर कल खेल, फिर यही खेल कल।

दूसरा कुछ भी आँखों के सामने न था। सवेरे वह जग नहीं रहा था, इतनी नींद थी। नर्स उसे हिला-हिलाकर उठा रही थी लेकिन फिर आँखों पर हाथ रखकर वह सो जाता था! फिर तीखी आवाज में सुनाई पड़ा—"सोना नहीं बाबू! तैयार हो जाव।"

उठने पर उसे प्यास लगी। लेकिन नर्स ने उसे चार-पाँच गोलियाँ दीं। उसके साथ थोड़ा-सा पानी—"ज्यादा पानी मत पीना।"

थोड़ी देर के बाद उसे अपने आप प्रचंड स्फूर्ति मालूम होने लगी। सबेरे की शीतल, निर्मल वायु में एकदम गीत गाने की अचानक उमंग उठे वैसे। लेकिन स्ट्रेचर जब लाया गया तब उसकी खुशी एकदम खत्म हो गई। स्ट्रेचर पर लिटाकर उसके साथ-साथ चलनेवाली नर्स स्ट्रेचरवाले को रास्ता दिखा रही थी। अन्तिम यात्रा की तैयारी। अब अपनी कहानी खत्म हो गई। एकदम विदाई का माहौल बन गया। दवा की गोलियों से स्फूर्ति तो हँस-हँस कर भरी थी। और धीरे-धीरे वह अपने आप से बड़बड़ाने लगा। नर्स लेकिन शान से चलती, मुड़ती, रुकती, लिफ्ट का दरवाजा खोलती। फिर बन्द करती फिर खोलती शान से साथ-साथ चल रही थी। ऊपर एक-एक ट्यूब जाती हुई दिखाई दे रही थी। नर्स की सीधी नाक, तनकर चलने से

बहुत ही मोहक दिख रही थी। नर्स भी मोहक ही दिख रही थी! वह बेवजह उसे पुकार रहा था। —मैं तो अब मरनेवाला ही हूँ। लेकिन अगर स्वस्थ होता तो तुमसे शादी करता। सिस्टर तुम बहुत ही खूबसूरत हो। हालाँकि उसका बोलना नर्स को सुनाई नहीं दे रहा था। लेकिन वह मन-ही-मन बेकाबू हो रहा था। वह येस, येस कहती हुई बीच-बीच में उसका स्ट्रेचर के बाहर निकल रहा हाथ फिर से उसके पेट पर रख रही थी। वह कह रहा था, तुम मेरे साथ रहो। गला इतना सूख रहा था कि बोलना सम्भव ही नहीं था। बहुत सारे लैम्प एक साथ बुझ गए। फिर स्ट्रेचर की गाड़ी बिना चलाए पीछे से हिली और दाहिनी तरफ मुड़ी।

पैरों के सामने से एक प्रचंड दरवाजा खुला और एक दूसरी ही नर्स उसके बाजू में आकर खड़ी हो गई। उसका चेहरा उसकी समझ में नहीं आ रहा था। सिर्फ बादामी कत्थई केस और ऊपर की सफेद झक टोपी। इसके पहले उसे जो नर्स मनभावन लगी थी वह पीछे ही गायब हो गई। पीछे का दरवाजा बन्द हो गया। प्रखर प्रकाश के जगमगाते बड़े-बड़े लैम्प ऊपर से नीचे तक लटकते आए और थम गए। एक नर्स ने इंजेक्शन दिया। वह पानी-पानी कर रहा था मगर शब्द निकल नहीं रहे थे। बाद में मेहता की आवाज सुनी तब वह अपने अन्तरतम से कुछ कहना चाह रहा था। लेकिन सब भीतर-ही-भीतर रह रहा था। मेहता हाथ में दस्ताने पहनते पास आए। झुककर देखा। एक प्यारी-सी मुस्कान। उन्होंने 'बी चिअरफुल' जैसा कुछ कहा।

मुलायम हाथ से गाल पर मजाक में धीरे से चपत लगाकर उन्होंने पीठ फेर ली। "सिस्टर, इन सूइयों पर जंग कैसे चढ़ जाती है? इन्हें बदल दो। ये भी फेंक दो। पिछले बुधवार सेप्टिक..." फिर चांगदेव की कुछ भी समझ में नहीं आने लगा...पलकें भारी होती गईं। वह खुद विघटित होते-होते किसी में घुल रहा था। मतलब मरना कहते हैं वह यही है। मैं—माँ-बाप, भाई-बहन, सफेद रंग की सब दीवारें, आकाश-जमीन धीरे-धीरे यह सब कुछ या फिर धीरे-धीरे कुछ भी नहीं, ऐसा कुछ इकट्ठा हल्का-हल्का और केवल अन्धकार जैसा उसमें से, अपना मतलब केवल अपने-आपमें अनुभूत उछालता चैतन्य। वह भी सिर्फ होगा। बस! और अब नीचे शायद मेरी छाती चीर रहे होंगे। कुछ महसूस हुआ, नहीं भी, इतने में उसका एहसास खत्म हो गया। इसके कुछ पहले डॉक्टर का शुक्रिया अदा करने जैसा थोड़ा सा और उसके भी जरा पहले जब तक एहसास था तब लगा था कि अब मर जाऊँगा। आखिर जो चाहता था वह मिल गया था। यह पूरी जिन्दगी, मतलब एक लम्बा-चौड़ा दिन और उसके अन्त में यह सूर्यास्त के समान रंग-बिरंगा स्याह

होता जाता आसमान जैसा कुछ यह। यह मृत्यु ही है अथवा सच कहें तो किसी के जैसा कुछ नहीं, ऐसा कुछ है। फिर उसमें भी कुछ नहीं ऐसा कुछ है।

बीच में प्रकाशक कुलकर्णी जी ने विशेष रूप से बुलाया था इसलिए सारंग दो-तीन दिन के लिए पूना गया था। घर में भी वह बोर हो गया था और पूना उसे बहुत भाता भी था। शंकर को खत लिखा था—आ रहा हूँ। रिक्शा से वह कुलकर्णी के पते पर पहुँचा। रिक्शेवाले को देने के लिए एक रुपया निकाला उतने में खिड़की से आवाज आई, "रिक्शा वाले, किससे पैसे ले रहे हो तुम? कुछ जानते-समझते भी हो? मूर्ख? कृष्णा, लो यह दे आओ।"

उतने में कुलकर्णी जी का नौकर पैसे लेकर बाहर आ ही गया। सारंग रुपया जेब में डालकर बैग उठाने लगा इतने में फिर खिड़की से आवाज आई, "कृष्णा, हरामखोर! बैग दिखाई नहीं देता तुझे! बेशरम!"

कृष्णा ने बैग ले लिया। पीछे-पीछे सारंग अन्दर गया। मैले कपड़े झटककर बाल ठीक करता हुआ, वह अन्दर आया।

कुलकर्णी प्रकाशक के पास बैठक में वह बैठने लगा तो वह बोले, "आपका क्या काम?"

"मैं सा...।"

"आप मैडम के मेहमान हैं न? शंकर और मैडम अन्दर हैं। उधर जाओ। यह ऑफिस है। कृष्णा, मैडम को बोलो उनके मेहमान आए हैं। अन्दर क्या कर रही हैं? बेवकूफ! ले जाओ इनको उधर। बैग भी ले जाओ।"

कृष्णा ने पूछा, "बैग कहाँ रखूँ?"

"वह मुझसे क्या पूछते हो? मैडम अन्दर क्या कर रही हैं? उनके मेहमान, उनसे पूछो। मुझे उनकी झंझट नहीं चाहिए।"

सारंग वहाँ से उठकर, पालथी मारे पैर के तलुवे मसलते कुलकर्णी की ओर डर से देखते हुए अन्दर भागा।

"आओ, आओ, आओ हे रामजी, तुम्हारी ट्रेन बारह बजे आती है न? मैं तो भूल ही गई रे। नहाओगे क्या पहले? नहीं! नहीं तो पहले खा पी-लो। चाय बनाने के

लिए कह देती हूँ—हाँ कृष्णा, इसका बैग उधर मेरे मेहमानवाले कमरे में रख दे। शंकर उधर पीछे बगीचे में पढ़ने बैठा है। उसे कहो कि ज्यादा न पढ़े। उसे भेज देना। कहना तुम्हारा दोस्त आया है। बैठ न रे! क्या करते हो तुम? बी.ए. के इम्तहान में सुना है कई बार बैठे हो तुम! क्यों? तुम छोकरे भी कमाल करते हो। खाओ, लड्डू पसन्द हैं न? और दूँ? खाना चाहिए रे छोकरो इस उम्र में। हमारा लड़का प्रमोद भी कुछ नहीं खाता। तुम्हारी यह पीढ़ी ही ऐसी है। वो भी फेल ही होता रहता है।"

सारंग अपनी माँ का तिरस्कार करनेवाला लड़का था। लेकिन कुलकर्णी बाई के प्यार से अभिभूत हो गया। बाद में शंकर भी आया। फिर गप्पें लड़ाने के बाद भोजन के समय कुलकर्णी बाई कहने लगीं, "तुम उपन्यास अच्छा लिख पाओगे ऐसा शंकर कहता है। सच में तुम लिख सकोगे। अच्छा लिखोगे तुम। शंकर लिखता रहता है न तुम्हें लिखने के लिए? फिर क्यों नहीं लिखते? लिखो तो सही। देखें तो तुम लिख पाते हो क्या!"

सारंग आड़ी-तिरछी बौद्धिक गप्पें हाँक रहा था। खाना-पीना, कार में शंकर के साथ घूमना, कुलकर्णी जी ने पैसे देकर फिल्म देखने के लिए भी भेजा, रेकॉर्ड्स, बौद्धिक बातें। इस प्रकार तीन दिन मजे में बीत गए।

वह जब वापस लौटने लगा तो कार से स्टेशन तक पहुँचाया। टिकट पहले ही बन गया था। निकलते हुए फिर कुलकर्णी मैडम ने कहा, "तुम जैसा बोलते हो वैसा ही लिखो। मैं कुलकर्णी जी को प्रकाशित करने के लिए बाध्य करूँगी। लिखोगे न?"

सारंग बोला, "मूड आया तो लिखूंगा। आप कहती हैं इसलिए लिखूँगा।"

और वह वापस बम्बई चला आया।

घर आते ही अम्मा ने उसे बताया, "तेरा दोस्त चांगदेव पाटील—वो गया अस्पताल में रे। भैया गोखले सवेरे ही बताकर गया।"

"बाप रे! सचमुच? और भैया कैसे आया बम्बई में?"

"दो-तीन दिन के लिए आया हूँ, मुझसे कहा। रुका भी नहीं। घबराया-घबराया आया और भाग गया। कह रहा था, उसके कुछ रिश्तेदार इधर शिवड़ी में कहीं

रहते हैं। उन्हें बता कर आता हूँ कहकर भागा। तुम खाना तो खाओ।"

"बाप रे! मैं चलता हूँ।"

हड़बड़ी में मुँह धोकर सारंग जैसा था वैसे ही नीचे दौड़ता चला गया। रास्ते में भैया के यहाँ पहले जाना था इसलिए वह हिन्दू कॉलोनी तक टैक्सी से गया। भैया नहीं था। लेकिन चांगदेव मर गया है यह भैया के पिताजी ने भी कहा। उन्होंने बताया कि वह अस्ताल में ही मरा। सारंग सीधा व्हीटी पहुँचा। अस्पताल में चांगदेव जहाँ भर्ती था वहाँ उसने देखा कि उसकी खाट पर दूसरा ही एक जिन्दा बूढ़ा कराह रहा था। उसका मन काँप उठा। नर्स से पूछा तो कहने लगी, "कल ही इस सेक्शन से उसे ऊपर ऑपरेशन के लिए ले गए थे। पता नहीं। मुरदाघर देखो। अच्छा छोकरा था। बहुत बुरा हुआ।"

खिन्न होकर सारंग पगलाया सा बाहर निकला। चांगदेव को भी जीने की बिलकुल इच्छा नहीं थी इसलिए ऐसा कुछ होगा इसका अन्देशा सारंग को भी था ही। मुरदाघर से बाहर आकर देखा तो सामने भैया और साथ में महाजन सर, शेखर, चांगदेव के चाचा-चाची रोते हुए नजर आए। फिर और कुछ अनजान चेहरे भी थे। थोड़ी देर के बाद दूसरी तरफ से श्रॉफ भी उतावली से आ गए।

भैया बोला, "यहाँ इस मुर्दों की लिस्ट में नाम नहीं है। और कहीं पर होते हैं क्या मुर्दे?"

"पूछो! पूछो!"

"नहीं कहा उसने। हमने पूछा था।"

क्या करें यह किसी की समझ में नहीं आ रहा था। शेखर अनमना होकर श्रॉफ को कह रहा था कि कॉलेज में, सोसायटी का कोई सदस्य कल मर गया इसलिए शोकसभा थी। हमने झटपट चांगदेव का भी उनको बता दिया। दोनों को एक साथ श्रद्धांजलि देने का प्रस्ताव पारित किया गया।

चांगदेव के चाचा ने सवेरे ही उसके पिता को तार भेज देने की बात कही। 'कल वे आ जाएँगे' ऐसा उन्होंने बताया।

श्रॉफ कहने लगा, "लेकिन कॉर्प्स क्यूँ नहीं ट्रेस होता? फिर लिस्ट में नाम कैसे नहीं है? कौन से सेक्शन में था वो?"

"मैंने फोन किया था वहाँ, सी.ए. पाटील नाम की कोई डेथ नहीं," ऐसा मेट्रन ने कहा।

"फोन पर क्या करना है। प्रत्यक्ष रूप में जाकर मिलते हैं। जाओ भला तुम।"

उधर सारंग और भैया अनजान मुर्दे चद्दर हटा-हटाकर देख रहे थे। लेकिन उनमें चांगदेव नहीं था।

श्रॉफ ने रजिस्टर ठीक ढंग से देखकर सहज रूप से पूछा, "भैया तुम्हें मैसेज कैसे मिला?"

"मुझे फोन पर उसके इस मित्र ने आज सवेरे ही बताया। अस्पताल से ही बोल रहे थे न आप?"

शेखर बोला, "हाँ। जंग लगी सूई का इस्तेमाल करने से सेप्टिक होने से—मैंने तुरन्त जहाँ-तहाँ फोन कर दिए। भैया के कारण सबके साथ सम्पर्क हो सका।"

"हत्तेरे की। अजी, जंग लगी सूई का वह अलग पेशेंट है। पटेल है वह। फोन पर अभी बताया नहीं क्या। पटेल-पाटील को मिला तो नहीं दिया तुमने? पटेल का नाम है यहाँ रजिस्टर में। यह है सी.ए. पाटील।"

शेखर अनिश्चय की स्थिति में आ गया। हकलाते हुए उसने कुछ कहा।

भैया और सारंग ने कहा, "फालतू है। ऊपर चलो। स्साला पागल ही दिखता है यह। चलो रे, दौड़ो ऊपर..."

जी वार्ड में नर्स से जल्दी-जल्दी विनती कर सारंग और भैया सीधे अन्दर घुस गए। दोनों-दोनों कतारों के इस सिरे से उस सिरे तक खाट पर सोए हर आदमी को अच्छी तरह निहारते हुए आगे बढ़ गए। ज्यादातर लोग सर्दी के कारण कम्बल या चादर ओढ़कर सिर्फ मुँह खुला रखे आँखें फाड़े देख रहे थे। कुछ अब भी सोए हुए थे। पीछे एक ओर की कतार में मुँह ढककर सोए लोगों के ओढ़ने खींच-खींचकर भैया उन्हें 'देख रहा था। वहाँ कहीं भी चांगदेव जैसा चेहरा नहीं था। फिर नर्स के 'बाजू में नई एक्सटेंशन बिल्डिंग में कुछ पेशेंट रखे हैं, उधर जाओ' कहने पर स्याह पड़े उनके चेहरे कुछ चमकने लगे।

उधर कोने में रखी खाट पर चांगदेव हल्के-हल्के होश में आ रहा था। आँखें धीरे-धीरे खुल रही थीं। ऊपर सफेद छत, दीवारें, बड़ी-बड़ी खिड़कियों से चमकनेवाली

धूप और आसपास फिर खाट, फिर से यही दुनिया। फिर से यह सब। फिर से दिन। फिर से फुर्र करते ही फूलनेवाले गुब्बारे जैसा जीवन छाती में। नए सिरे से जन्मे बड़े छह फुटा शिशु के समान वह हाथ-पैरों के साथ फिर जिन्दा। मतलब फिर से उसके सिर पर जीवन थोप दिया गया है। फिर से बचपन से लेकर सब कुछ। सब पेड़, निशानियाँ, चेहरे एक स्तर पर घूम गए। जैसे विगत जन्म के ही सब अस्पष्ट सम्बन्ध हों।

डॉक्टर मेहता और दो लड़कियाँ राउंड लेते हुए उसके पास आए। मेहता ने हँसते हुए फिर उसके हाथ को थपथपाते हुए उसे खुश किया—"अब आठ दिन में सब ठीक हो जाएगा। लेकिन इसके बाद ठीक नॉर्मल ढंग से रहना चाहिए। हर रोज दवाइयाँ लेनी चाहिए। इंजेक्शंस भी पाँच-छह महीने। एक-दो बरस तो नियमित दवाइयाँ लेना जरूरी है। सिगरेट, तमाखू छोड़नी चाहिए। खूब खाना-पीना चाहिए। और बम्बई में रहना है तो ज्यादा सावधानी बरतनी चाहिए।" चांगदेव के पूछने पर उन्होंने अपने निजी दवाखाने का पता भी बताया—"बीच-बीच में जाँच करवाते रहें तो अच्छा। इस उम्र में आदमी जल्दी तन्दुरुस्त हो जाता है। समझे?"

चांगदेव बोला, "थैंक्यू। थैंक्यू। अब सचमुच ही मुझे जीना चाहिए ऐसा लग रहा है। मैं निरोग हो जाऊँगा। हर हफ्ते आपके इंजेक्शन लेता रहूँगा।" डॉक्टर के चले जाने के बाद दूध, अंडा, ब्रेड खाते हुए वह कहने लगा, "यह खाना भी नई-नई खुशी ही है। हर रोज का जीना भी एक खुशी है यह मानकर जिया जाए तो? मैं अब तक बड़ी उम्मीद से दुख सहता रहा अब बड़ी उम्मीद के साथ यह जीना भी कर लेंगे। जीवन के साथ सम्बन्ध तोड़ना नहीं—वह मजबूती के साथ जकड़ा रहता है। और हर चीज अगर एकदम बुरी है तो फिर अब्र सब खराब ही है यह मानकर खुशी के साथ जिया जाए। पहले मृत्यु का विकार आत्यन्तिक था, अब जीने का विकार आत्यन्तिक मानकर चलना। दोनों सिरे होश में रहकर देखना हो जाएगा। जंग के दिन खत्म अब आनन्दोत्सव।"

फिर उसे यह डर भी लगने लगा कि ऐसे उलटे विचार उसके मन में अब आ ही क्यों रहे हैं? ऐसा इसके पहले कभी क्यों नहीं लगा? यहाँ लेटे-लेटे आँखें मूँदकर अजीबोगरीब दुनिया में रहकर ऐसा अचानक परिवर्तन कैसे हो गया? अपन पहलेवाले न होकर कोई दूसरे तो नहीं हैं? या अपनी काया में किसी जीव

ने परकाया प्रवेश तो नहीं किया? इसलिए कुछ पल के लिए वह सिहर उठा। फिर सो गया।

सारंग और भैया उसकी खाट के बिलकुल सामने ही खड़े थे। जैसे वह मरा हुआ ही है इस आशंका में। उसने आँखें खोलीं और वह उन्हें देखकर क्षीणता के साथ खुशी से मुस्कराया। मित्र!

तुरन्त नीचे के सब लोगों की भीड़ ऊपर आ गई। चाचा-चाची लग रहा था कि रोते रहे हैं। दोस्त खुश हो गए थे। लेकिन वापस जाना था इसलिए बेचैन बने खड़े थे।

नर्स ने फिर सबको बाहर निकाल दिया और वह अकेला रह गया। कई निश्चय करते हुए, नए अवतार की धारणा करते हुए शान्ति के साथ इंजेक्शंन, गोलियाँ लेते हुए पड़ा रहा।

उधर आशंका से आतंकित चांगदेव के पिता, बड़े और छोटे चाचा, दो पड़ोसी, बड़े चाचा का बेटा सोपान आदि सारी रात रेलगाड़ी का थकाऊ सफर कर शिवड़ी चाचा के यहाँ आए। वहाँ चाचा-चाची नहीं थे। बच्चों ने भी मरने की खबर दी जिसे सुनकर पिता ने आँखें पोंछीं। बेटे के मरने पर मन पर असर तो होता ही है, लेकिन 'वह बहुत अच्छा बेटा था, अपने घराने का नाम रौशन करनेवाला होता' कहकर उन्होंने दोनों भाइयों की हजार बातें याद कीं। बहुत ही दुख से चर्चा की। चाचा-चाची के जल्दी घर आने के आसार दिखाई नहीं दे रहे थे। तब सबने अस्पताल चलकर उन्हें वहीं ढूँढ़ निकालना तय किया। लेकिन इतनी बड़ी बम्बई में ठीक जगह कैसे पहुँचेंगे? यह सोचकर सभी देहाती असमंजस में पड़ गए।

सोपान ने जब हाथ-मुँह धोकर खास नए आधुनिक ढंग के कपड़े पहनना शुरू किया, तब उन सबके चेहरों पर सुरक्षित होने की भावना बढ़ने लगी। उसके पैंट में रंग-बिरंगी चौकड़ी की कमीज खोंसकर बेल्ट लगाकर जुराब-जूते पहनने से सभी देहातियों को एकदम आत्मविश्वास प्राप्त हो गया। पिता ने कहा, "मुश्किल नहीं। चलो! टैक्सी ले लेंगे बस।"

सभी अस्पताल पहुँचे। वहाँ ढूँढ़ते-ढूँढ़ते चाचा-चाची मिल गए। उन्होंने बताया, "चांगदेव जिन्दा है। ऑपरेशन अच्छा हो गया।" पिता ने फिर एक बार खुशी के आँसू पोंछे। मन-ही-मन कुछ तय करके खुशी-खुशी अन्दर दाखिल हुए। सोपान को मोसम्बी लाने के लिए दौड़ाया। फिर पिताजी खास पटेल के रुआब में वार्ड में किसी को न पूछते हुए दोपहर में जोर-जोर से बोलते और सबकी नींद हराम करते लेकिन मनोरंजन करते हुए अन्दर आए! "अरे हमारी ग्राम पंचायत अच्छी है तुम्हारे हस्पताल से। कोई बोलता यहाँ है, कोई कहता वहाँ है। हम क्या सब हस्पताल का इंस्पेक्शन करने आए हैं? सब वार्ड घुमा दिए तुम नर्स लोगों ने। अरी ओ छोकरी, कौन गाँव की है तू? मतलब पंढरपुर के तरफ की क्या? वा, वा, हम जाते रहते हैं पंढरपुर हर साल। अच्छा है। लड़की की जात ने ऐसा कुच बी काम करना। माँ-बाप के माथे का बोझ कम होता। कहाँ है रे चांगदेव, अ र र र र, क्या यहाँ पड़े हो बबुआ? लेकिन अच्छा हुआ, बबुआ बच गए। हाँ, रखो वह मोसम्बी की टोकरी। झट से पाँच-छह के छिलके उतारो। इस बाबा को भी दो एक-दो। उधरवाली उस बुढ़िया को भी दो। क्यों नर्स बेटी, रस निकालने की चक्की है क्या? अच्छा रहने दो। खा लेगा ऐसे ही।"

इस प्रकार पूरे वार्ड को उन्होंने अपने कब्जे में ले लिया। फिर उन्होंने हमेशा की तरह चांगदेव पर प्यार जताना शुरू किया, "क्या बबुआ, अचानक क्या हो गया? अच्छा हुआ बिट्ठल ने किरपा की। तुम्हारी माँ पहले ही जीती है या मरती है ऐसी। कल तार मिलने के बाद से ही भगवान के सामने रोती बैठी है...आज तार भेजेंगे। कल मिल जाएगा। लेकिन तुम्हारी तबीयत ठीक नहीं है तो हमें क्यों नहीं सन्देशा भेजा भैया? तू पहले से ही ऐसा है। भोत स्याना हो गया न। घर आना नहीं, जाना नहीं। वैसे चाची से सब मालूम हो जाता था। अरे, बम्बई आया था तब चेहरे पर क्या तेज था। तुम्हारी होशियारी कितनी मशहूर थी! और फिर क्या पास हुआ या नापास हुआ या एम.ए. कर रहा या क्या करता कोछ पता नहीं। वो भी बीच में आया था। तब पता चला। जान दो, तुझे अभी कोछ नहीं बोलने का। अच्छा, अब घर चलने का? छोड़ दो पढ़ना-लिखना अगर नहीं होता तुमसे। है अभी छह बीघा जमीन अपनी। किसी तरह दिन गुजार लेना। परसों अपने बाड़े के भी हिस्से हो गए। मैंने कोई झगड़ा-वगड़ा नहीं किया। सोचा, अपना जैसा होंगा वैसा होंगा। लेकिन चांगदेव अच्छा हुआ, हम आए कैसी हैरानी में, आते ही बिट्ठला ने अच्छी खबर दी। खा तू और अब छोड़ परीक्षा-वरीक्षा। छोड़ दो ये

सब झंझट। यहाँ से तो हमारे साथ ही चलो। शाम को हम फिर आएँगे। तीन-चार दिन रहेंगे। देवी को नारियल चढ़ाकर आते हैं।"

जाते-जाते पिताजी फिर सबसे पूछताछ करते, किसको क्या हुआ पूछते और हर बार 'बिट्ठला की किरपा है' कहते गए। दो-तीन दिन इसी तरह उन्होंने चक्कर लगाकर, मिलकर पूछताछ की, हर वक्त फलों के टोकरे लेकर आए। फिर चांगदेव को कहा, "ठीक होने पर घर आ जाना, चाची के पास दो सौ रुपये रखे हैं।" फिर वे चले गए। बोलते-बोलते उनकी आँख में थोड़ा-सा पानी आ गया। बोले, "अब हम लोग गरीब हैं, इतने ही हैं, जरूरत हो तो फिर भेज दूँगा।" यह रकम भी उन्होंने चाचा से उधार ली थी, यह चांगदेव को बाद में पता चला। करीब पन्द्रह दिन में फेफड़े ठीक हो गए। सिर्फ पड़े रहना और दबाकर खाना और उसके नशे में खोए रहना। अनागत जीवन अचानक सामने आ गया था। उसके बारे में कभी सोचा न था। दूर तक की कोई योजना न थी।

डॉक्टर मेहता ने कहा कि अभी पन्द्रह दिन तक यहाँ से छुट्टी नहीं मिलेगी। अहम बात यह है कि अब यह ठीक हो गया। अब पहले जो था उसकी शुरुआत तो करनी ही पड़ेगी। चांगदेव मेहता के पीछे पड़ा था कि उसे जल्दी छुट्टी दे दी जाए। परीक्षा नजदीक आ गई थी। इस बरस परीक्षा समाप्त कर अगले साल से चुपचाप नौकरी पकड़कर व्यवस्थित ढंग से जीना शुरू किया जा सकता है। मेहता का प्राइवेट अस्पताल था, उसमें सब प्रकार के स्पेशलिस्ट थे। चांगदेव ने कहा कि "मैं आपके पास ही ट्रीटमेंट लूँगा। आप जैसा कहते हैं वैसे हफ्ते में दो बार इंजेक्शन लूँगा, हर रोज गोलियाँ खाऊँगा। मुझे अब अच्छी तरह से जीना चाहिए, ऐसा लगने लगा है। मेरा विश्वास कीजिए। मैं पहलेवाला नहीं रहा। मुझे छोड़ दीजिए।"

फिर चांगदेव की ठीक तरह से जाँच करके सब कुछ आजकल ठीक हो सकता है, ऐसा बार-बार समझाकर उसे जाने की अनुमति दी गई। फिर भी पन्द्रह दिन तक लेटे-लेटे पढ़ना, खूब खाना, दवाइयाँ-गोलियाँ चालू रखना और हर हफ्ते उधर प्राइवेट अस्पताल में आना ऐसी उन्होंने ताकीद दी। बरस-भर में ठीक हो जाएगा। इंजेक्शन भी बहुत हुआ तो छह महीने लेने होंगे, फिर बरस-डेढ़ बरस गोलियाँ लेते रहना। वैसे इसमें घबराने जैसी कोई बात नहीं है। चाहो तो पन्द्रह-बीस दिन बम्बई से बाहर हो आओ ऐसा भी उन्होंने कहा। बहुत सारी गोलियाँ और दवाइयाँ उन्होंने मँगवाकर मुफ्त में उसे दे दीं और पीठ थपथपाते हुए 'बेस्ट लक' कहा।

वह बोला, "थैंक्यू। अब उधर नियमित रूप से मिलते रहेंगे। मुझे एकदम ठीक होना है।"

वे बोले, "हो ज्याईंगा, हो ज्याईंगा।"

चाची के साथ अस्पताल के बाहर आने पर उसी रास्ते से वापस आना अद्‌भुत लग रहा था।

चाची के यहाँ यह निश्चय किया गया कि परीक्षा तक किस तरह पढ़ाई पूरी कर परीक्षा ठीक ढंग से देनी है। वह वैसे आसान ही था। सिर्फ एकाध महीना जमकर बैठने की आदत भर डालनी थी। आराम से अब उत्साह लग रहा था।

बीच में सारंग उधर आया और कहने लगा, "उपन्यास लिख मारा है बेटा! कल रात खत्म किया! पन्द्रह दिन लगे। कल चल रहे हो पूना? वहाँ पढ़कर सुनानेवाला हूँ। तुम भी रहो तो अच्छा है। शंकर के खत से ऐसा लगता है कि कुलकर्णी प्रकाशक बहुत ही उतावले हो रहे हैं। शंकर ने तुम्हें भी बुलाया है। पूना में आठ-दस दिन मजा आएगा। चलो, कुलकर्णी जी को वैसे भी लोगों का आना अच्छा लगता है। शंकर ने लिखा है कि चैप्लिन का 'मशीन एज' चल रहा है वहाँ और सत्यजित का 'देवी' इस रविवार को है।"

चांगदेव बोला, "मुझे भी मेहता ने हवा-पानी बदलने को कहा है। गाँव की तरफ जाना कैंसल कर देता हूँ फिर। लेकिन थोड़ी-बहुत पढ़ाई होनी चाहिए लेटे-लेटे। तूने यह उपन्यास लिखकर अच्छा किया। पढ़ेंगे तुम्हारा उपन्यास भी।"

"अरे कुलकर्णी जी के यहाँ पढ़ाई भी अच्छी होगी। तू अपना कमरे में लेटे-लेटे पढ़ाई करते रहना। मेरा पढ़ना दो दिन में खत्म हो जाएगा।"

"अच्छी बात है। मैं आज मेहता के यहाँ जाकर हॉस्टल से किताबें, कपड़े वगैरा लाकर तैयार रहूँगा। कल यहीं से चलेंगे।"

ट्रेन शुरू होने पर चांगदेव उत्साह से कहने लगा, "पूना मैं पाँच साल पहले गया था।"

"अब पूना बहुत बदलता जा रहा है।"

"तुमने अचानक यह उपन्यास किस तरह लिख मारा भैया?"

"यह देखो उँगली में कैसे सूजन आ गई है। रात-दिन चल रहा था। जम के लिखा है। अब आज पढ़ेंगे ही।"

"लेकिन अचानक तय कैसे किया? बीच में पूना में क्या-क्या किया? कुलकर्णी प्रकाशक मिले हुए हैं, पहले रामराव के यहाँ। लेकिन मेरी ज्यादा जान-पहचान नहीं है।"

"अरे! एकदम ग्रेट आदमी है। उद्धत है लेकिन मन का सीधा-सादा है। लेकिन मैडम बहुत होशियार है। पैसा बहुत है। पूरा विशाल बँगला है। आदमियों से प्यार है उन्हें। शंकर की तबीयत बिलकुल ठीक कर डाली उन्होंने! अब उसे कुलकर्णी जी के यहाँ रहना उतना अच्छा लगता है कि खुद के घर जाने का नाम नहीं लेता। मैं पिछले दिनों गया था तो मजा आ गया। लेकिन आदमी है बड़ा सनकी। दोनों मिलकर ऐसा दर्शाते हैं कि बाबासाहब कुलकर्णी जी की दुनिया अलग है और मैडम की अलग। लेकिन भीतर से सब पहले से ही तय होता है। मैं उनके ऑफिस गया तो कहने लगे, 'तुम मेरे मेहमान नहीं हो। उपन्यास लिखोगे तब तुम मेरे लेखक बनोगे।' जाने पर हम अन्दर चाय ले रहे थे, तो बाबासाहब ऑफिस से रसोई में आकर पूछने लगे, 'तुम्हारे मेहमान के बीच हम आएँ तो चलेगा क्या?' ऐसा! शंकर ने कहा, 'बाबासाहब, यह सारंग है।'

"मैंने कहा कि मैं आपसे बम्बई में इसके पहले एक बार मिल चुका हूँ तो कुलकर्णी ने उद्दंडता के साथ इस बात की उपेक्षा की। और पूछा कहाँ रहते हो?"

"मैंने कहा, वरली में।"

"फिर कहा, क्या-क्या आता है तुम्हें?"

"मैंने कहा, कुछ भी नहीं।"

"तो चिढ़कर बोले, वह तो चेहरे से ही दिखाई देता है।"

"—तो ऐसी शुरुआत हुई। फिर मैडम ने कहा, 'अजी आपके लिए उपन्यास लिखवा रहे हैं—मैं और शंकर इसके पीछे पड़कर।' कुलकर्णी जी बोले, उपन्यास? कब? मैंने कहा, मन में आया तो लिखूँगा। वे बोले, 'आसान नहीं है लिखना। *कामिनी* में रिव्यू लिखना आसान होता है। एक पन्ना खुद का लिखना हो तो सौ उठक-बैठक लगानी पड़ती हैं।' मैडम ने कहा, 'लिखेगा वो। बहुत होशियार है वो।' ऐसा थोड़ी देर तक चलता रहा। मैं अपनी कह रहा था, मूड आ गया तो हफ्ता-पन्द्रह दिन में आसानी से एक उपन्यास लिख डालूँगा। मैं दो-एक दिन था।

बीच-बीच में हमारे मजेदार झगड़े होते। एक बार कुलकर्णी बोले, 'तुम छोकरे इतने होशियार लगते हो लेकिन इम्तहान में फिर बार-बार फेल क्यों होते हो रे?' मैंने कहा, 'हमें इतना मालूम हो गया होता है कि दो-चार पन्नों में एक सवाल का जवाब लिखना ही हास्यास्पद है।' फिर उन्होंने कहा, 'कुछ नौकरी वगैरा मिले ऐसा नहीं लगता क्या तुम्हें?' मैंने कहा, 'दो समय का भोजन और सोने के लिए जगह मिल जाए इतना काफी है आदमी के लिए। उतना अभी है।' फिर वे कहने लगे, 'लेकिन माँ-बाप तुम्हें कितने दिन खिलाते-पिलाते रहेंगे?' मैंने कहा, 'मतलब हमें जन्म दिया सो दिया और फिर ऊपर से ऐसा भी कहेंगे?' फिर मैडम कहने लगीं, 'शादी-ब्याह होना चाहिए ऐसा नहीं लगता?' मैंने कहा, 'नहीं। लेकिन लड़की के लिए चाह उठती है बीच-बीच में।' मैडम कहने लगी, 'उसी के लिए तो शादी करनी होती है।' मैंने कहा, 'वैसा अगर है तो लड़की भी नहीं चाहिए। शादी मतलब बर्बादी, कौन पड़े ऐसे झंझट में।'

चांगदेव बोला, "मतलब उपन्यास लिखने के पहले तुम्हारा इंटरव्यू ही ले रहे थे, ऐसा कहो न।"

"करीब-करीब वैसा ही समझो। लेकिन वैसे स्साले—दोनों महाधूर्त हैं पति-पत्नी। मेरी सारी विचारधारा, पसन्द-नापसन्द बराबर जान लेते हैं। क्या पढ़ा है, कितना पढ़ा है—सब कुछ। फिर जब मैं आने लगा तो मैडम कहने लगीं, 'तो फिर अब घर में बैठे-ठाले रहने से अच्छा है बैठकर लिखो। तुम जो भी कुछ लिखोगे मैं बाबासाहब को छापने के लिए कहूँगी।' कुछ भी! लेकिन पूना में कोई इनके बारे में अच्छा नहीं बोलता।"

"मतलब तुमने आते ही लिखना शुरू कर दिया!"

"आते ही नहीं। कुछ सोचता रहा। फिर ऐसा लगने लगा कि किसलिए मरने के लिए इतना लिखो! लेकिन बीच में पिताजी ने बहुत तकलीफ दी। एक बार तो कहा कि घर से निकाल दूँगा। उस गुस्से में लिख डाला।"

चांगदेव बोला, "लिख डाला तो भी तुम्हारी मूल समस्या तो हल नहीं हुई। पिताजी और घर वगैरा।"

"वो भी सच है। अब कुछ तो करना पड़ेगा। बम्बई में एक मकान के लिए क्यूँ न हो स्साला, माँ-बाप पर निर्भर रहना ही पड़ता है। देखेंगे। पहले नौकरी का कुछ कर लेते हैं। हमारा साला कहीं रसूख नहीं, कुछ नहीं। अर्जियाँ तो भेजी हैं दो-चार जगह। जम गया तो देखेंगे। एक-दो बरस में कमरे का भी देखेंगे। खुद

का अपना किए बगैर कुछ ठीक नहीं है। ज्ञानेश्वर, तुकाराम भी अगर आज पैदा होते तो उन्हें भी बी.ए. करना पड़ता। और नौकरी भी करनी पड़ती!"

"अच्छा हुआ तुम्हारी समझ में आ गया।"

"आओ-आओ। बताते हैं, उपन्यास लिख डाला और यह कौन नया आदमी है? बम्बई में दिखाई तो दिया था। तुम क्या करते हो भैए मेरे? इम्तहान दे रहे हो न? अच्छा। तुम भी कुछ लिखते हो क्या? नहीं न, अच्छा है। इसका उपन्यास देखेंगे अब हम, छापने जैसा है या नहीं।"

चांगदेव बीमारी से उठा है, यह कहने पर उसका खास इन्तजाम किया गया। उधर शंकर कुछ बौद्धिक हँसी की बातें कर पति-पत्नी का मनोरंजन करता रहता। चांगदेव भी लेटे-लेटे पढ़ाई से बोर हो जाने पर उनके बीच जा बैठता। फिर सारंग ने दिन-भर उपन्यास पढ़कर सुनाया। चांगदेव और शंकर दोनों उपन्यास सुनकर एकदम जोश में आ गए। कहने लगे, बहुत ही ग्रेट किताब होगी। लेकिन कुलकर्णी प्रकाशक ऐसा नहीं कह रहे थे कि छापेंगे ही। वे दोनों उन्हें समझाने लगे कि यह उपन्यास किस तरह हर मायने में नया साबित होगा। बहुत बिकेगा। इसे जरूर छापो।

लेकिन, कुलकर्णी सोच रहे थे पुरस्कार के लिए यह कहाँ तक उपयुक्त है। उनके पास दूसरे एक पुराने लेखक का सफल उपन्यास लिखकर तैयार था। वे उसी को पुरस्कार के लिए पेश करने की भी सोच रहे थे। उस उपन्यास में भी एक्जिस्टेंशियलिज्म पर नया कुछ काफी था। शंकर ने उनसे कहा, "आपके इस लेखक को एक्जिस्टेंशियलिज्म की स्पेलिंग ठीक से नहीं आती। चारों तरफ शब्द अंग्रेजी में गलत स्पेलिंग में लिखा है। उसे पहले दुरुस्त करने के लिए कहें। क्या साले लेखक हैं?"

कुलकर्णी कहने लगे, "मेरे लेखक के बारे में भला-बुरा नहीं कहना—समझे। तुम मैडम के पास अपनी होशियारी दिखाते जाओ। तुम उनके मेहमान हो।"

शंकर कहने लगा, "फिर भी वह स्पेलिंग आगे के एडिशन में दुरुस्त करने के लिए कहना चाहिए। अगर स्पेलिंग नहीं आती तो वह शब्द मराठी में लिखना चाहिए। अंग्रेजी में लिखने की क्या आवश्यकता है?"

कुलकर्णी चिढ़कर कहने लगे, "इसके बाद मुझे ऐसी सलाह नहीं देना। सिर्फ खाना-पीना, रेकॉर्ड बजाना। बस्स।"

शंकर बोला, "ठीक है। लेकिन वह स्पेलिंग...।"

चांगदेव बाद में शंकर से कहने लगा, "उन्होंने जो कुछ कहा मुझे बिलकुल अच्छा नहीं लगा। किसलिए रहते हो तुम यहाँ? फालतू में।"

शंकर कहने लगा, "तुम्हें बाबासाहब का स्वभाव मालूम नहीं है।"

चांगदेव बोला, "सवेरे भोजन में घी परोसने के समय वे अचानक आँखें फाड़-फाड़कर देखते रहे—दो मिनट तक। वह भी मुझे अजीब लगा! तुम्हारी तरफ भी कभी इसी तरह देखा ही होगा।"

"वह उनकी सनक चलती रहती है। उसकी ओर हमें ध्यान नहीं देना चाहिए। जब वे प्यार करने लगते हैं तब देखना। उन्होंने खुद मुझे कार में बिठाकर स्पेशलिस्ट के यहाँ ले जाकर जाँच करवाई। दवाइयाँ दिलाईं, हर रोज पूछते हैं, 'दवा ली या नहीं?' वैसे देखा जाए तो क्या रिश्ता है? लेकिन ग्रेट आदमी है। तुम्हें हर रोज आम मिलना ही चाहिए, ऐसा रसोई करनेवाली से कहकर गए। अच्छा आदमी है।"

सारंग कहने लगा, "जैसे लिखोगे वैसा छापेंगे कहते थे, लेकिन अब तो काफी सोच-विचार करने लगे हैं।"

शंकर बोला, "धन्धे के हिसाब से भी देखना पड़ता है। लेकिन छापेंगे। मैंने कहा है उनसे। तुम देखना, कल-परसों।"

चांगदेव सारंग से कहने लगा, "साला शंकर भी एकदम कितना बदल गया है। कुलकर्णी की हर बात अच्छी ही कहता है। पालतू बन गया है। लेकिन मुझे कुलकर्णी अतिथि-सत्कार में अच्छे लगे। आजकल कौन औरों के लिए इतना करता है!"

कुलकर्णी ने सारंग का उपन्यास छापना तय कर उसे उसकी पांडुलिपि तुरन्त बनाकर देने के लिए कहा। छापाखाने में देते ही आठ दिन में दनदनाते हुए प्रूफ आने लगेंगे ऐसा कहकर उन्होंने सारंग को एक कमरे में पांडुलिपि बनाने के लिए बैठा दिया। उसके साथ गप्पें लड़ाने के लिए कोई न जाए अथवा वह बाहर न आए इसलिए वे दोपहर में बाहर से ताला लगाकर उसे अन्दर बन्द भी कर देते। ऐसे सनकी लेखकों से किस प्रकार काम लेना चाहिए यह वे अच्छी तरह से जानते थे। पान, तमाखू, कैप्स्टन, जब चाहो चाय पहुँच जाती। शाम को कुलकर्णी उस अकेले को लेकर कार में घुमा लाते। बीच में कहीं किताबों की दुकान में जो चाहिए वे

किताबें लेना, कहीं रेकॉर्ड अच्छा लगे तो वो लेना, लेकिन आठ दिन में उपन्यास पूरा होना चाहिए। एक तारीख को पुरस्कार के लिए भेजना है।

सारंग रात-दिन लिखता ही रहता। चांगदेव को वह कहता, "लोग बेकार ही में इन लोगों के बारे में झूठ-मूठ बातें फैलाते हैं। इतना लेखक के लिए कौन करता है? रात में मैं लिखते-लिखते लैम्प वैसे ही रखकर सो गया। ओढ़ना भी भूल गया। बीच में नींद टूटी तो बाबासाहब खुद मुझे ओढ़ा रहे थे। बोले, सो जाओ-सो जाओ। पूना के लेखक साले किसी की भी बदनामी करते रहते हैं। इनके लिए आगे से मैं कुछ भी लिखकर दूँगा। मुझे ये दोनों व्यक्ति के रूप में भी अच्छे लगे।"

एक बार मैडम ने कहा, "क्यों रे तुम लोगों को नहाने की इच्छा नहीं होती?"

कुलकर्णी गरज उठे, "खबरदार, मेरे लेखकों से ऐसे सवाल फिर से पूछे तो...याद रखना।"

उपन्यास की पांडुलिपि आखिरकार तैयार हो गई। सबको कार में बिठाकर कुलकर्णी एक बड़े प्रेस में ले गए। उपन्यास का पोथा मैनेजर के सामने रखकर बोले, "यह है हमारा नया घोड़ा! उपन्यास आठ दिन में तैयार हो जाना चाहिए।"

मैनेजर ने नम्रता के साथ सारंग को नमस्कार किया। ठंडा पीकर वे वापस चले आए।

एक साथ पाँच-पाँच फॉर्म के प्रूफ आने लगे। मैडम ने सारंग से कहा, "अब तुम्हारा काम हो गया। अब घर जाओ। माँ राह देख रही होगी। शंकर भी अब अपने घर जाएगा।"

लेकिन घर के बजाय वहीं अच्छा चल रहा था इसलिए सारंग घर जाने के लिए तैयार नहीं हो रहा था, शंकर तो बिलकुल नहीं। पहली किताब छपकर कैसी दिखती है इसे देखने की उसे उत्कंठा थी। लेकिन मैडम उसे संकेत दे रही थीं कि किसी-न-किसी तरह वह वहाँ से चला जाए। चांगदेव को भी एक-दो बातें चुभीं तो वह भी कहने लगा, "कल ही जाना है।" तब "इसे लेकर जाओ, यह बीमार है रास्ते में कहीं कुछ हो गया तो", ऐसा कहकर अन्त में सारंग को भी उन्होंने चांगदेव के साथ ही भेज दिया। शंकर फिर भी वहीं रह गया।

लौटते समय ट्रेन में सारंग कहने लगा, "मेरे तो पन्द्रह दिन अच्छे गए। तुम्हारा कैसा रहा?"

"मेरा भी खाना-पीना, दवाई सब सुचारु रूप से वक्त पर होता रहा। एक पर्चे की पढ़ाई पूरी हो गई। दूसरा शुरू किया है। अच्छा हुआ। तबीयत भी एकदम ठीक है। लेकिन आखिर में वे दोनों शंकर को कितनी चुभनेवाली बातें कहते थे यह ध्यान में आया तुम्हारे? मुझे बहुत बुरा लगा। वैसे वह सब बातें प्यार समझकर ही सहता है तब कोई क्या कहे?"

"शंकर का यहाँ रहना मुझे ठीक नहीं लगता। इधर बड़ी-बड़ी डींगें हाँकता और उधर कुलकर्णी जी की हर बात का समर्थन करता है, अखबार में उनकी प्रशंसा करनेवाले लेख लिखता है। वह अपने घर क्यों नहीं रहता? ऐसे ही लोग आगे चलकर मुसीबत में फँस जाते हैं और खतम हो जाते हैं। अब तुम्हारे उपन्यास के प्रूफ देखने का काम वह किसलिए करेगा?"

"शंकर उन लोगों में से नहीं है। तुम देखना। वह इस लफड़े से सही-सलामत बाहर आ निकलेगा। प्रशंसात्मक लेख वह ज्यादा नहीं लिखेगा।"

"लेकिन उसी के कारण, सच कहा जाए तो, तूने उपन्यास लिखा या नहीं?"

"हाँ, यह तो सच है। क्या खत लिखता था शंकर हर रोज। उस स्साले को मालूम है कैसे लिखवा लेना है। वैसे भी उसी के कारण ही तो कुलकर्णी ने मेरा उपन्यास छापा। अन्यथा कौन पूछता हमें?"

"ऐसा मत समझो। उपन्यास अच्छा है इसलिए छापा। रद्दी होता तो वे छापते ही नहीं। पति-पत्नी होशियार हैं।"

मेहता फीस जबर्दस्त लेते। "तुम रेग्युलर आते जाओ", ऐसा कहते, "और तीस इंजेक्शंस लेने पड़ेंगे, लेकिन तुम्हारी कांस्टीट्यूशन अच्छी है।" इंजेक्शन दिया। फिर दवाइयाँ लिखकर दीं। चांगदेव सिगरेट नहीं पीता, उसका वजन भी बढ़ गया, इस कारण भी उन्हें अच्छा लगा।

अब चांगदेव के पास पैसे भी काफी थे। नाइट स्कूल छूट गया था। लेकिन पिछले बरस कुछ नई श्रेणियाँ दी गई थीं उसकी बकाया काफी रकम उसे घर बैठे एक साथ मिल गई। पिताजी भी कुछ रखकर गए थे इसलिए उसने हॉस्टल की मेस में ही नियमित रूप से भोजन करना शुरू किया। फिर सिगरेट, तमाखू, दारू बिलकुल

बन्द कर दिया। होटल का खर्चा बचने से भी काफी पैसे होते। दोपहर में पड़े-पड़े पढ़ते रहना। बीच-बीच में लाइब्रेरी में घंटा-दो घंटा बैठ आना। हर मंगलवार-शुक्रवार के दिन मेहता के यहाँ जाकर इंजेक्शन लेना, ऐसा चल रहा था। बिलकुल तय करके वह नियमित जीवन जी रहा था। पहले जैसी फालतू पैदल यात्रा कर सौ-सौ आदमियों से मिलना अपने-आप बन्द हो चुका था। *पटक* का अंक फिर निकला ही नहीं। इसलिए वह निश्चिन्त था क्योंकि पैसे खत्म हो जाने पर किसी भी दोस्त से आसानी से माँगे जा सकते थे, कोई भी दे देता। दुख नियंत्रण में आ गया था।

एक बार सारंग मिलकर अपने उपन्यास की कॉपी देकर गया। वह बहुत खुश दिखाई दे रहा था। उसने बताया कि अब बाजार में आएगा। कहा, "कितनी हिम्मतवाला प्रकाशक है बाबासाहेब।" शंकर का खत भी दिखाया। शंकर को करीब-करीब उठाकर ही कुलकर्णी ने घर से बाहर निकाला क्योंकि वह उपन्यास की कितनी कॉपियाँ निकाली हैं वगैरा पूछताछ करने लगा था। कुलकर्णी ने कहा, "तुम्हें क्या करना है? हमारे लेखक हैं और हम देख लेंगे। तू कौन होता है बीच में बोलनेवाला?"

चांगदेव बोला, "शंकर को आखिरकार यह मालूम हो गया कि सच क्या है, अच्छा हुआ। वैसे मेरे साथ उन्होंने बहुत अच्छा बर्ताव किया इसलिए मेरे मन में उस आदमी के बारे में आदर का भाव है। लेकिन लेखक के रूप में आखिर तुम्हारे सब अधिकार सुरक्षित होने ही चाहिए। खाना-पीना, रेकॉर्ड्र्स, कार—यह सब ठीक है। लेकिन लेखक का प्रकाशक से ज्यादा महत्त्व है, यह मराठी में कोई मानता ही नहीं है। प्रतियाँ कितनी छापीं, रॉयल्टी कितनी मिलेगी ये सब बातें लिखित रूप में तुम्हें मालूम होनी ही चाहिए।"

सारंग कहने लगा, "कुलकर्णी जी बड़े उदारमना आदमी हैं, सब कुछ करेंगे। शंकर अतिरेक करता है इसलिए दोनों के सम्बन्ध खटाई में पड़ गए।"

फिर शंकर का ही चांगदेव के नाम लम्बा-चौड़ा खत आया। कुलकर्णी ने उसका बहुत ही अपमान किया था इसलिए वह उनसे चिढ़ा हुआ था। उसका कहना था कि उसके कारण सारंग का उपन्यास उन्हें मिला। लेकिन साले अब उसको मानते नहीं हैं। ये लोग हमारा इस्तेमाल करते हैं। यह मुझसे सहन नहीं होता, वगैरा। वे जैसा कहते हैं वैसा ही सारंग आजकल करता है, वगैरा।

चांगदेव ने उसे जवाब लिखा—"तू तो बच गया यह अच्छा हुआ। अब सारंग फँसा है उसका क्या करें? हम सब लोग जिस निष्ठा से लिखते, छापते हैं उसका क्या? सारंग को बिलकुल उल्लू बनाना शुरू कर दिया है कुलकर्णी ने। कहते हैं, कहीं उसके नाम पर कुलकर्णी ने ही खुद साक्षात्कार लिखकर दे दिया। और अब एक खत आया है जिसमें आनेवाले रविवार के दिन पुरस्कार समिति के लोगों को कुलकर्णी डिनर देनेवाले हैं। और सारंग को उस समय उपस्थित रहने को कहा गया है। लेकिन सारंग भी हम लोगों से वैसे होशियार है। लगता है वह इस बाजार में फँसनेवाला नहीं है। देखें। अब इस उम्र में अपने दोस्त को भी हम क्या कह सकते हैं? हर कोई अपना भला-बुरा देख ही लेता है। लेकिन तुम्हें दूर कर सारंग कुलकर्णी के साथ अपना रिश्ता नहीं बनाएगा, यह बात पक्की है।"

सारंग पूना नहीं गया। उलटे, मुझे बिना बताए साक्षात्कार दिया—यह बात मुझे अच्छी नहीं लगी ऐसा खत उसने कुलकर्णी को लिखा। और उस साक्षात्कार की बातों का खंडन करने के लिए बापू से दूसरा साक्षात्कार एक अखबार में प्रकाशित करवाया। पहले वाले साक्षात्कार में, इन-इन लेखकों को मैं मानता हूँ ऐसा झूठ-मूठ ही कुलकर्णी जी ने प्रकाशित करवाया था। तो इस साक्षात्कार में उन लेखकों के नाम लेकर उन्होंने बता दिया कि ये लेखक मूर्ख हैं यह उसका मत है। यह बात सारंग ने जान-बूझकर प्रसिद्ध कर डाली। उनमें से दो तो पुरस्कार की समिति में थे। तो अब पुरस्कार मिलना मुश्किल था।

अर्थात कुलकर्णी चाहते तो अपने अन्य हस्तकों द्वारा पुरस्कार प्राप्त कर ही सकते थे। लेकिन सारंग के अपने ढंग से तारे तोड़ना शुरू कर देने पर कुलकर्णी खुद बम्बई आकर उसे मिले। उन्हें लगा उन्होंने इतना सब कुछ किया फिर भी यह छोकरा अपनी जात पर गया। मेहनत बेकार चली गई। इससे तो उपन्यास न छापते तो अच्छा था। फिर भी छोकरा है होशियार। उसे चार बातें सुनाई जाएँ इसलिए वे विशेष तौर पर अपनी पत्नी को लेकर आए थे। अर्थात पहले से ही यह तय था कि पत्नी बीच-बीच में 'ऐसी बात नहीं है', 'आपको गलतफहमी हो रही है', ऐसा कहती रहे।

"तो सारंग अखबार में छपे रिव्यू पढ़े या नहीं? बहुत ही जोरदार है। मैंने एक-एक को कह रखा था कि मार्च के पहले रिव्यू आ जाने चाहिए। अब बाजार में आया है उपन्यास। पहले दौर में पाँच सौ कॉपियाँ बिक गईं। पहला संस्करण महीने-भर में खत्म हो जाएगा।"

'संस्करण के विषय में मत बोलिए', ऐसा पत्नी पति को इशारे से कह रही थी। इसीलिए फिर ही-ही-ही कर अपने को सँभालते हुए वह दूसरी बातें करने लगे।

"हाँ, तो मैं क्या कह रहा था कि तुमने बेवकूफ के समान अखबार में साक्षात्कार देना शुरू कर दिया, यह मुझे अच्छा नहीं लगा।"

पत्नी कहने लगी, "वैसे साक्षात्कार अच्छा था जी। क्या हो गया साक्षात्कार दे दिया तो...।"

"वैसे मुझे कुछ नहीं कहना है। तुम मुझसे पूछकर ही सब करो ऐसा मैं कभी नहीं कहूँगा। मेरे डेढ़ सौ लेखक पचीस बरसों से कहीं भी कुछ भी लिख रहे हैं, तब तुम छोकरों को भला मैं क्यों रोकूँगा? लेकिन भैए मेरे, कहाँ, क्या, कब लिखना चाहिए इसकी सूझ-बूझ तुममें नहीं है। मूर्ख हो।"

पत्नी फिर, "मैया री मैया, आप भी क्या, पहले प्रयास में ही इतनी प्रतिष्ठा प्राप्त करनेवाले लेखक में सूझ-बूझ नहीं है, कह रहे हो। यह भी क्या कुछ बात हुई...।"

"तुम भी मूर्ख हो! तुम्हें कितनी बार कहा है कि अपने लेखकों का हित मैं ज्यादा समझता हूँ। तुम चाहती हो तो खाना खिलाकर ऊपर से दो लड्डू और दे दिया करो। समझीं? तो सारंग रावजी, किसको क्या कहना है, यह अब से तुम्हें ज्यादा सोच-समझकर तय करना होगा। मैं क्या कह रहा हूँ यह आपकी समझ में आ रहा है? तुम्हारी इस चाची के कारण तुम्हारा उपन्यास लिखा गया लेकिन तुमने अपने साक्षात्कार में इस बात का जिक्र तक नहीं किया?"

"नहीं किया तो नहीं किया। मुझे उसका कुछ गिला नहीं है।"

"मतलब? झूठी बातें कहते रहना? तुम्हारे यह दोस्त—मुझे इस क्षेत्र की तुमसे ज्यादा जानकारी है या नहीं? है न? तो तुम्हारे यह दोस्त—तुम्हारा नाम हो रहा है यह इनको कभी अच्छा नहीं लगेगा। ध्यान में रखना। आगे फिर कभी कहोगे कि बाबासाहब सच कह रहे थे। वो क्या कुछ चोपड़ी निकालते थे तुम लोग? शंकर ने कभी उसमें जिक्र किया तुम्हारा? उलटे तुम्हारा नाम कहीं पर भी न आए इसके लिए उसकी खटपट चलती रहती है। मुफ्त में हमाली तुम करो और मक्खन खाएँगे ये सब। यह तुम्हारा दोस्त बापू, अचानक कहाँ से पैदा हो

गया तुम्हारा साक्षात्कार लेने के लिए? तुम्हें बदनाम करने का तरीका था वो। पूना में ही मुझे मालूम हो गया। तुम्हारे एक दोस्त ने उपन्यास के बारे में कहीं एक पन्ना भी लिखा है? लिखेंगे-लिखेंगे सब कहेंगे मगर लिखेगा एक भी नहीं। किसी को सहन नहीं होती ऐसी अचानक मिली हुई ख्याति। वो किसी पत्रिका में लिखता नहीं क्या-क्या नाम है उसका—जाने दो—वह हमारे देशपांडे से बोला, 'यह लड़का बड़ा उस्ताद निकला। हम सबको साफ कर गया। उसे हमारे देशपांडे कार से छोड़ते हैं हर शनिवार को कुर्ला की झोंपड़पट्टी में। वहाँ नोट्स निकालकर कहता है कि अब उपन्यास लिखनेवाला है।' देशपांडे ने उसे चिढ़ाया—'तुम नोट्स निकाल-निकालकर भरते रहो। ये छोकरे एक किताब में तुम्हारे तीनों स्टम्प उखाड़ देंगे...।' मतलब हम कोशिश करते हैं कि सब बातें तुम्हारे हित में हों और तुम किसी तीन कौड़ी के अखबार में साक्षात्कार देकर हमारे किए-कराए पर पानी फेर देते हो। उससे बाहर अच्छा प्रभाव नहीं पड़ता। तुम्हें अभी इस क्षेत्र के छँटे हुए लोगों की राजनीति मालूम नहीं। सारस्वत सारस्वतों को ऊपर बढ़ाते हैं, ब्राह्मण ब्राह्मण को; मराठा ब्राह्मणों का और ब्राह्मण मराठों का विनाश करने को तैयार रहता है। उसमें फिर मराठवाड़ा और विदर्भवाले घुसकर पूना-बम्बईवालों को दबाना चाहते हैं। तुम और तुम्हारे दो-चार मित्र कहाँ चक्करघन्नी खाकर दन से गिरोगे पता भी नहीं चलेगा। बाद में फिर कुत्ता भी नहीं पूछता। इसलिए अपने लोगों को तो अपने पक्ष में मिलाकर रखना चाहिए। लेकिन तुम तो हाथ में जूता लेकर ही खड़े हो गए...।"

बीच ही में पत्नी कहने लगी, "अब बस भी करो! बच्चे को खाने को तो दो अब। कुछ मँगवाओ। आपका कहा लाँघनेवाला नहीं है वह। बच्चा है अभी।"

"खाएगा धीरे-धीरे। यह जो कह रहा हूँ ज्यादा अहम है। मुझे आज इसे आखिरी बार कहना है। गलती से भी क्यों न हो इसने एक अच्छी किताब लिखी है। मेरा नाम इसकी किताब से एकदम...।"

पत्नी के आँख से इशारा करते ही उन्होंने फिर ही-ही-ही कर विषय बदला।

"तो क्या कह रहा हूँ। तुम अपने यह साबूदाना दोस्तों की संगत छोड़ दो। पहली बात यह है कि उठक-पटक जैसी पत्रिकाओं में तुम इसके बाद कभी नंगे होकर नाचोगे नहीं। करना क्या है ऐसी रद्दी आलोचना का? मराठी में यह नहीं है वो नहीं है। नहीं हैं मराठी में बड़े लेखक। लेकिन भोसडी को यह कहते क्यों बैठे हो? तुम लिखकर दिखाओ न एक भी अच्छी किताब। वैसे तूने अभी

अच्छा लिखकर दिखाया है ही। लेकिन वह क्रिटिक-फिटिक छोड़ दो। मराठी की दुरवस्था अपनी इन बीस पन्नों की चोपड़ी से दूर करनेवाले हो? तुम्हें एक बात कहे देता हूँ—आलोचना करना शुरू किया कि तुम्हारे दुश्मन बढ़ जाएँगे। क्या खाक करना है—रिव्यू-फिव्यू लिखकर? तो आनेवाले एक-दो बरस में कम-से-कम एक उपन्यास तो और लिखना चाहिए। चाहे जैसा लिखो, छापूँगा मैं। आगे का सब मेरा जिम्मा। तुम्हारे जैसे को बड़ी-बड़ी किताबें लिखनी चाहिए। कम-से-कम दो-चार उपन्यास नाम के आगे जुड़े बिना लेखक को बड़प्पन नहीं मिलता। फिर वह चाहे जितना प्रतिभाशाली क्यों न हो। चालीसी उलट जाने पर शैली जमती नहीं। बाद में यूँ ही ईर्ष्या से तूँ-तोड़ कर कुछ लिखा भी तो पाठक गालियाँ देने लगते हैं। किताबें फुटपाथ पर आ जाती हैं। इसलिए अभी से धड़ल्ले से किताबें लिखनी चाहिए। उस रत्नागिरीकर ने, देखा, कैसे दो-तीन साल में नाम कमाया है। बहुत अच्छा नहीं लिखता मगर लिखने में निरन्तरता है। केवल क्वालिटी को कोई नहीं पूछता। बाद में मुझे तुमसे एक-दो किताबों का सम्पादन भी करवाना है। अर्थात यह बाद में। आगे जब कुछ विशेष लिख नहीं पाओगे तब तुमसे दो-चार ऐतिहासिक उपन्यास भी लिखवा लूँगा। यह एकदम अन्त में। संक्षेप में मैं तुम्हें एक बड़ा लेखक बना हुआ देखना चाहता हूँ! मेरे अस्सी टेक्स्ट बुक्स हैं! तुम्हें आगे काफी काम मिलता रहेगा।"

सारंग चुपचाप काँटे-चम्मच से मसाला डोसा काट-काटकर खा रहा था। उसे अपने इस भयानक यांत्रिक कैरियर की कल्पना करके अजीब-सा लग रहा था।

"फिर अगले हफ्ते पूना एक चक्कर लगाओ," यह कहकर और किराए के पैसे देकर कुलकर्णी प्रकाशक चले गए।

सारंग ने ये सारी बातें शंकर को बताईं। शंकर का जवाब आया—लेकिन रॉयल्टी के बारे में उसने कुछ कहा क्या? प्रतियाँ कितनी निकाली हैं यह बताया क्या? यह, मतलब तेरा युग प्रवर्तक तुम्हें उल्लू बनाएगा! पहला उपन्यास बिकने आया कि तब तक दूसरा उपन्यास लिखवा लेना और पहले उपन्यास के कुछ पैसे देना, फिर तीसरा उपन्यास लिखवा लेना और पहले उपन्यास का दूसरा संस्करण निकालना और दूसरे के कुछ पैसे देना। फिर बीच ही में 'कवि ताँबे की चुनी हुई रचनाएँ' जैसी एकाध किताब सम्पादित कराकर बी.ए. की टेक्स्ट-बुक के रूप में

लगवा लेना। ऐसा जीवन-भर! इसलिए भैया, तुम अपना देख लो। और ये साले प्रकाशक लेखक से सिर्फ किताब लिखवा लेंगे, प्रेसवालों से उधार छपवा लेंगे, कागजवालों के पास से कागज क्रेडिट पर ले आएँगे और ग्राहकों से कैश लेकर धीरे-धीरे सबको थोड़े-थोड़े पैसे देते रहेंगे मानो भीख दे रहे हों। इसलिए तुम इनसे थोड़े-थोड़े पैसे निकालते जाना। नहीं तो कुलकर्णी ने कितने लेखकों को डुबोया इसकी लिस्ट उसके प्रकाशन की लिस्ट में ही दिख जाती है—वगैरा।

सारंग इसके बाद चांगदेव से मिला। चांगदेव की परीक्षा बिलकुल मुहाने पर आ गई थी। इसलिए उसने ज्यादा ध्यान देना ठीक नहीं समझा। लेकिन कहने लगा, "कुछ भी हो, कुलकर्णी ने जो कुछ कहा वह इसलिए कि उनके मन में प्यार है। वे बातें हमें नहीं जँचतीं, फिर भी तुम्हें बड़ा लेखक बनने का राज उन्होंने बराबर बता दिया है। शंकर साला पहले तो कुलकर्णी के पाजामे पहनेगा और अब तुम्हें होशियार रहने की शिक्षा देगा!"

लेकिन सारंग को शंकर के विचार अधिक युक्तियुक्त लगने लगे, कारण अपने उपन्यास की तूफानी बिक्री हो रही है और कितनी कॉपियाँ छापी हैं, कितनी बिकी हैं, यह जो प्रकाशक नहीं बताता उस पर कहाँ तक यकीन रखें? और किसलिए?

इसके अलावा अपने उपन्यास की इतनी चर्चा हो रही है तो मैं हूँ ही बहुत बड़ा अमर उपन्यासकार और लेखकों की तेजस्वी परम्परा आगे बढ़ाने का उत्तरदायित्व सिर्फ अपने कन्धे पर है, ऐसे कुछ दिव्य-भव्य की प्रतीति सारंग को हो रही थी! इसलिए मुझे झुकना नहीं है, दूसरों की विचारधारा के विषय में सोचने की भी आवश्यकता नहीं है ऐसा उसे अपने आप लगने लगा। वह खुद को पवित्र मार्टियर समझकर सारी बम्बई में प्रकाशकों के खिलाफ बोलता रहता।

फिर सारंग पूना गया। यहाँ कुलकर्णी प्रकाशक के यहाँ ठहरना निश्चित था, फिर भी पहले शंकर के यहाँ कुछ देर ठहरने के बाद वह उधर गया। कुलकर्णी के यहाँ वह एक दिन रहा। लेकिन हर वक्त उलटा-सीधा बकता रहा। मिसाल के तौर पर, फ्रिज की ओर उँगली कर उसने पूछा, "यह फ्रिज कितने लेखकों की किताबों से लिया?"

कुलकर्णी बोले, "हमारे सच्चे अन्नदाता तुम कविता-उपन्यास लिखनेवाले लोग नहीं हो। हमारे सही अन्नदाता हैं वे प्राध्यापक जो टेक्स्ट बुक लिखकर देते हैं। क्या समझे?"

बाद में सारंग ने अपनी रॉयल्टी का विषय निकाला और कहने लगा कि पैसे चाहिए तब मैडम ने पति को इशारा किया और कुलकर्णी फोन करने का बहाना करके झट से चले गए। बाद में मैडम भी दूसरे दरवाजे से उधर ही चली गईं। फिर अकेले कुलकर्णी वापस आए। वे बोले, "हाँ तो क्या कह रहे थे सारंग रावजी आप?"

अपने उपन्यास में सम्पूर्ण जीवन और आत्मा-परमात्मा पर गप्पें हाँकनेवाला यह नौजवान मराठी लेखक थूक निगलकर हकलाते हुए जब कहने लगा कि मुझे अपनी रॉयल्टी चाहिए तब गुस्से में आकर अपने पैर के तलुए मसलते हुए कुलकर्णी बोले, "रॉयल्टी? किस बात की?"

"मतलब भी मैं ही बताऊँ क्या? मेरा उपन्यास आपने छापा है उसकी रॉयल्टी।"

"हम हर किसी ऐरे-गैरे नत्थू-खैरे को रॉयल्टी नहीं देते रहते। पहली ही किताब की रॉयल्टी मिल गई ऐसा कोई लेखक होता है क्या? है ऐसा कोई मराठी में? लेखक ही हमें सब खर्चा-पानी देकर अपनी किताब छापने के लिए कहते हैं। किस आधार पर मैं तुम्हें रॉयल्टी दूँ। कांट्रैक्ट किया है क्या तुमने वैसा? कहाँ की रॉयल्टी? उलटे तुम्हारी किताब प्रकाशित कर मैंने तुम्हें मशहूर किया है।"

"अच्छा मरने दो, जाने दो मेरी रॉयल्टी। मुझे अपने उपन्यास का दूसरा संस्करण निकालना है। आपने कुल कितनी प्रतियाँ छापी हैं? कितनी बची हैं?"

"वह दफ्तर में जाकर पूछो। मैं क्लर्क नहीं हूँ। मेरे कितने लेखक हैं यह भी मुझे याद नहीं, तब तुम्हारे फालतू उपन्यास की कॉपियाँ मैं कहाँ अपने दिमाग में रखूँ? कल दफ्तर में पूछो।"

सारंग गुस्से में भरकर विद्रोही तेजस्वी लेखकपन की मशाल मानो हाथ में ऊँची पकड़कर हाथ हिलाते हुए बम्बई लौटा। कुलकर्णी प्रकाशक ने जो अपमान किया था उससे वह बहुत ही व्यथित हो गया था।

वह कहने लगा, "मैं प्रकाशकों के खिलाफ बड़े संगठन का गठन करूँगा। इसके आगे एक किताब किसी प्रकाशक को नहीं दूँगा या फिर मैं स्वयं प्रकाशक बन जाऊँगा। प्रकाशकों की यह संस्था ही परोपजीवी है।"

चांगदेव को वह उसी तैश में पूना में जो घटनाएँ हुई थीं बताने लगा। तब चांगदेव ने उसे कहा, "भैया, तुम्हें कम-से-कम न कहने का बड़प्पन भी इसी

परोपजीवी संस्था ने दिया है। इतनी बात तो ध्यान में रखी। हम जैसों को तो वह भी नहीं है। हम जैसों के पास लिखने जैसा बहुत कुछ है, लेकिन हमें कोई लिखने के लिए भी नहीं कहता और कहा भी तो हम लिखते नहीं। छापना तो और दूर की बात है और तुम्हारे जैसी धुआँधार शोहरत तो और भी दूर है। साहित्यिक प्रतिष्ठा के कवच-कुंडल तुम्हारे पास हैं, तब तुम अखबारों में तिकड़म कर जो आन-बान दिखाना चाहते हो दिखाओ। किसी को किसी बात का कुछ नहीं है। लेखकों का जीना अगर इतना शर्मनाक है तो लेखक होना ही किसलिए? ओ. के. परीक्षा के बाद में मिलना।"

फिर परीक्षा समाप्त हो गई। परीक्षा समाप्त होने पर न जाने क्यों उसे अचानक प्रिंसिपल महाजन से मिलने की इच्छा हुई। वह ट्रेन पकड़कर सीधे कॉलेज चला गया। मैंने परीक्षा दी है और मैं पास हो जाऊँगा ऐसा उसने कृतज्ञ भाव से उन्हें कहा। महाजनजी ने उसका हाथ दबाकर उसे शाबासी दी। उन्होंने कहा, "कितना फर्क लग रहा है मुझे, उस समय एम.ए. होकर क्या करना है कह रहा था तब में और अब में! चांगदेव पाटील एकदम दूसरा ही कोई बोल रहा है ऐसा मुझे लगा! अब कुछ दिन आराम करने के बाद नौकरी की तलाश में लगो। परीक्षा के कारण सीने पर स्ट्रेन तो नहीं न आया? अब कैसे हैं तुम्हारे फेफड़े? बहुत ही अजीब हालत में तुमने परीक्षा दी। लेकिन तुम होशियार हो। मुझे बहुत अच्छा लगा।"

चांगदेव बोला, "नियमित रूप से डॉक्टर के यहाँ जाता हूँ। स्ट्रेन वगैरा कुछ नहीं हुआ। बिलकुल आराम से परीक्षा दी। जितना लिख सकता था, लिखा।"

"अच्छा हुआ। अब जरा तबीयत भी ठीक कर लो।"

फिर भोजन कर शान्ति के साथ फुटपाथ पर चलते हुए स्टेशन चला गया। अब सिगरेट, तमाखू कुछ भी न होने से, मुँह बिलकुल खाली रखकर चलना पड़ रहा था। उतनी-सी आजादी चली गई थी। लेकिन दूसरी सीधे जीने की आजादी भी तो मिल गई थी। ऐसी कुछ दार्शनिक बातें दिमाग में सोचते हुए वह ट्रेन की राह देखता हुआ शान्ति से बेंच पर बैठा था।

इतने में पीछे से किसी ने कन्धे पर हल्की-सी चपत लगाई! और उसके दाएँ-बाएँ एक-एक हिजड़ा उसका एक-एक हाथ, हाथ में लेकर लाड़ लड़ाते पास में बैठ गया। ये कोई जाने-पहचाने नहीं हैं लेकिन हिजड़े ही हैं यह बात समझ में आने तक जो उनके साथ संवाद हुआ :

बाईं तरफ से : मैंने नहीं भला देवरजी, वो उधरवाली ने।

दाईं तरफ से : कुछ आठ-बारा आने देओ न देवरजी।

चांगदेव सँभलते हुए बोला : नहीं है। क्या है? छोड़ो।

फिर बाईं तरफ से : अरी, आठ-बारा आने का जाने दे। जरा इतना-इतना लग भी गया तो काफी है। क्यों देवरजी? हँ हँ हँ हँ हँ—उन दोनों की खिसियानी हँसी गूँज उठी। हाथ छुड़ाकर चांगदेव सीधा स्टेशन के बीचोबीच आदमियों में आकर सीढ़ियों के पास खड़ा हो गया।

वहाँ पर पूरे बदन पर रूमाल, टॉवेल लेकर बेचनेवाला एक मोटा-तगड़ा मवाली और बिलकुल बच्ची-सी फटे कपड़े में एक जवान लड़की का अलग ही लफड़ा चल रहा था। वह उसके कन्धे से रूमाल खींचती और वह हँसते-हँसते उसे पकड़ने की कोशिश करता। फिर वह बहुत ही प्यार में आकर उसे पकड़ने के लिए उसके पीछे दौड़ने लगा। वह छोकरी आदमियों की भीड़ से पीछे मुड़-मुड़कर उस मवाली की ओर देखती हुई राटक गई। अब उसे पकड़ना है इस इरादे से मवाली भी उसके पीछे लगा। इसी प्रकार यह तमाशा चल रहा था तब थोड़ी देर पहले हिजड़े में से एक आँचल सँभालते हुए और इधर-उधर देखते हुए आया। वह भागनेवाली लड़की पीछे देख रही थी इसलिए भीड़ में उस हिजड़े से ही जा टकराई। उसके साथ ही हिजड़े ने उसके दोनों हाथ झट से पकड़कर हालात को भाँपते हुए हाथ हिलाकर कहा, "कहाँ दौड़ रही हो ऐसी भीड़ में? आँ? आईंगा ना वो पीछे से। क्या ठेसन में ही लेगी उसे छाती पर? आँ?"

इतने में गाड़ी भी आ गई। हिजड़े भी भीड़ में चांगदेव के पीछे ही खड़े थे। फिर सामने जो डिब्बा आया उसमें एक ही दरवाजा था। इसलिए चांगदेव आगे दौड़ता हुआ गया और दो दरवाजेवाले डिब्बे में बैठा।

डिब्बे में काफी खुली जगह थी। चर्नी रोड आते-आते डिब्बा खाली हो गया। खिड़की से नीचे का सफेद रास्ता, लाइट के खम्भों की कतार धीमे-धीमे पीछे जा रही थी उसे देखकर चांगदेव को वास्तव में समाधि-सी लग गई। यह बम्बई उसकी नस-नस में रच-पच चुकी थी। परीक्षा समाप्त होते-होते पुराना पर्व समाप्त

हो गया था। अब क्या? नई राहों की आहट और उसकी अद्‌भुत पुकार की प्रतीति उसे हो रही थी। अब तो चोला बदला जा चुका। नई जिन्दगी की तलाश करनी होगी। छह साल का टुकड़ा अलग हो गया।

डॉक्टर मेहता ने कहा कि एक बार पूरी जाँच करवा लेंगे तो सब मालूम हो जाएगा। वैसे तो अब तुम नॉर्मल लगता है। लेकिन जाँच करवा लेना, चिट्ठी भी देता। फोन भी करता। आठेक दिन में अपॉइंटमेंट लेकर टेस्ट दे दो। मेरे कू लगता सब ठीक होंगा। ट्रीटमेंट बराबर हो गई। फिर तुम्हारी कांस्टिट्यूशन भी अच्छी है। बहुत हेल्दी हाय। बहुत झटके से प्रोग्रेस किया। लेकिन कुछ नहीं कह शकता हाय। बरस-भर गोलियाँ लेते रहना होगा। आच्छा। पाँच बरस भी कोई-कोई को ट्रीटमेंट लेना माँगता। देखें क्या रिपोर्ट आता।

मतलब फिर अनिश्चित। फिर प्रचंड बादलों की दिमाग में भीड़। और सब कुछ होने-न होने की दिल दहलानेवाली गड़गड़ाहट। लेकिन दोनों बातों को समान महत्त्व देकर, दोनों ओर की सम्भावनाएँ स्वीकार कर दोनों रास्तों का अन्त अस्पष्ट-सा है यह ध्यान में लेकर उसने फिर पहले जैसी साँसें अपने कानों से सुनना शुरू किया। शरीर को सँभालना कठिन बात है। आगे की योजना भी करने का मन नहीं होता।

बम्बई में ही रहना पड़ा तो नौकरी ढूँढ़ने की शुरुआत करनी चाहिए। बम्बई छोड़ने को मन नहीं करता। बम्बई की मोहिनी जबर्दस्त है। लेकिन यह सब दूर हटाकर नई राहें ढूँढ़ते रहना भी सुन्दर हो सकता है। कुछ भी हो जाए बम्बई में रहना ही अच्छा है। लेकिन बम्बई छूट गई तो भी अच्छा ही है।

इस तरह दोनों तरफ से सोचने की आदत भी उसे इन्हीं दिनों में लगी। पहले एक मतलब एक ही था। वह भी कोई बहुत सही बात न थी। अब कोई भी बात अपने-आप सामने उभरकर आने लगे, यह भी कोई कम महत्त्व की बात नहीं है।

नौकरी ढूँढ़ते रहने की वजह से, कई दोस्तों से कई दिनों मिलना नहीं हुआ। तो अब थोड़ा घूमते रहा जाए ऐसा सोचकर वह नौकरियाँ ढूँढ़ता रहा। "एक-दो जगह तो एक-दो हफ्ते में ही काम शुरू हो सकता है," श्रॉफ ने फोन पर कहा, "वैसे उसके पास भी तात्कालिक काम थे, लेकिन वे तुम्हारे लायक नहीं हैं।"

प्रिंसिपल महाजन ने कहा कि घर हो आओ फिर जून में अर्जी देना। बीस जून से कॉलेज में प्राध्यापक की नौकरी मिल ही जाएगी।

लेकिन भैया ने कहा, "बम्बई में ही करना है तो फिर फालतू दो सौ रुपये बेसिक की प्राध्यापक की नौकरी करने में क्या पॉइंट है? बम्बई में नारायण के समान अखबार में या फिर किसी फर्म में सॉलिड नौकरी करनी चाहिए। फिर कमरा ढूँढ़ना, फिर पगड़ी देकर कमरा प्राप्त करना इसमें पचास साल चले जाते हैं। जिसका अपना मकान हो उसी का बम्बई में रहना ठीक है।"

शंकर भी बीच में आकर कह गया कि प्राध्यापकी करनी ही है तो पूना चले आओ।

भैया ने कहा, "शंकर की बात मत सुनो। पूना में गप्पें हाँकने के लिए एक आदमी नहीं मिलता यह वही मुझसे कह रहा था। उसे गप्पें हाँकने के लिए एक आदमी चाहिए ही। तो तुम यहाँ अखबार में जगह ढूँढ़ो। मैं भी एक-दो जनों को कहता हूँ। प्रधान के पिताजी से क्यों नहीं मिलते? हम जाएँगे। प्रधान भी नौकरी लगने के बाद कभी-कभार मिलता है।"

प्रधान के पिताजी ने कहा, "अखबार में मिल जाएगी। लेकिन प्रूफरीडर बनकर कब तक काम करते रहोगे? ऊपर की जगह अपने लोगों को कोई नहीं देता। सब साउथ इंडियंस भरे हैं। मराठी अखबार में देखेंगे। लेकिन वहाँ पर दस-दस साल से काम करनेवाले कॉलम एडिटर अभी भी जहाँ के तहाँ ही हैं। लिमिटेड स्कोप है। कुछ दिन के लिए अगर कुछ करना है तो देखेंगे।"

प्रधान बोला, "तुम निर्णय लो। मैं पिताजी से करवा लूँगा। दूसरी जगह भी देखता हूँ।"

कौन सी नौकरी कैसी होती है यह अभी पहली बार उसे मालूम हो रहा था। इतने दिन तक अमुक आदमी अमुक जगह इतनी तनख्वाह पाता है ऐसा अस्पष्ट-सा भाव सिर्फ उसके मन में था। लेकिन हजार रुपये भी मिलें तो भी किसी जगह सिर्फ बोरियों पर लिखे नम्बर बही में लिखते रहना और वह भी दिन-भर, महीना-भर, जीवन-भर ऐसी नौकरियाँ किस काम कीं? फिर मेहता ने भी कहा था कि इंडस्ट्री की नौकरी तुम्हारे लिए ठीक नहीं होगी। सच तो यह है कि तुम बम्बई छोड़ देना।

भैया बोला, "तुम्हारी प्रॉब्लेम तुम्हें ही हल करनी होगी। यों ही मनोरंजन के लिए सब लोगों के मत आजमाते रहने का कोई मतलब नहीं है। लेकिन इस महीने के अन्त तक जो कुछ है वह हमेशा के लिए तय कर डालो। क्योंकि बम्बई छोड़ना हो तो बम्बई के बाहर सिर्फ प्राध्यापक की ही नौकरी करनी पड़ेगी इतना ध्यान रखो। बम्बई के बाहर के गाँवों में कारखाने, बैंक, अखबार ऐसे लफड़े हैं ही नहीं। बाहर के गाँवों में भी कुछ बुरा नहीं है। तुम अपने आराम से रह सकोगे। फिर जवान बच्चों में रहना, उन्हें पढ़ाना मुझे अपने आपको बहुत अच्छा लगता है। वह थोड़ा सा रूमानी है समझो, लेकिन तुम्हारे लिए ठीक होगा। आगे चलकर अपने ही कॉलेज में पढ़नेवाली लड़की से प्यार करके उसी के साथ शादी कर मंगल संसार सुख में स्थिर होकर तुम डूबते रह सकोगे।"

"अरे ओ भैए, चुप करो। तुम्हारा क्या है, बम्बई की हिन्दू कॉलोनी में पिताजी ने घर बना रखा है। तुम्हारे लिए जीवन-भर आदिवासियों के बीच काम करने और बीच-बीच में बम्बई में आकर बौद्धिक वातावरण में स्फूर्ति पाने के लिए रहने की सुविधा है।"

भैया बोला, "मुझे पिता की प्रॉपर्टी का खेद है। इसका कोई इलाज नहीं है।"

ऐसे ही एक बार रात में साथ घूमते समय सारंग ने कहा कि जो मिले वह नौकरी झट से ले लेनी चाहिए। सारंग को भी लिखने से घृणा हो गई थी। "कहीं भी सौ रुपये ही क्यों न मिलें, अपन रोज वहाँ जाएँगे, भक्ति-भावना से अत्यन्त नीरस हिसाब-किताब करते रहेंगे और थककर घर आकर सो जाएँगे, ऐसा अपन ने तय किया है। केवल भौगोलिक चक्कर लगाकर भी जिन्दगी से छुटकारा नहीं है। उससे यह अच्छा है।"

सारंग का उपन्यास कुलकर्णी ने गोदाम में डाल दिया था। ऐसा करता हूँ कि बरस-भर में उसका नाम भी कोई नहीं लेगा, यह कहकर उन्होंने दुकानों में रखी कॉपियाँ भी वापस मँगवा ली थीं। सारंग जब पूना गया तब शंकर से उसे यह बात मालूम हुई। कितनी कॉपियाँ छापी हैं यह जानने के लिए जब दोनों प्रेस में गए तो प्रेस मैनेजर ने इन्हें बैठने तक के लिए नहीं बोला। जबकि इसके पहले जाने पर वह ठंडा पिलाने का काम करता था। उसने कहा कि यह आँकड़ा आप अपने

प्रकाशक से पूछिए। हम प्रकाशक के प्रति उत्तरदायी होते हैं लेखक के नहीं। सारंग चिढ़कर बहुत ही गाली-गलौज करते हुए बाहर आया।

वह चांगदेव को कह रहा था, "हर जगह ब्राह्मणों की बपौती है। मैं ब्राह्मण नहीं हूँ इसलिए मैं कितना ही अच्छा क्यों न लिखूँ कोई पूछता नहीं। ऐसा कब तक चलता रहेगा?"

चांगदेव बोला, "लेकिन तुमने अगर कुलकर्णी का कहा मान लिया होता तो तुम्हें ऐसा कहने की नौबत आ सकती थी क्या? सच तो यह है, तुम कौन हो यह मैं नहीं जानता। तुम ब्राह्मण नहीं हो यह अभी-अभी तुमने कहा इसलिए ध्यान में आया।"

"लेकिन मैं ब्राह्मण हूँ—ऐसा ही मानकर तुम चल रहे थे न? वह भी क्यों? मतलब मैं ब्राह्मण जैसा बर्ताव करूँ ऐसा ही तुम्हें भीतर-भीतर लगता होगा। लेकिन मैं ब्राह्मणों के जैसा बर्ताव क्यों करूँ? कुलकर्णी के साथ ही तालमेल नहीं बैठा वह भी इसलिए ही क्योंकि मैं ब्राह्मण नहीं हूँ। वैसे ये स्साले होशियार होते हैं। मेरा चारों तरफ बोलबाला था। तब इनके लेखक देशपांडे जब पहली बार मुझे मिले तब वे मेरी जाति का शायद अनुमान कर रहे थे। क्योंकि अगर मैं ब्राह्मण होता तो मेरा उपन्यास इनको और अच्छा लगता। वे पूछते रहे, आपका मूल स्थान कौन सा है? बम्बई कहने पर कुछ असमंजस में पड़कर पूछा कि आपकी माताजी का पीहर कौन सा? बम्बई कहने पर फिर असमंजस में डूब गए। फिर अभी कहाँ से आ रहे हो? ऐसा पूछा तो मैंने कहा, मौसी के यहाँ से। तब फिर पहली जानकारी लेने के लिए वे पूछने लगे कि मौसी का नाम क्या है? मुझे इस पूछताछ में रस आने लगा। मैंने कहा, तारा। तो वे कहने लगे, उपनाम क्या है? तो मैं फट से बोला, देशपांडे साहब मैं ब्राह्मण नहीं हूँ। इस पर वे चित ही हो गए।"

चांगदेव कहने लगा, "वैसे तुम्हें कुलकर्णी ने कहा भी था कि इस साहित्यिक जगत में तुम अगर किसी एक ग्रुप के साथ चिपके नहीं रहोगे तो तुम्हें कुत्ता भी नहीं पूछेगा। यहाँ साहित्य में अलग-अलग जातियाँ हैं। लोकप्रिय, नपुंसक, दुर्बल, मूर्ख, वृत्तपत्रीय, प्रतिभावान!"

"मत पूछने दो। नहीं तो भी इन सालों के पूछने से क्या होनेवाला है? आखिर हम सब एक-दूसरे को मात्र साहित्य के माध्यम से ही पहचानते हैं न? वैसा क्यों नहीं होना चाहिए? मैं इन दिनों इसी सूत्र को लेकर सोच रहा हूँ। किसकी किताब है? रिव्यू लिखनेवाला कौन है? तो उसकी और रिव्यू लिखनेवाले की जाति एक ही

होती है। तारीफ के पुल बाँधे जाते हैं। एकाध बार नाम से जाति का पता नहीं चलता लेकिन थोड़ी सी पूछताछ करते ही वही जाति निकलती है। सब जगह यही है।"

"हाँ, लेकिन इस क्षेत्र में चुनी हुई जातियाँ होने के कारण यह स्वाभाविक नहीं है क्या? इसी को तो हमें खत्म करना चाहिए। साहित्य में ये जातियाँ नहीं होनी चाहिए।"

इसके बाद दोनों खाना खाकर कोलाबा में दो दिशाओं में चले गए। सारंग को कहीं अपने मित्र के यहाँ जाना था। सारंग शायद दलित जाति का है। उसमें भी इतना होशियार, मतलब महार जाति का होगा। क्या मालूम! उसने इस तरह उलटा-सीधा सोचना क्यों शुरू किया है इस बात पर सोचता हुआ वह चौपाटी की ओर से चला आ रहा था तभी कोई दो जने उसके सामने अचानक आ गए। उनके मुँह पर अँधेरा छाया हुआ था इसलिए वे कौन हैं यह समझ में नहीं आया। उसकी जेब में जो हाथ था वह एक ने पकड़ा और दूसरा कहने लगा, "निकाल पैसा।" फिर उसके हाथ में चाकू चमकने लगा। चांगदेव को पसीना आ गया। उसने चुपचाप जेब से वह डायरी निकालकर दे दी जिसमें पैसे रखे थे। और वे दोनों गुंडे डायरी देखते-देखते भाग गए।

चांगदेव खिन्न होकर वहीं खड़ा रहा। थोड़ी-सी दूरी पर एक जोड़ा बेंच पर बैठा हुआ था। सामने से दो-तीन लोग आ रहे थे और आगे पान की दुकान पर काफी भीड़ थी। इतनी भीड़ में ऐसा हुआ, और मैंने कुछ भी विरोध नहीं किया और घबरा गया—इस बात पर उसे आश्चर्य होने लगा। पहले भी एक बार ऐसे ही किसी ने उसको टोका था तब उसने उसके साथ थोड़ा संघर्ष किया था और जेब दबाकर वह शूरवीर के समान खड़ा रहा था। वे दिन अलग थे। तब मरना जो था। तब उसे कोई चाकू मारता तो कुछ भी डर न लगता। लेकिन अब चाकू देखते ही उसकी हिम्मत ने जवाब दे दिया था। अब ऐसा डरपोकपन आ गया था। अब उलटा ऐसा लगने लगा कि अच्छा हुआ कि जेब में दस-पन्द्रह रुपये थे। अगर कुछ नहीं होता तो इन लोगों ने पीट दिया होता। बहुत सारे होते तो ज्यादा नुकसान होता। जो हुआ सो अच्छा ही हुआ। लेकिन इस प्रकार सोचना भी डरपोकपन बढ़ने का लक्षण था। यह बहुत बुरा था। मैंने जीने के करारनामे को बढ़ाया है उसमें पता नहीं ऐसी कितनी बातों का समावेश होना है? यह

भीड़-भाड़ का शहर, तूफानी आबादी। झुग्गियों में रहनेवाले गुंडे लड़के, मारपीट, खून, चोरियाँ...यह सब एक साथ डरावना लग रहा था। ऐसा पहले कभी नहीं लगा। पहले उसे लगता था कि सब स्वाभाविक है, अपना ही है। मैं भी इसी तूफानी बस्ती का एक हिस्सा था। लेकिन अब अलग होता जा रहा हूँ। अलग होने का भाव बढ़ रहा है।

सच तो यह था कि इन दिनों जान-बूझकर ऐसी चीजें देखकर उनके विषय में सोचने की आदत बढ़ रही थी। हमेशा के होटल से चाय पीकर लौटते समय हॉस्टल नुक्कड़ पर लैम्प के नीचे एक काफी पुष्ट दिखाई देनेवाली जवान औरत पैर मोड़कर पड़ी थी। शायद किसी ने उसे वहाँ ला पटका था। वह बेसुध-सी थी क्योंकि उसकी खुली टाँग को खरोंचकर एक मवाली जैसा दिखनेवाला आदमी उससे पूछ रहा था, क्या हुआ? क्यों पड़ी है इधर? और दूसरा झुककर उसकी सूरत कैसी है इसका पता लगा रहा था। उसने ऊपर का पूरा हिस्सा ढक लिया था। यह क्या मामला है किसे मालूम? शायद उस के साथ बहुत सारे लोगों ने बलात्कार कर उसे वहाँ फेंक दिया था। क्योंकि उसने दोनों टाँगें पूरी तरह से भींच रखी थीं और वह कराह रही थी। वे दोनों शायद इसका पता लगा रहे थे कि उसका फिर से इस्तेमाल किया जा सकता है या नहीं। कहना मुश्किल था।

भारी-भरकम दर्द पूरी बम्बई पर छाया हुआ है। हर रोज लोग अखबार पढ़ते हैं और रद्दी में डाल देते हैं। बम्बई में इतने अत्याचार हैं कि वे उनकी फेहरिस्त भी नहीं बना पाएँगे। कोई क्या कर सकता है? पिछले कई बरसों से यह चल रहा है, लेकिन वह अब इतना बदसूरत लगने लगा है!

मतलब धीरे-धीरे बम्बई उसे अजीब-सी ही लगने लगी। छह साल पहले बम्बई काफी नियंत्रित, साफ-सुथरी, आकर्षक थी। अब तो रात में भी रास्ते निस्तब्ध नहीं होते। भीड़ और बदहाली फैली रहती है। धीरे-धीरे ऐसे खयाल बढ़ते गए तो बम्बई छोड़ने की इच्छा भी बढ़ती जाएगी, यह तो है ही।

लेकिन गुंडे उसकी डायरी ले उड़े तो पिछले कई बरसों से लिखकर रखे गए दोस्तों के नाम, पते, फोन नम्बर, किताबों के नाम, बहुत पहले के कॉलेज की लड़कियों के पते भी, हिसाब, लेन-देन सब उसके साथ चला गया। वैसे उसमें से बहुत सारी बातें कुछ काम की नहीं थीं। नई डायरी लेने की जरूरत उसने कभी महसूस ही नहीं की थी। किसी भी चीज की जरूरत हो वह इसमें मिल जाती, इसलिए बरसों से यही पुरानी डायरी चल रही थी।

अब वह पुराना सब जाने ही दिया जाए। लेकिन कोई इस तरह चाकू दिखाकर मेरी चीज छीनकर ले जाए यह अच्छा नहीं है। बाद में कई दिनों तक इस बात की कड़वाहट उसके मुँह में बनी रही।

श्रॉफ ने बार-बार फोन कर सन्देश भेजा था—गप्पें लड़ाने के लिए आ जाओ। चांगदेव, भैया को भी साथ ले जाने के लिए उसके यहाँ गया। फिर वे श्रॉफ के यहाँ जाने लगे। बीच में स्टेशन पर चाय पीते-पीते भैया ने प्रधान्या की एक मजेदार बात बताई—

"पहले बाप्या, प्रधान्या और मैं करीब-करीब रोजाना सिनेमा देखते। बाप्या को पास मिलते थे। लेकिन ठीक उसी वक्त नेहरूजी की अन्त्येष्टि का समाचार चित्र बम्बई के सभी थिएटरों में दिखाया जाता। बीसेक बार देखना पड़ा वह सब हमको। किसी के मरने की साली कितनी सराहना! और इतनी बार एक ही चीज देखकर उसमें रस रहेगा भी कैसे? बाय द वे, यह बात शंकर की समझ में अब तक कैसे नहीं आती? कल के अखबार में साले ने न जाने क्या-क्या घिसी-पिटी बातें लिखी हैं। कविता हर पाठ के समय नए सिरे से सृजित होती है ऐसा कुछ बकवास दो कॉलम में किया है। बीस बार पढ़ो बेटा एक ही कविता। केवल अखबारी ढंग से लिखता है भड़ुआ।"

"वह जाने दे। प्रधान्या की क्या मजेदार बात कहनेवाला था तू?"

"हाँ, तो इतनी बार नेहरू की अन्त्येष्टि देखकर हम सब बहुत ही बोर हो गए थे। और फिर तो नेहरू की अर्थी दिखते ही हमें हँसी आने लगी। एक बार मैजेस्टिक में 'राशोमॉन' देखने गए तो वहाँ फिर प्रधानमंत्री नेहरू की अन्तिम यात्रा! उसमें कॉमेंट्री करनेवाला हमेशा की तरह कह रहा था, आत्मा अमर है और साला प्रधान्या खो-खोकर प्रचंड हँसी हँसने लगा! तब भावनाकुल होकर हृदय व्यथित हो जाने से आगे-पीछे के लोगों को कुछ गुस्सा आया ही होगा! तो एकदम आगे की कुर्सी में बैठा एक पहलवान उठा और पीछे मुड़कर प्रधान्या को बोला, 'क्या है? चुप बैठता कि नहीं?'

"तो चुप होकर प्रधान्या बोला, 'इसकी माँ की।' तभी पहलवान फिर मुड़कर बोला, 'क्या बोला? माँ की? रह, खड़ा रह, दिखाता हूँ तेरे को। किसकी माँ की बोला?' इस पर भयानक घबराया हुआ प्रधान्या बोला, 'अजी किसी की नहीं

हमारी ही माँ की।' फिर मैंने पहलवान से माफी माँगकर उसे नीचे बैठाया। फिर फिल्म खत्म होने तक प्रधान्या चुप रहा। प्रधान्या की फजीहत पर हम हँसी रोक नहीं पा रहे थे। साला उस वक्त सार्त्र और किर्केगार्द पर जोर-शोर से बातें करता। पहलवान ने अस्तित्ववाद का अच्छा सबक सिखाया।"

"परसों गुंडों ने भैया मेरी भी फजीहत की। मैं तो घबरा ही गया था। पन्द्रह-बीस रुपये गए।"

परसों गुंडों ने क्या किया, यह बात जब चांगदेव ने बताई तब भैया बोला, "कम्यूनिस्ट देशों में इतना नैतिक अध:पतन नहीं है। अमरीका के वार्ताकार भी इसे मानते हैं। यह गन्दगी पूँजीवादी देशों में होती है। आम आदमी को कैसे बर्ताव करना चाहिए, क्या पढ़ना चाहिए, कैसे मेहनत कर पैसा कमाना ये बातें बल प्रयोग से ही समझानी चाहिए। नहीं तो ऐसे चोर बढ़ते जाते हैं। किसी एक को छुरा दिखाया और दो-चार दिन आराम से पीते रहो। अपने लोगों को तो कोड़ों से सिखाना चाहिए। इसलिए आजकल मैं फुलटाइम पार्टी का काम करता हूँ। पूँजीवाद में लोग स्वार्थी बन जाते हैं, किसी का किसी को कुछ नहीं।"

"तुम्हारी वह आदिवासियों पर लिखी लेखमाला बहुत ही चर्चित रही बेट्टा। अभी भी इतनी क्रूरता के साथ उनसे बर्ताव किया जाता है इस पर विश्वास नहीं होता।"

"सरकार अब पूरी तरह से ध्यान दे रही है। लेकिन हमारे पिताजी अब भी कहते हैं बी.एस-सी. करो। फालतू में काम करने की उम्र पहाड़ों में भटककर बर्बाद कर रहे हो। अब इन बुड्ढों से क्या कहा जाए?"

चांगदेव और भैया जब श्रॉफ के यहाँ पहुँचे तो श्रॉफ कहने लगा, "तुम्हारे एक-एक दोस्त ने अच्छा काम शुरू कर दिया है धक्का देने का। लेकिन दो-चार बरस में तुम सब नौकरियाँ करने लगते ही देखना कैसे खतम हो जाओगे। समाज में जो है वह सब पुख्ता नींव पर खड़ा है। वह तुम क्या गिरा पाओगे? तुम सबको सिर्फ अराजकता चाहिए। एक उम्र में वह भी बहुत आकर्षक लगती है। बाद में तुम्हें चैन की दीवारें अच्छी लगने लगेंगी। और उसमें भी एकाध सुन्दर पर्दा लगी हुई काँच की खिड़की ताकि जब चाहो बाहर की दुनिया देख सको। देखें कब तक चलता है तुम्हारा यह सब। नारायण को ही देख लो। यूनियन की न जाने कितनी

झंझटें करता था। अभी, उस दिन उसके घर गया था मैं। एकदम प्रस्थापित संस्थानों का समर्थक बन गया है वह! हर रोज अमरीकी टाई लगाकर टैक्सी में घूमता है। ये हैं हमारे कम्यूनिस्ट!"

भैया बोला, "नारायण की बात हमसे मत करो। हम अगर वैसे होते तो अब तक वैसे हो चुके होते। नारायण गधा निकला।"

चांगदेव कहने लगा, "इन दिनों मैं भी भारी उलझन में पड़ा हूँ। पहले दरिद्रता पर, बीमारियों पर, विद्रोह पर मुझे तूफानी प्यार आता था। कम-से-कम सुखी, सुरक्षित जीवन के विषय में अकारण द्वेष लगता था। लेकिन अब ऐसा लगने लगा है कि जीवन की अवधि को देखते हुए भाग-दौड़ कर इतनी सी आयु व्यर्थ में ज़ाया करना निरर्थक है।"

भैया बोला, "चांगदेव महाराज, आप जिस स्वाधीनता के साथ जिन सब बातों का उपयोग लेते हो उन बातों के लिए पहले न जाने कितने लोगों ने दुख उठाया है। यह बात तुम्हें कभी सताती है या नहीं?"

चांगदेव बोला, "किसी दूसरे ने विद्रोह शुरू किया, अन्याय का विध्वंस किया तो वह मुझे अच्छा लगता है। लेकिन मैं अपनी ओर से किसी पर अन्याय नहीं करता। इससे ज्यादा कुछ करके जीवन बर्बाद करने को मैं तैयार नहीं हूँ। मेरी अपनी कितनी ही समस्याएँ हैं। तुम्हारी भी होंगी। श्रॉफ की भी होंगी।"

भैया बोला, "सवाल वह नहीं है। कुछ लोग ऐश-आराम करते रहें और वह भी दूसरों के परिश्रम पर कर रहे हैं यह जानते हुए भी करते रहें यह तुम कैसे सह सकते हो?"

चांगदेव बोला, "यह मैं मानता हूँ। सहन नहीं करना चाहिए। लेकिन प्रतिकार कर जीवन बर्बाद कर दें इस लायक वह सब होता है क्या? मुझे तो लगता है बिना टिकट के कहीं भी सफर करने की सबको सुविधा होनी चाहिए।"

भैया ताली देकर बोला, "यह होना ही चाहिए। सबको एक जैसा कपड़ा। एक जैसा खाना, और तो और अमीरों को अच्छी औरतें और गरीबों की कुरूप ऐसा नहीं होना चाहिए।"

श्रॉफ बोला, "ऐसा किया तो तुम्हारा उसमें कुछ भी नुकसान नहीं है। नुकसान हमारा ही है। कंगाल लोगों का भला और अच्छे लोगों के लिए मौत ऐसा ही करना है तुम्हें। बुद्धिमान लोग खुद अपने बलबूते पर, हिम्मत पर इस दुनिया का पालन करते हैं।"

"तुम अच्छे हो यह किस कारण? बुद्धिमान हो किसके बूते? और समझो तो तुम गुणवान और बुद्धिमान और पुरुषार्थी हो फिर भी आपके मकान, रास्ते, इमारतों का निर्माण करने में झुग्गी-झोंपड़पट्टी के ये लोग ही लगते हैं। आपके कारखाने चलाने के लिए आपको हजार मूर्खों की आवश्यकता होती है, उनके उपकार आप मानते दिखाई नहीं देते।"

श्रॉफ बोला, "हम उनके पेट के लिए रोजगार देते हैं। भाग-दौड़कर कौड़ी का आराम न करते हुए कारखाने खड़े करते हैं, उसके लिए ये लोग उपकार मानते हुए नहीं दिखाई देते। मतलब कोई किसी के उपकार माने इसकी आवश्यकता ही कहाँ है?"

भैया बोला, "वह हम नहीं कहते। हमारा कहना है कि इन लोगों को अच्छी तरह जीने को मिले, इनको अपनी मेहनत का जो है वह मिले हमारा इतना ही कहना है।"

श्रॉफ बोला, "हम फिर दूसरा क्या करते हैं? ये लोग भी सम्पन्न बनें, अच्छे घरों में रहें, इनके बच्चे पढ़ें—हमें इसमें खुशी ही है। इनके लिए जो कुछ किया जा सकता है हम करते हैं। राष्ट्र की सम्पत्ति हम भी बढ़ाते ही हैं। लेकिन हमारी दरिद्रता इतनी असीम है कि हम किस-किसका करें? हिन्दुस्तान में बहुत पहले से यह दरिद्रनारायण की समस्या बड़े-बड़ों के पीछे सिरदर्द बन लगी हुई है। इतने दरिद्र लोगों का होना, यह कैंसर है अपने सम्पन्न देश के लिए। बुद्ध जैसों ने लँगोटी पहनकर सीधे जंगल में चले जाओ यही सुझाया। दूसरा इलाज ही नहीं है। आबादी बढ़ते ही समाज की सम्पत्ति को बाँट-बाँटकर कितना बाँटते रहोगे? आखिर में लँगोटी पर डिस्ट्रिब्यूशन की यह प्रॉब्लेम खत्म होती है। असली प्रॉब्लेम, प्रॉडक्शन और दरिद्र लोग कम करने का है, समझे चांगदेवजी। दरिद्र लोग कम करने की प्रॉब्लेम तानाशाही के बिना तो खत्म नहीं हो सकती। मतलब वह चाहिए क्या आपको?"

"ये पूँजीवादी, तानाशाही का भी विरोध करेंगे। क्योंकि दरिद्र प्रजा है इसीलिए तो ये उनका इस्तेमाल कर सकते हैं।"

"भैया साहब, उधर आपके कम्युनिष्ट राष्ट्र भी पूँजीवादी हो रहे हैं।"

"उससे हमें क्या करना है? अपना इंडियन ढंग का कम्युनिज्म आगे चलकर अस्तित्व में आएगा ही।"

श्रॉफ कहने लगा, "इंडियन ढंग का कम्युनिज्म होता ही नहीं है। यही तुम लोगों की समझ में नहीं आता। वैसे कोई भूख से मर रहा हो तो मुझे बुरा लगता

ही है। लेकिन ये भूख से मरनेवाले हजारों लोग यहाँ दरवाजे के बाहर अगर इकट्ठे हो गए तो मैं क्या कर सकता हूँ? कोई सरकार भी क्या कर सकती है? उलटे मुझे अपना घर-बार सुरक्षित रखने के लिए रात-दिन एक गुरखा रखना पड़ता है। कम-से-कम उस एक आदमी की बेरोजगारी की समस्या इस तरह मैं हल करता हूँ। मेरे दादाजी ने भूखे रहकर पैसे इकट्ठे किए और दस-दस मील धूप में पैदल जाकर नमक का व्यापार किया। उनके मरने तक हमारे ठाणे के मकान में एक दरी पर सब सोते थे। मेरे पिताजी ने भी मरते दम तक अपने आराम पर एक पैसा खर्च नहीं किया। मैं मैट्रिक तक आ गया तब तक उन्होंने सिर्फ एक फिल्म मुझे दिखाई थी! इस तरह जमा की हुई दौलत मैं किसलिए छोड़ दूँ? प्रॉपर्टी के सम्बन्ध में हमारी ये भावनाएँ हैं। हमारे पिताजी और माताजी पाँच-पाँच साल अलग-अलग सोते थे। और तुम्हारे कंगलों को हर साल बच्चा होता है मौज-मजे में। हमारी जीवन-प्रणाली ने प्रॉपर्टी की सॅन्क्टिटी को स्वीकार किया है। इसलिए मैं और मेरे बच्चे इस धरोहर को सँभालकर रखेंगे ही। आनेवाली पीढ़ियों को भी यही सीख देते रहेंगे।"

"मतलब तुम्हारी सम्पत्ति में तुम्हारे मजदूरों का कुछ भी योगदान नहीं है ऐसा कहना है क्या तुम्हें?"

"लेकिन हजारों मजदूरों के पोषण में हमारा जो योगदान है वह आपको दिखाई नहीं देता। क्योंकि मजदूरों को जो हम देते हैं वह हर रोज के खाने-पीने में वे खत्म कर देते हैं। कुछ उजड्ड पूँजीपति भी होते ही हैं। लेकिन टाटा जैसा सुसंस्कृत पूँजीपति देश की जो भलाई करेगा वह और किसी रास्ते से नहीं हो सकती। अच्छे पूँजीवाद का दुनिया में कोई मुकाबला नहीं है। कुलकर्णी जैसा पैसेवाला प्रकाशक ही साहित्य में कुछ परिवर्तन ला सकता है, तुम *पटक* निकालकर क्या कर सकते हो?"

"लेकिन पूँजीवाद से जुड़ी बातों से सारा समाज खड्डे में चला जाता है न? ठीक है। तुम तक तुम्हारी तीन पीढ़ियाँ अच्छी रहीं। कल तुम्हारे लड़के मालिक होंगे। वे कालाबाजारी करने लगे तो? मजदूरों को सताने लगे तो? तुम्हारी जायदाद उन्हीं की होगी और दूसरे योग्य व्यक्ति उसमें सुधार सुझा नहीं सकेंगे। तब राष्ट्र की सम्पत्ति जंग लगी अटकी रहेगी। और तुम पाँच-पाँच सौ तोला सोना छुपाकर रखोगे जिसका राष्ट्र की अर्थव्यवस्था को कोई फायदा नहीं होगा। तुम्हारे लड़के मजदूर होने के लायक हों फिर भी वे मालिक बनकर पूरा कारोबार देखते रहेंगे। यह कुल

मिलाकर राष्ट्र की शक्ति और सम्पत्ति का दुरुपयोग नहीं है क्या? अपने शिमला में हनीमून मनाने का खर्चा वे मजदूरों को कम पैसे देकर निकालते रहेंगे तब?"

चांगदेव कहने लगा, "जिस किसी भी रास्ते देश को जाना है जाने दो सालो, लेकिन राष्ट्र में जो गन्दगी है उसे हटाओ, गुंडागर्दी, गन्दगी, रोग-बीमारी और भुखमरी कम-से-कम करो बस हुआ। मुझे लगता है, दो तरीके से यह हो सकेगा।"

श्रॉफ बोला, "लेकिन हमारे रास्ते से अपने देश की संस्कृति और दूसरे मूल्यों की भी रक्षा हो सकती है यह महत्त्वपूर्ण है।"

भैया बोला, "इन मूल्यों के अलावा हम अन्य कोई मूल्य नहीं जानते। यह एकमात्र महत्त्वपूर्ण मूल्य होता है।"

चांगदेव कहने लगा, "मतलब वाद-विवाद की आवश्यकता ही नहीं है। किसी भी रास्ते से क्यों न हो मुझे जो चाहिए वह होने ही वाला है। सबको कपड़े, गद्दियाँ, मकान, मकान में जो चाहिए वे चीजें, होटल, किताबें, फिल्में, नाटक, फल, पेय, दुल्हन या दूल्हे इतना मिल गया तो फिर किसी का भी राज आए, हमें बहुत अधिक फिकर करने की जरूरत नहीं। अब कम्युनिज्म में व्यक्ति-स्वातंत्र्य न भी हो तो इसके बदले में उस प्रणाली में भ्रष्टाचार और अनीति कम होगी यह व्यक्ति-स्वातंत्र्य के बदले में स्वीकार करने के लिए अपन एकदम तैयार हैं। हमें अच्छी सरकार चाहिए चाहे वह जनतांत्रिक हो या न हो।"

श्रॉफ बोला, "तुम भी इसके जैसा ही बोल रहे हो! व्यक्ति-स्वातंत्र्य चला गया तो फिर रहा ही क्या? फिर शासन करनेवाले ही भ्रष्टाचार करने लगेंगे और उसके बारे में बोलने की कोई हिम्मत नहीं करेगा। फिर हमें कुछ बातें अच्छी लगती हैं, कुछ भी हो जाए तो भी वे बनी रहनी चाहिए।"

चांगदेव बोला, "अपने लोग एक तो किसी प्रकार की व्यक्ति-स्वतंत्रता को जाने नहीं देंगे इतने उस्ताद हैं, यह ध्यान में रखो। मतलब हमारा प्रेसिडेंट भी—कम्यूनिस्ट शासन में शस्त्रास्त्रों की परेड मूँगफली फोड़कर खाते हुए देखेगा इसका मुझे पूरा भरोसा है। इसलिए आने दो कम्यूनिस्टों को भी आने दो। भारतीय प्रणाली का कम्यूनिस्ट शासन मतलब, कम-से-कम गन्दे अखबार तो बन्द हो जाएँगे। गन्दी फिल्में बन्द हो जाएँगी और अमीर आदमी ही चुनाव लड़ सकते हैं वह भी बन्द हो जाएगा। वैसे बुद्धिजीवी लोग किसी का भी शासन हो ऊपर ही रहते हैं। बीस बरस तक जनतंत्र का यह तमाशा देखा। अब वह तमाशा देखा जाए क्या

हर्ज है? लेकिन अपने जीते जी दोनों तमाशे देख ही लेना चाहिए। फिर बुढ़ापे में मैं बताऊँगा कि कौन-सा अच्छा है।"

श्रॉफ बोला, "तुम्हारे बुढ़ापे में जनतंत्र रहा तो ही तुम यह बता पाओगे इतना याद रखो। कारण, इनकी प्रणाली में किसको क्या कहना है यह भी उनकी मर्जी पर निर्भर होता है।"

"अरे स्साला, यह भी एक अड़चन तो है ही। लेकिन कुछ नहीं बिगड़ेगा। मैं इनकी पार्टी का मेम्बर बनकर ऐसे बेमालूम तरीके से कहूँगा कि किसी के ध्यान में नहीं आएगा। और ऐसा मत समझो कि अपने लोग इतने बेवकूफ हैं। जो जँचेगा नहीं उसे रखेंगे नहीं। कुछ भी नया-नया आने दो। हम बराबर उसको स्वीकार करेंगे। अन्त में जो हिन्दू हैं वे हिन्दू ही रहेंगे इसका मुझे पूरा विश्वास है। लेकिन कुछ उथल-पुथल होना अब जरूरी हो गया है।"

श्रॉफ कहने लगा, "हिन्दुओं को उथल-पुथल अच्छी नहीं लगती। जो होना है होगा, लेकिन बच्चू, तुम अपने लिए जो कुछ होना है वह अभी तय कर लो। अमीर बनने का कुछ तो रास्ता ढूँढ़ो। पैसा पास में होना चाहिए। अमीर होना मतलब बदन में पंख होने जैसा है। कहीं भी जाओ, कुछ भी खाओ। घूमो, पहाड़ों में जाकर रहो, समन्दर के किनारे रहो। सारी दुनिया तुम्हें आओ-आओ कहती रहती है। और अन्त में इन बातों से तंग आ गए तो हिन्दुओं के लिए संन्यास के रास्ते खुले होते ही हैं। यह भी एक है ही। लेकिन गरीबों का पक्ष लेते-लेते गरीब मत बनना इतना ध्यान रखो। क्योंकि गरीब आदमी गरीब का भी पक्ष नहीं ले सकता, इतना समझ लो।"

चांगदेव बोला, "अन्ततः हम हिन्दू हैं यह ध्यान में रखकर हम चर्चा करने लगे यह अच्छा हुआ। अपना देश मतलब अपने हिन्दू लोगों के सुधार के लिए तुम दोनों इतने आसान, दुनिया में और जगह प्रयुक्त तरीके सुझा रहे हो। ये पर्याप्त होंगे ऐसा मुझे नहीं लगता। इतने आसान विकल्पों से हमारे लोग सुधर जाएँगे इस पर यकीन नहीं किया जा सकता। मैं बूढ़ा हो जाऊँगा उस समय भी कुछ सुधार होगा या नहीं, इस बारे में भी निश्चित नहीं कह सकता मैं।"

प्रभु को नया कमरा मिल गया। सब मिलकर कभी उसके यहाँ जाते और जमकर पार्टी करते, रेकॉर्ड सुनते। यही सब चल रहा था।

परांजप्या एक नए ढंग का नाटक पिछले छह महीनों से तैयार कर रहा था। उसका पहला मंचन रविवार को होनेवाला था। परांजप्या ने सबको खास तौर पर आने के लिए कहा था। नाटक होने पर सबका प्रभु के कमरे पर आने का मतलब था रात-भर साथ रहना यह तय हुआ।

नाटक शुरू होते ही रंगमंच पर रखे एक-दो प्रतीकों और बाईं ओर के टेबल पर रखा टेलिफोन देखकर सभी दोस्त लोग हैरान हो गए। परांजप्या का काम वैसे अच्छा हुआ था। लेकिन दूसरे एक नए लड़के का काम परांजप्या से भी अच्छा हुआ था। सभी दर्शक उस पर ही खुश हो गए। इस वजह से आखिर-आखिर में परांजप्या का चेहरा उतर गया। इसलिए उसका कुल काम ही बेजान हो गया। फिर लाइटवाला फोकस मारने के लिए उतावला था, बराबर फोकस मार ही रहा था।

दोपहर में परांजप्या को लेकर सब पैदल ही प्रभु के यहाँ आए। भांग पीकर धीरे-धीरे सभी के मौज में आने पर बापू सीधा परांजप्या को कहने लगा, "परांजप्या, उस नए छोकरे ने तुझे आज क्लीन बोल्ड कर दिया। और छह महीनों से नाटक तैयार कर रहे थे तुम। और सालो, कैसे नाटक का चुनाव किया तुमने? चार महीने उसके लिए ज़ाया करें ऐसा क्या था उसमें? और प्रतीक और अँधेरा और लाइट इनका बेमतलब झमेला किसलिए जरूरी था?"

"छह महीने में नाटक खड़ा किया। तैयार किया बोलना ही नहीं। या फिर कहो कि नाटक जुटाया।"

"नाटक जुटाया? हँ, हँ, ख्यँ, ख्यँ। नहीं तो नाटक उठा दिया कहें। हँ, हँ, ख्यँ, ख्यँ।"

"परसों वाकया की महफिल में कोई गया था क्या रे? साला, उत्तरी भारत से उलटे बिगड़कर आया है।"

"किसी तरह महफिल हो गई। लेकिन फिर भी रिव्यू में मैंने अच्छा ही कहा!"

"कौन पढ़ता है तुम्हारा रिव्यू? अखबार पढ़ता ही कौन है?"

"लेकिन मेरा काम बहुत बुरा तो नहीं हुआ ना?"

"तुम्हारा काम मतलब प्रधान्या की कबिला जैसा था। सिम्बॉलिज्म बहुत था उसमें।"

"मेरे काम का रहने दो मगर तैयार तो ठीक था न?"

"कहा न उठा दिया कहते जाओ। तैयार किया नहीं, नहीं तो कहो उठाया, हँ, हँ, ख्यँ, ख्यँ।"

"बस हुआ। तो बाल्या बचपन से गा रहा है और फिर भी ठीक से गा नहीं पाता इसलिए दो साल के लिए लखनऊ हो आया। फिर भी साले ने परसों एक राग गलत गाया और दूसरा राग रद्दी गाया।"

"लखनऊ में अच्छा गाता था, ऐसा वही कह रहा था।"

"तो फिर लखनऊ ही जाकर क्यों नहीं रहता? उसको साले को आगे का सुर उठाते हुए डर लगता है। खलास हो गया उसका पहले का गाना भी।"

फिर परांजपे भांग के नशे में कहने लगा, "सालो, मजाक क्यों उड़ा रहे हो। मैं था उसकी महफिल में। एकदम अच्छा गाया वो। सब गर्दन हिला रहे थे। बिला वजह कोई ऊपर बढ़ रहा हो तो उसे नीचे खींचना यह चीज तुममें है ही।"

"किसकी गर्दन हिला रहे थे?"

"खुद की।"

"परांजप्या साले, सच बोल। कैसा गाया बाल्या।"

"वैसे बहुत अच्छा गाया ऐसा नहीं कहा जा सकता। लेकिन अब तक मेरी समझ में यह नहीं आ रहा है कि बरसों हम खटते रहते हैं। छोटी-छोटी चीजों को सुधारते रहते हैं लेकिन फिर भी मनचाही कामयाबी मिलती ही नहीं है। कोई तो साले नत्थू-खैरे अचानक बीच ही में आ जाते हैं और एकदम छा जाते हैं।"

"मतलब आज के नाटक के उस नए बच्चे जैसे।"

"हँ, हँ, ख्याँ, ख्याँ ताली दो।"

"मैं इस साले चोर के बारे में कह रहा हूँ—इस सारंग के बारे में। पिछले साल यह हमारे बीच बिलकुल मामूली छोकरे-सा बैठता था और उसने एक उपन्यास क्या लिखा सब चित। एक ही फटके में।"

नाम्या बोला, "कामयाबी का कोई फार्मूला नहीं होता भैया। वह मिल जाती है। बस्स।"

परांजपे बोला, "लेकिन नाकामयाबी का फार्मूला हमारे सिर ही क्यों? कामयाबी का सेहरा फालतू लोगों के सिर पर क्यों?"

सारंग कहने लगा, "नर्वस नहीं होना। तुम्हारा भी नाम होगा पूरे महाराष्ट्र में। सवाल है सिर्फ वक्त का।"

"वही तो मुझे कहना है। तुम लोगों को साले वक्त का सवाल नहीं है। मगर हमारे लिए है। वाह! हम हरदम ऑफिस से सीधे उधर नाटक की प्रैक्टिस करने

जाएँ और रात में आखिरी ट्रेन से घर लौटें। हरदम बच्चों को सोया हुआ देखें, ठंडा, ढका हुआ खाना खाएँ और...जाने दो। अरे रेकॉर्ड तो लगाओ ना रे।"

रेकॉर्ड सुनने पर सबकी भांग गम्भीर मोड़ पर पहुँचने लगी। चांगदेव बोला, "तुम अच्छा काम क्यों नहीं कर सकते नाटक में? अच्छा गाना क्यों नहीं गा सकते? कुछ लोग एक ही दम में ऊँचे क्यों चले जाते हैं?"

प्रधान बोला, "यही सवाल तुम प्रतिभावान, कामयाब लोगों से कैसे पूछोगे?"

"कैसे मतलब?"

"मैं बताता हूँ उन कामयाब लोगों से तुम सवाल कैसे पूछोगे? तुम बुरा काम क्यों नहीं करते नाटक में? तुम्हें बुरा गाना क्यों नहीं आता महफिल में? कुछ लोग कैसे हरदम नाकामयाब रहते हैं?—क्यों—ऐसा क्यों?"

"मतलब यह क्या कह रहा रे? चांगदेव कुछ समझ में आया? क्या?"

"समझ गया। लेकिन बताऊँगा नहीं क्या समझ में आया वह। अन्दर के अन्दर ही समझ गया लेकिन।"

"मत ही बताना।"

"कलाकार यहाँ से वहाँ तक सब एक हैं। अन्धे। किसका मूड कब लगेगा कुछ कहा नहीं जा सकता। सब अनुमान पर होता है। अन्धे का हाथ पड़ा चूत पर ऐसी एक सभ्य कहावत है हमारी तरफ। वैसा होता है इन सब जीनियसवालों का।"

"हँ, हँ, ख्यँ, ख्यँ मतलब अन्धा पीसे कुत्ता खाय यह एक असभ्य कहावत हमारी तरफ है, यह और वह एक ही है क्या? हँ, हँ, ख्यँ, ख्यँ।"

"मेरी समझ में क्या आया वह मुझे तुम्हें बताना है। तुम्हें वह बता रहा था मशहूर होने के बारे में। कौन कैसे मशहूर हो जाएगा इसकी कोई तकनीक नहीं।"

"न, न। यहाँ मशहूर होने की कोई बात नहीं है। गलत मायने निकालकर हमें गुमराह करने की कोशिश मत करो।"

"कुल मिलाकर मेरी समझ में जो आया वह यह है कि रूमानी बातें करनी चाहिए। वे अच्छी बनती हैं। उनका आकार अथाह होता है।"

"न! सुन्दर बातें करनी चाहिए, वे अच्छी होती हैं।"

"क्या गप्पें हाँक रहे हो, बुरी चीज भी वैसे बहुत सुन्दर होती है। वह भी करें तो क्या वह अच्छी हो जाती है? अभिव्यक्ति ही महत्त्व की होती है क्या?"

"अर्थात!"

"किस बारे में यह कह रहा है रे? क्या कह रहे हो तुम? फिर से मुद्दे की बात करो।"

चांगदेव कहने लगा, "मैं परसों अपनी चाची के यहाँ गया था। वहाँ पर दो छोटी लड़कियाँ आई थीं। एक पाँच साल की और एक दसेक बरस की। उनकी माँ की कुछेक दिन पहले जचगी के समय मौत हो गई। मेरे गाँव में एक टीन की चाल में वे रहती हैं। बाप सवेरे पानी भरकर स्टोव सुलगाकर लड़कियों को जगाता है। लड़कियाँ जल्दी नहीं जगतीं तो बाप दोनों की गर्दनें खींचकर उन्हें खड़ा कर देता है। बड़ी को रोटियाँ बेलनी होती हैं। सब्जी बनानी होती है। बाप भी मदद करता है। लेकिन ट्रेन छूट जाएगी यह कहकर बाप चीखता रहता है। छोटी भी मदद करती है। जैसे-तैसे डिब्बा लेकर बाप चला जाता है। फिर दोनों नहाना, कपड़े, भोजन, बर्तन माँजना, बुहारी लगाना करती रहती हैं और फिर दोपहर की गरमी में जलते हुए टीन के नीचे किसी तरह दीनावस्था में बैठी रहती हैं। हमारी चाची एक बार उनके यहाँ गईं और उन्हें उन पर दया आई इसलिए दोनों को शाम तक घर ले आईं। दोनों बूढ़ी औरतों के समान बैठी रहतीं दिन-भर। कुछ काम हो तो उतना ही बोलतीं। शाम होने लगी तो दोनों की आँखें व्याकुल हो गईं। बाप अब आ रहा होगा, रसोई अभी रह गई है इस डर से। माँ की तो अब उन लड़कियों को याद भी नहीं आती। उल्टे बड़ी, छोटी को पीट-पीटकर काम करवा लेती है। बड़ी से ही चाची को यह मालूम हुआ। बोलो, भड़वो। एक झटके में कहाँ से कलाकार बन जाओगे? चूल्हे में झोंक दो अपनी आकृति और अभिव्यक्ति। झुंड के झुंड आदमी किसी की आकृति बनकर रह जाते हैं। किसी-न-किसी बात की अभिव्यक्ति हो जाते हैं। बोलो! बाहर के आकार को जैसे के वैसे अभिव्यक्त करने की क्षमता चाहिए।"

सब चांगदेव को नीचे बैठाते हुए कहने लगे, "अरे, अरे तो इतना चिल्लाने को क्या हुआ तुम्हें? बैठो, बैठो। तुम्हारे खड़े रहने से ही तुम्हारी बात सबकी समझ में आ जाएगी ऐसा नहीं है। भाँग ज्यादा हो गई है क्या?"

"मुझे कुछ नहीं हुआ। मैं इन सिर्फ लिखनेवालों को कह रहा हूँ, नाटक करनेवालों को। एक चाल गिर गई तो पचास-साठ परिवार बेघर हो जाते हैं। कैसा लगता है आते-जाते वह सामने की दीवार ढह जाने से दिखाई देते घरों को देखना? रसोई, पार्टीशन, तस्वीरें, आईना, दीवार पर टँगी चीजें, भंडा, बर्तन...

जैसे कि इधर की दीवार पारदर्शक बन गई हो। या फिर हमारी आँखों को दीवार के आर-पार देखने की अद्‌भुत शक्ति अचानक प्राप्त हो गई हो। नाटक के समान ही। और तुम्हारे नाटक की सेटिंग क्या होती है? साला बाईं ओर टेलिफोन...रद्दी सेट। बीच-बीच में लाल-हरी फ्लैश लाइट और अँधेरा। मतलब लोग नाटक देखना छोड़कर लाइट का काम कितना शानदार है यह देखकर खुश होते रहें। ये सब विदेशी तरीके तुरत बन्द करो।"

नौकरी की बात एक-दो जगह चल रही थी। और हॉस्टल छोड़ने की नोटिस बोर्ड पर लगने से वह कमरे की भी तलाश में था। हॉस्टल पर दो-चार लोग ही बचे थे—वे भी सब फिर अगले साल यहीं रहनेवाले थे।

बड़े चाचा के साले के यहाँ अम्बरनाथ कई बरसों के बाद जा रहा था। जब वह पहली बार बम्बई आया था तब अम्बरनाथ के इन दूर के रिश्तेदारों के यहाँ रुका था। वहाँ आठेक दिन रहना पड़ा था। लेकिन वह सब इतना घृणास्पद था कि फिर से वहाँ एक-दो बार ही सिर्फ गाँव से लाया सामान पहुँचाने गया था। 'कल सवेरे जाना' ऐसा मामी के कहते ही वह 'नहीं-नहीं' कहकर उठ खड़ा होता है। अब तो वहाँ एक रात निकालना मुश्किल ही था।

अब भी वह घर वैसा ही दिख रहा था। तब का पीला रंग अब काला पड़ गया था। तब बाहर एक-दो पेड़ तो थे। वे भी अब नहीं थे। उस मामा के लिए स्टेशन नजदीक था इसलिए जगह बदलने कों उसने कभी सोचा ही नहीं होगा। या फिर घर बदलना भी होता है ऐसा भी उसे कभी नहीं लगा होगा। वहाँ रात-भर कारखाने की तेज जहरीली कैसी तो गन्ध फैली रहती। उन आठ दिनों में तो बरसात भी नहीं हो रही थी और उमस इतनी भयंकर कि घर का हर कपड़ा गद्‌दी, तकिए, दीवारें भी सड़ी दुर्गन्ध की बदबू मारती रहतीं। ऐसी ही अगर बम्बई है तो अपना सुन्दर बड़का गाँव छोड़कर यहाँ मैं आया ही किसलिए ऐसा उसे लग रहा था। उनकी गृहस्थी भी जैसे-तैसे खींचातानी में चलनेवाली। रात-भर भिनभिनाते मच्छर और सवेरे माथे पर की नल की टोंटी से माथे को बचाते हुए किसी तरह ठंडे पानी से नहाना। फिर अजीब स्वाद की चाय। रोनेवाले लड़के और पेशाब की बदबू। संडास की अजीब उग्र और दिमाग पर असर डालनेवाली बदबू। मेहतर कभी-कभी आता ही नहीं था और डिब्बा पूरा भरने पर चारों तरफ गू। इससे तो गाँव में खुली हवा

में खेत में जाना कितना अच्छा लगता। शहर अगर ऐसे ही हैं तो उन्हें नष्ट क्यों न कर दिया जाए ऐसा उस समय उसे लगता। संडास में से सफेद लम्बे कीड़े ऊपर आते और दो-चार चीटियाँ उनसे चिपकी रहतीं फिर दस-बारह। फिर इस कीड़े को मालूम होने पर वह उलट-पुलट कर चींटियों के साथ नीचे डिब्बे में स्वाहा।

अब भी वह सब वैसा ही था। अब भी वही दुर्गन्ध। बाहर पानी के चहबच्चे, कीचड़, घर में सीलन और फिर उसमें इजाफा यह कि मामी एकदम बुढ़िया हो गई थी। लेकिन अब बच्चे बड़े हो गए थे इसलिए घर में पेशाब की बदबू नहीं थी। लेकिन स्टोव के पास बैठकर रसोई बनाने की तेल-सनी वह जगह वैसी ही थी। चाय का स्वाद भी वैसा ही था। इतनी सी जगह में उस औरत की जवानी के दिन खत्म हो गए थे।

"बहुत दिनों के बाद आए हो तुम। बीच में बहुत बीमार थे ऐसा सुना। मैं आनेवाली थी लेकिन इस बच्ची को बहुत ही जुलाब हो रहे थे उन दिनों। अब ठीक हो न?"

"मामा मिलने आए थे। आपको लेकर बाहर नहीं निकलते वे।"

"सच कह रही हूँ, बहुत ही तंग आ जाती हूँ। इतवार को लगता है कहीं बाहर जाएँ तो ये तंग आए पड़े रहते हैं। और कुछ आनेवाले लोग भी रहते ही हैं। मन-ही-मन कहते हैं कि आदमी को एक दिन खाली मिलता है। वैसे ही पड़े रहो। इस बार गाँव की तरफ जाने की सोच रहे हैं।"

"आपकी तबीयत बहुत ही खराब हो गई है।"

"हाँ न। मुझे कुछ हजम ही नहीं होता। कई दिनों से शिकायत चल रही है। अब दूध और अंडे कितने दिन खाते रहें? बच्चों को दें या हम खाएँ। बहुत थकान लगती है। डॉक्टरों के बिल चुकाते रहते हैं लेकिन फायदा कुछ नहीं। अब दो-तीन महीने गाँव जाकर रहने की सोच रही हूँ। लेकिन इधर इनका कैसे चलेगा?"

थोड़ी देर के बाद मामा आया। हमेशा की तरह आते-आते सब्जी-तरकारी, कुछ किराना सामान थैले में लिए हुए। परिवार की प्रचंड जिम्मेवारी, भाई की पढ़ाई और बम्बई की महँगाई। लेकिन इन सबकी आदत हो जाने से किसी योगी पुरुष के समान मधुर हँसी हँसकर उसने चांगदेव से हाल पूछा। परीक्षा, तबीयत, घर में सब कैसे हैं, पैसे ठीक समय पर मिलते हैं या नहीं, कुछ चाहिए तो नहीं, संकोच

मत करना। फिर बड़े प्यार से दोबारा चाय, फिर रहो, और चाहिए कम-से-कम खाना तो खाकर जाओ। कमरा मिलना इधर भी मुश्किल है लेकिन कोशिश करेंगे।

फिर उसने अपने बारे में सब कुछ बता डाला। महँगाई, तेल का भाव कितना है, मूँगफली का कितना है, देसी घी तो कितने दिनों से देखने को नहीं मिला। बचपन में कितना खाते थे हम, फिर भी बम्बई ही कैसी अच्छी है, तुम बम्बई छोड़कर कहीं मत जाना, पछताओगे, ऐसा उपदेश!

छह साल में कुछ भी नहीं बदला। ऐसी उस गृहस्थी को देखकर चांगदेव को बहुत बुरा लगा। डेढ़-दो घंटे जाने में और डेढ़-दो घंटे आने में ऐसे हर दिन। ऐसे कई-कई साल। लेकिन फिर भी कोई फर्क नहीं। इस बात का इसे कुछ भी नहीं लगता। तो अब अपन को बम्बई छोड़ देने में ही भलाई है। बम्बई में कम-से-कम गरीब बनकर नहीं रहना। और कभी वह अमीर हो जाएगा ऐसा उसे लगता ही नहीं था।

खाना बनने तक मामा ने मन से भाग-दौड़ की। दो-तीन दोस्तों के यहाँ कमरे के बारे में पूछा। अपने परिचितों से कहा कि बिना पगड़ी का अगर मिलता हो तो लेकर ही रखो, आखिर-आखिर में तो वह इतना थक गया था कि आखिरी दोस्त के यहाँ वह बार-बार, जम्हाइयाँ ले रहा था। लोगों की मनुहार की खातिर चाय पी रहा था।

खिला-पिलाकर चांगदेव को स्टेशन पर ट्रेन में बिठाकर जमुहाई लेते हुए मामा ने कहा, “अब अच्छा खाते-पीते रहो। तुम बीमारी से अच्छे हो गए यह साईंबाबा की किरपा है।”

ट्रेन छूटने में अभी समय था। चांगदेव बोला, “तुम जाओ। सवेरे छह बजे निकलना होता है तुम्हें।”

मामा कहने लगा, “वह तो हर रोज ही है। लेकिन तुम नौकरी की बात पक्की कर लो। कमरे की फिक्र मत करो। कुछ दिन मेरे यहाँ रहो। बाद में जगह मिल जाएगी। समय लगता है और कुछ नहीं।”

ट्रेन चलने लगी। मामा ने जमुहाई लेते हुए हाथ आगे किया। इस मामा की गृहस्थी कैसी क्यों न हो इससे मिलने में सहजता लगती है। किसी अमीर आदमी के यहाँ जाने पर जो बात दिखाई नहीं देती वह यहाँ इसके घर आने पर दिखाई दे जाती है। गरीब लोग अपने मन की सुजनता को बाहर उड़ेल-उड़ेलकर अपने भौतिक अभाव को मुलायम बना देते हैं। इसलिए इनके मन भी अपने-आप प्रचंड

रूप से विस्तीर्ण हो जाते हैं। बड़े मन के यही लोग होते हैं। इनके विपरीत अमीर लोगों को अपनी सम्पन्नता के कारण किसी के साथ कुछ बर्ताव करते हुए मन को खुला रखने की जरूरत ही महसूस नहीं होती। वैसे देखा जाए तो कितनी दूर का रिश्ता है। लेकिन मिलते ही एकदम प्रसन्न और घर जैसा अपनापन।

इंजेक्शन, गोलियाँ और भर पेट खाने-पीने से और डॉक्टर की फीस देने से पैसे करीब-करीब खत्म होने को आए थे। इसलिए किसी के यहाँ जाना जरूरी था। फोन अगर नहीं लगा तो दस पैसे बेकार में चले जाएँगे इसलिए वह ट्रेन से नाम्या के यहाँ चला। वैसे तो पास की मियाद भी पूरी हो चुकी थी लेकिन कुछ दिन और वैसे ही चलाना जरूरी था। फिर डॉक्टर के यहाँ कितने पैसे लगेंगे इसका अनुमान करना मुश्किल था। शेखर की तनखा नहीं हुई होगी लेकिन नाम्या के पास न भी हो तो कहीं से जुगाड़ करेगा ही इसका भरोसा था। इसलिए वह दादर आया। हमेशा की तरह रेल की पटरी लाँघकर खुले प्लेटफॉर्म से चुपके से दरवाजे से निकलकर सीटी बजाते हुए, मन में पास की चिन्ता लिये हुए सुरक्षित पुल पर पहुँचा। फिर वहाँ से पीछे चला। नाम्या की माँ ने बाहर से ही नहीं कह दिया जिससे उसकी ताकत जवाब दे गई। अब किसके यहाँ जाया जाए, किसके यहाँ, इस तरह सोचते हुए मन-ही-मन दोस्तों की लिस्ट याद करते हुए वह भैया की तरफ निकला। वहाँ फिर भैया के पिताजी और माताजी मिल गए। फालतू घंटा-डेढ़ घंटा गप्पें हाँकने में समय बर्बाद हुआ और चाय भी नहीं मिली। भैया भी नहीं आया। उसके पिताजी कहने लगे कि वह एक बार खाकर जाता तो एकदम रात में ही लौटता है।

किसी तरह छुटकारा पाकर उसने राह ली। अब सिर्फ एक शेखर ही ऐसा था जो कभी भी रात तक मिल सकता था। शेखर के पार्सल ऑफिस में सभी दोस्त हैं। वह सबकी मदद करता रहता है। कारबार के आदमी का जवाब नहीं। कभी-कभी तो पोर्टर से भी वह रुपया-दो रुपया उधार लेता रहता है। ऐसे लोगों के पास कभी भी जाने को मन करता। श्रॉफ के पास कितने भी रुपये क्यों न हों, कभी माँगने को जी नहीं करता। अगर उसके पास गए भी तो वह बीथोवन का रिकॉर्ड सुनाएगा, गप्पें लड़ाएगा, खाना खिलाएगा, लेकिन उससे कभी पैसे माँगने की इच्छा नहीं होती। लेकिन आज अगर शेखर के भी पास पैसे नहीं रहे तो श्रॉफ

के यहाँ जाना ही होगा। नहीं तो फिर कल नारायण के यहाँ ही जाया जाए। वह आखिरी आशास्थान था।

ऐसे तय करते-करते वह पैदल ही दादर से सीधे भायखला तक आया। धूप गजब की थी और पसीने की ओर ध्यान न देना भी अब असहनीय हो गया था। इसलिए रानी के बाग के पास एक तरबूजवाले के पास वह रुका। रास्ते में छातों से छाँव कर कई लोग कुछ न कुछ बेचते बैठे थे। पास ही में एक ज्योतिषीजी भी एक पगड़ीधारी को फाँस रहे थे। लेकिन निश्चित फलादेश नहीं बता रहे थे। तरबूजे की एक फाँक पाँच पैसे में लेकर चांगदेव उस ज्योतिषी की बड़बड़ सुनता खड़ा रहा। जमीन पर अलग-अलग चित्ताकर्षक आकृतियाँ बनाई गई थीं। कुछ शंख, कौड़ियाँ, पंचांग कतार में रखे गए थे। इस ज्योतिषी की पौराणिक बड़बड़ उसने अपने बचपन में कथाओं में सुनी थी। वह फिर से दोबारा सुनते-सुनते अपने-आप ही उसके छाते की ओर खिंचता चला गया।...कृतयुग सत्रह लाख और कितने ही हजार बरसों का, त्रेतायुग कितने तो भी लाख अउर कित्ते तो भी हजार बरस का, द्वापर युग आठेक लाख अउर बहोत ही हज्जार बरसों का होता है बाबजी! अउर अब बाबजी, अपना ये कलयुग चार लाख बत्तीस हज्जार बरस का है। अब तक तो पच्चास हज्जार बरस भी नहीं बीते। लेकिन चार लाख बरस होने कू कोछ भी टैम नहीं लगता। ऐसन चार युग की एक चौकड़ी, ऐसन इकोत्तर चौकड़ियाँ होने पर एक मनुमहाराज होते हैं और ऐसन अठारह मनुमहाराज के होने पर ब्रह्माजी का एक दिन होता है। आप हैं कहाँ भगवन्? चौदह मनु होते ही कल्पान्त हो जाता है और पूरी प्रिथवी, आकाश, चाँद, सूरज, पूरा का पूरा सब जलकर भस्म हो जाता है बाबजी। अउर कभी तो ब्रह्माजी का भी विनाश हो जाता है ऐसा परलय होता है। पूरे समन्दर में भी आग लग जाती है। तब तुम्हारी प्रिथवी की क्या कथा है—फिर निकाल रहे हो क्या चार आने? बराब्बर निकाल देता हूँ तेरी तकदीर का लेखा-जोखा।

इतने में ज्योतिषी का चांगदेव की ओर ध्यान गया और उसने कहा, "आओ! बैठो। जो कोछ पूछना हो पूच्छो।"

चांगदेव को कुछ देर ठहरना था ही और इस आदमी को चार आने देना मुश्किल नहीं था। लेकिन जेब में उतने भी नहीं थे इसलिए उसने सिर्फ दस पैसे निकाले और तरबूज का हाथ पैंट से साफ कर बोला, "लो महाराज बताओ क्या है वो?"

चांगदेव का हाथ और चेहरा जाँच कर देखते हुए पाँच मिनट वह कुछ भी नहीं बोला। फिर कहने लगा, "आपकी शादी..."

"वह बंडल सब रहने दो। सिर्फ हाथ में पैसा देखो। सिर्फ धन-रेखा देखो। है क्या पैसा मिलनेवाला इन दिनों?"

"जुजमान सिरफ धन-रेखा पर धन नहीं होता!" ऐसा कहकर फिर हाथ आगे-पीछे से देखते हुए उँगलियाँ मिलाकर फिर अलग करते हुए कुछ देर से वह बोला, "आपको कुंडली मालूम है क्या अपनी? आपका हाथ तो सिरदार का हाथ है। कुंडली मालूम है?"

"हाँ है।"

"कुंडली में गुरु ग्यारहवाँ है क्या?"

"ग्यारहवाँ!"

"तो फिर तुम्हारी तंगी खलास होगी जुजमान अभी। खल्लास हो गई है। दो मास के बाद इधर से खास मेरे लिए आना। इधर ही होता हूँ मैं। नहीं तो वो उधर की सीढ़ियों पर। फिर दो मास के बाद में आईंगे तब आपकी जेब में सौ-सौ के लोट नहीं रहे तो ये धन्धा छोड़ दूँगा। हाँ, बीस बरस से हाथ देख रहा हूँ मैं। अब तुम्हारा गुरु तुमको सब दे रिया है। औरत भी देगा। पैसा भी अनाप-शनाप। झूठ नहीं।"

चांगदेव खुश होकर उठा। फिर दस पैसे दिए।

"आना भला दो मास से। झूठ हो तो भी कान मरोड़ने के लिए आना। अच्छा जी। इन बीस पैसों को याद रखना।"

शेखर के पास दस-बीस रुपयों से अधिक नहीं थे। अन्त में श्रॉफ के यहाँ ही जाना पड़ा। शेखर ने खाना वगैरा दिया। खाते-खाते उसने कहा, "अरे तुम्हें इस बरस की फ्रीशिप मिली थी न? तुम्हारा नाम देखा था मैंने। वे पैसे ले चुके हो क्या?"

"कहाँ, अर्जी तो दी थी। लेकिन यह तो मैं भूल ही गया। मेरा नाम तुमने निश्चित रूप से देखा है क्या? पिछले साल का तो नहीं कह रहे हो तुम?"

"नहीं-नहीं, इस साल की बात कर रहा हूँ। लेकिन तुम्हारा नाम निश्चय ही मैंने पढ़ा था। और इस बरस भी तुम्हें मिलने में क्या दिक्कत है? जेपी का सर्टिफिकेट तो तुमने प्राप्त कर ही लिया था। तुम्हारी उपस्थिति भी हम लोग

बराबर देते रहे हैं। इसलिए तुम कल ही जाओ और देख कर ही आओ। तुम्हारा वह लेखक है ही अटेंडेंस का क्लर्क। क्या नाम उसका? जिसे इस साल पुरस्कार मिला वह?"

"रत्नागिरीकर! पिछले साल इतनी तकलीफ हुई इस फ्रीशिप की और उसमें यह हमारे लेखक महाशय रत्नागिरीकर। आधे दिन तो साला छुट्टी पर ही रहता है। इसी कारण इस बरस मैंने उधर ध्यान भी नहीं दिया। लेकिन यह मैं भूल ही गया था। कल ही देखता हूँ। मुझे सौ-डेढ़ सौ रुपये फिर भी चाहिए। लौटाएँगे बाद में कभी लेकिन इस वक्त अच्छा खाना-पीना चाहिए।"

हमेशा की तरह रत्नागिरीकर अपनी कुर्सी पर नहीं था। पासवाले से पूछा तो वह चिढ़कर बोला, "कभी वक्त पर आते हैं वे? कल तो दिन-भर नहीं आए। ठहरो, बारह बजे तक आ गए तो आ जाएँगे! आज आना तो चाहिए।"

चांगदेव बोला, "अभी तो दीपावली अंक नहीं हैं और कुछ भी नहीं है। यह आदमी फिर घर क्यों रहता है? पिछले साल भी इसने हमसे खूब चक्कर लगवाए।"

रत्नागिरीकर खास लेखक बनने के लिए कोंकण से बम्बई आया था। यह एक पहेली ही थी कि उधर कोंकण में ढाबा चलाना छोड़कर वह बम्बई क्यों आया। उधर ठीक से कारोबार नहीं चल रहा था इसलिए बम्बई आया ऐसा वह कह रहा था, तो बम्बई में भी तो उसका कुछ भी ठीक नहीं चल रहा था। फिर वह कुछ कविताएँ लिखकर बम्बई के भट नाम के उसके ढाबे के पुराने ग्राहक के मालिक के लिए भेजता था। भट ने उसे काफी प्रोत्साहन दिया था। रत्नागिरीकर अलग शैली का कवि है ऐसी समीक्षा वगैरा लिखकर अपने मासिक में तड़ातड़ छापना शुरू किया था। फिर इतने लोग बम्बई में पेट भरने के लिए आते हैं तब मेरे जैसे बड़े कवि के लिए क्या मुश्किल है यह सोचकर वह अपने बाल-बच्चों के साथ बम्बई चला आया। अस्थायी रूप से जगह का भी प्रबन्ध हो गया था। बरसात खत्म होने तक मूल किराएदार गाँव गया आदमी लौटनेवाला था। तब तक कुछ तो करेंगे ऐसा भट और उसकी पत्रिका में लिखनेवाले विख्यात लेखक-समीक्षक कहा करते। रत्नागिरीकर भी बाजुओं में दम हो तो लिखने की क्या कमी ऐसा मानकर

दस-पाँच रुपये में एक कविता, एक कहानी ऐसा ढेर सारा लिखकर काफी पैसे मिलाने लगा था। इधर-उधर सिफारिश से बम्बई में जो कुछ मिलाया जा सकता है, वह रेडियो पर काव्य-पाठ से कॉलेज में कथा-कथन तक सब कुछ करते हुए अल्पकाल में स्थिर हो गया।

बरसात समाप्त होने पर गाँव गया गरीब आदमी लौटकर आया तो यह सीधा उससे बोला, "जगह मिली नहीं। अब तुम ही बताओ क्या किया जाए?" इसका सामान बाल-बच्चों के साथ बाहर निकालना उस सज्जन आदमी को उचित नहीं लगा इसलिए वही बेचारा दूसरे एक मित्र के कमरे पर गालियाँ बकता रहने लगा। प्रकाशकों को, सम्पादकों को, बूढ़े प्रतिष्ठित लेखकों को भी हमने इन गरीब लेखकों को आगे बढ़ने में मदद की यह दिखाने का और उसके लिए थोड़ा-बहुत त्याग करने का शौक होता ही है। इस बात को ध्यान में रखकर वह सबसे फायदा निकालने लगा। वैसे अपने बलबूते पर उपन्यास लिखना भी शुरू कर ही दिया था। इतना ही नहीं, नाट्य लेखन सीखना है इस भावना से वह नाटक लिखकर समीक्षकों को दिखाकर, उनके सुझावों के अनुसार पूरे सुधार कर प्रस्तावना में उस आश्रय देनेवाले का बड़ी नम्रता के साथ उल्लेख कर नाटककार भी बन गया था। *अर्पण* पत्रिका से एक-एक को कब्जे में कर लिया था। भट साहब का वरदहस्त तो था ही! फिर घर में बाल-बच्चे भी बढ़ गए। मैट्रिक न भी हो तो भी सौ-डेढ़ सौ रुपये मिलेंगे ऐसी नौकरी दिलवा दूँगा ऐसा कहकर भट ने यूनिवर्सिटी में अपने परिचित अफसरों से इसे क्लर्क के रूप में भर्ती करवा दिया। अब बीच-बीच में दफ्तर आना, कुछ मामूली काम कर चले जाना और घर में ललित लेख, कहानियाँ, नाटक, उपन्यास लिखते रहे तो भी हर महीने मिलनेवाली निश्चित आय तो थी ही। फिर भी बम्बई में निभना मुश्किल था। इसलिए जूतों से पिटाई हुई हो ऐसी सूरत लेकर इस-उस प्रतिष्ठाप्राप्त लेखक के यहाँ जाना उसने जारी रखा। हर साल एक-दो पुरस्कार इसके लिए अलग से निकालकर रखे होते क्योंकि उसकी दरिद्रता हद दर्जे की है यह बात पूरी बम्बई में फैल चुकी थी। उसके वहाँ होने से बम्बई के किसी भी लेखक को पुरस्कार मिलना असम्भव-सा हो गया था।

चांगदेव भी यूनिवर्सिटी में जब कभी काम होता और अगर रत्नागिरीकर अपनी जगह होता तो उसे चाय-डोसा वगैरा खिलाता। लेकिन लेखक के पास होनी चाहिए ऐसी बुद्धिमत्ता उसके पास कभी दिखाई नहीं दी। वह हरदम कहाँ क्या छपा है,

मेरी किताब पर कहाँ रिव्यू आया है, आनेवाले अंक में आप मेरी लम्बी कविता पढ़ेंगे वगैरा की ही बातें करता रहता। इसलिए चांगदेव उसके पास ज्यादातर नहीं जाता। पिछले बरस फ्रीशिप के लिए उपस्थिति का सर्टिफिकेट इससे लेना था तो यह महाशय आठ-आठ दिन दफ्तर में आते ही नहीं थे। दूसरे भी एक-दो छात्र थे जो चिढ़े हुए थे। वे क्रोधित होकर उससे ऊपर के क्लर्क के पास गए तो क्लर्क माथा पीटकर कहने लगा, "उसके माँ की, यह रत्नागिरीकर भी एक सरदर्द ही बन बैठा है। उसकी सौ शिकायतें साहब के पास भेजी गई हैं लेकिन वे उसका तबादला भी नहीं करते हैं और न उसके बदले में दूसरा आदमी ही देते हैं। वैसे तो उसे काम ही क्या है? लेकिन उसके माँ की वह उतना भी नहीं करता! सब मुझे ही करना पड़ता है। इतना कुछ करने पर भी हमें दो दिन की छुट्टी नहीं मिलती। लेकिन इस मादरचोद को सब माफ।" ऐसे बड़बड़ाते हुए क्लर्क ने खुद उपस्थिति की किताब जाँच कर उन छात्रों को सर्टिफिकेट दिए थे।

रत्नागिरीकर बाद में एक बार सारंग और चांगदेव को रास्ते में मिला। तब चाय पिलाने के बाद चांगदेव ने पूछा, "कहाँ जा रहे हो इधर? सम्पादक के यहाँ या और कहीं?"

"रेडियो स्टेशन जा रहा हूँ। कुछ कविताओं की रेकॉर्डिंग करनी है जो बम्बई-बी पर 'पंख' नाम के कार्यक्रम में त्रसारित होंगी। इस माह की सत्रह तारीख को साढ़े आठ बजे सुनना!"

सारंग चिढ़कर बोला, "और उधर नौकरी कौन करेगा बे? तुम्हारी लापरवाही से सबको तकलीफ होती है ऐसा मैंने इससे सुना है।"

रत्नागिरीकर बोला, "यह सब तो नौकरी में होता रहता है। मेरे साहित्य के चाहनेवाले हैं हर कहीं। नौकरी तो नहीं जाएगी।"

सारंग बोला, "ठीक तरह से छह घंटे नौकरी करने के बाद कथा-कविता लिखोगे तो ही तुम्हारे लेखन के स्तर में सुधार हो सकता है। हँ हँ हँ। नहीं तो ऐसी हराम की रोटी खानेवाला लेखक इसी तरह की रद्दी कविता लिखता रहेगा। है! तभी मैं कहूँ तुम्हारे साहित्य में लेखन पूर्व आत्मनिष्ठा क्यों नहीं दिखाई देती।"

रत्नागिरीकर गुस्से में भरकर चला गया। सारंग ताली देते हुए बोला, "कैसी फजीहत की साले की।"

चांगदेव बोला, "वैसे ठीक ही है। हमारे सब एम.ए. के लड़के इसे गालियाँ देते रहते हैं।"

"पिछले दिनों तो उसने एक पत्रिका में कविता पर बकवास भरी समीक्षा भी की। बिलकुल बेतुकी। किसलिए वह ऐसे धन्धे करता है कुछ समझ में नहीं आता। बाहर साला भिखमंगे-सा सभी ओर भटकता रहता है। इससे तो वापस अपने गाँव जाकर ढाबा चलाना सम्मानजनक नहीं है क्या एक सच्चे लेखक के लिए? भैनचोद, सारे फालतू लेखकों ने घेर रखा है हमें। अपने दोस्त अच्छे हैं, कहो तो, साले शंकर-फिंकर भी अखबार के कॉलम भरने लग गए हैं आखिर।"

चांगदेव कहने लगा, "भैनचोद तुम लेखकों का जीना ही शर्मनाक होता जा रहा है फिर भी तुम्हारी लिखने की खुजली कम नहीं हो रही। उपन्यास लिखते तो कोई प्रकाशक करारनामा करके भी तुम्हारी किताब छापता नहीं। आती है कुछ शर्म? किसलिए लिखते हो और प्रकाशित करते हो? कुछ समझ में नहीं आता। वास्तव में इस तरह जीने और लेखक कहलान के बजाय गर्दन झुकाकर नौकरी करनी चाहिए और एक भी लाइन नहीं लिखनी चाहिए। इसमें असली लेखक का सत्त्व है। इनसे तो दफ्तर में ग्यारह से छह बजे तक काम करनेवाले लोग ज्यादा अच्छे हैं।"

"लेकिन बाहर उन्हें कोई बड़प्पन नहीं देगा न? तुम कुछ लिखते रहो तो तुम्हारी आर्थिक दुरवस्था देखकर लोगों को दया आएगी तुम पर। और तुम पर लेखक हो इसीलिए वे दया करेंगे। सिर्फ गर्दन झुकाकर काम करनेवाले लाखों हैं। वे पाँच मिनट कुर्सी छोड़कर बाहर नहीं जा सकते और ये लेखक हैं इसलिए महीना-भर छुट्टी पर जा सकते हैं। फिर भी इनकी नौकरी नहीं जाती। पिंजड़े में गानेवाली मैना की देखभाल की जाए इस तरह हमने इन लेखकों को बना रखा है।"

बारह बजने पर रत्नागिरीकर आया। "बहुत दिनों बाद मिल रहे हो?" कहकर पहले उधर जाकर दस्तखत कर आया। सीनियर क्लर्क की नजर से बचते हुए शान से फिर चांगदेव से बोला, "कितनी उमस हो रही है।"

"मुझे फ्रीशिप है या नहीं इतना देखना था। मेरी हाजिरी ठीक है या नहीं उतना देख लेता हूँ। एम.ए. फाइनल का रजिस्टर निकालोगे इस साल का?"

तब उसने हाजिरी के रजिस्टर निकाले। उसमें भी कहीं तरतीब नहीं थी। आधे घंटे तक उसे एक पेपर का रजिस्टर ही नहीं मिल रहा था। आखिर में किसी तरह ढूँढ़ निकाला। चांगदेव की हाजिरी ठीक थी। मतलब पैसे मिलने में हर्ज नहीं।

रत्नागिरीकर को चाय वगैरा पिलाकर उसे फ्रीशिप निकालने का काम सौंपकर चांगदेव श्रॉफ के यहाँ गया। फ्रीशिप के पैसे मिलने में आठेक दिन तो लगेंगे। इसलिए श्रॉफ से कुछ दिनों के लिए सौ-एक रुपये माँग लूँ जिससे कल डॉक्टरों के बिल तो दिए जा सकें, ऐसा सोचकर वह श्रॉफ के पास गया।

श्रॉफ के पास से पैसे झट से मिल गए। नौकरी मिल जाने पर ही देना, ऐसा उसने कहा। वे रात में काफी देर तक बौद्धिक गप्पें लड़ाते रहे। रात में अचानक पहली बरसात हुई। फिर ठंडी-ठंडी हवाएँ। इस वजह से दोनों एकदम जोश में आ गए। श्रॉफ ने कार निकाली और वे दोनों जुहू तक घूम आए। बरसात फिर आ गई इसलिए चांगदेव वहीं पर रुका। लेकिन उसे सवेरे तक नींद नहीं आई। बड़ी-बड़ी खिड़कियों से शीशे पर जोर से गिरनेवाली बरसात को देखते हुए वह पड़ा रहा। नीचे रास्ते पर सिर्फ रोशनी और पानी के प्रवाह के साथ धीरे-धीरे बहनेवाले कचरे के ढेर को देखते हुए वह कुछ देर तक गैलरी में खड़ा रहा। गैलरी में चारों ओर शीशे लगे हुए थे। कमरे में खूबसूरत फर्नीचर। अलमारी में रखी सभी कीमती चीजों पर नजर डालते हुए आखिर में उसकी आँखें पॉलिश किए हुए काले चिकने टेबल पर रखे बड़े से फ्रेम पर जा टिकीं। फोटो के नीचे कमल श्रॉफ का दस्तखत। प्यासी नजरों से वह उस फोटो को देखता रहा। तीन-चार बरस पहले वह शादी हो जाने पर अफ्रीका चली गई। यह कमरा शायद उस वक्त उसकी पढ़ाई का हो। ऐसी खूबसूरत लड़कियाँ दुनिया में होनी चाहिए जिससे जीने का हौसला बढ़ता रहे। लेकिन उसे आनेवाले कल की चिन्ता फिर सताने लगी।

सवेरे चाय पीकर वह शीघ्रता से रूम पर आया। भोजन के समय तक कुछ करता रहा और फिर दोपहर में उस पर नींद ने एकदम डेरा डाला।

नींद में कोई बार-बार पुकार रहा था लेकिन उसे उठने की इच्छा नहीं हो रही थी। हमेशा की तरह गर्दन के नीचे ऊँचा तकिया लेकर वह शेषशायी नारायण के समान सीधा लेटा हुआ। किसी का किसी के साथ मेल नहीं ऐसी नींद अब भी आँखों में तैरती-सी। कृत, त्रेता, द्वापर और कलियुग और जिन्हें गिना नहीं जा सकता इतने बरस और चौदह चौकड़ी के बाद हर वक्त धरती पर

सिर उठानेवाले कड़ियल मनु और राशि बदलनेवाला गुरु और जेब में नोट और इतने प्रचंड गुबार में वह रानी के बाग के सामने से जा रहा है और कोई पुकार रहा है ऐसा कुछ नींद में चल रहा था। शायद कोई नहीं भी पुकार रहा होगा। सिर्फ बादल गड़गड़ा रहे होंगे अथवा बरसात के झोंके खिड़की पर बज रहे होंगे।

वह जब जगा तब कितने बजे हैं इस बात का अन्दाजा नहीं हो रहा था। उसकी पुरानी घड़ी काँटे पर काँटा आते ही बन्द हो जाती इसलिए उसे बार-बार घुमाना पड़ता। लेकिन अब फौरन निकलना जरूरी था।

अब डॉक्टर के यहाँ अस्थिर अस्तित्व की आशंका को लेकर जाना शायद खत्म होने को था। लेकिन शायद अब भी कुछ और बरस लग जाएँ तो? डॉक्टर के वेटिंग रूम में हमेशा की तरह भीड़ थी। एक सोफा खाली होते ही वह गीले कपड़ों की फिक्र किए बिना ही उस पर धम से बैठ गया। रेनकोट भी नया लेना जरूरी था। लेकिन डॉक्टर को ही कितने पैसे देने होंगे इसका अन्दाजा इतने दिनों में नहीं हो सका था। इस बीच मानसून की बरसात शुरू हो गई। वैसे तो कई चीजें नई लेनी थीं। और अगर बम्बई छूट गई तो गाँव भी नए सिरे से जाना था।

डॉक्टर के यहाँ ज्यादा देर बैठना मतलब असह्य यातना भोगते हुए बैठना था। शायद अब यह चक्र पूरा होने जा रहा हो। इसमें कहाँ से कहाँ फेंका जाना जरूरी था। शुरू में जब उसे धक्का लगा तब से आज के इस डॉक्टर के सब वेटिंग रूम ऐसे ही थे। मेहता का भी वेटिंग रूम ऐसा ही तिलिस्मी गुफा जैसा था। लेकिन मेहता भले आदमी थे इसलिए वह अलग लगता। लेकिन प्रतीक्षा करना ऐसा ही था। इतने बरस राजा शिवाजी जैसे अथवा राणाप्रताप के समान हरदम जोश में जान हथेली पर लेकर जीने की कोशिश चल रही थी। वह अभिमान की बात थी। उस बचकाने समय में भी अपना धीरज नहीं छोड़ा, सब अन्दर-बाहर की झंझटों को सीने पर झेलता रहा और निष्क्रियता के तमगे बिना लाज-शर्म के धारण किए रहा। यह कोई मामूली बात नहीं थी। इस आघात से पूरा अस्तित्व ही उखड़-सा गया था, मानो भरी जवानी में फाँसी की सजा मुकर्रर की गई हो। निस्तेज चेहरा लेकर जीना पड़ा फिर भी उसके भी कुछ लाभ तो थे ही। सभी बातों के सन्दर्भ ठीक तरह से समझ में आ गए। और पैर मजबूती से जमीन पर ही रहे यह भी कुछ कम नहीं। अब शायद उस अभिशाप से मुक्ति मिले।

सामने के सोफे पर बैठी एक उदास महिला अन्दर गई और वहाँ एक नया गृहस्थ आकर बैठ गया। उसके बाजू के सोफे पर उसने अपने तीन-चार साल के बच्चे को भी बैठा दिया। बच्चा घबराया हुआ-सा सोफे के किनारे पर बैठा था। लेकिन उसके बाप ने प्यार भरा हुक्म देते हुए कहा, "मुन्ना आराम से बैठो।" बाप का चेहरा भी फिक्र से स्याह हो गया था। इस परछाईं से कब छुटकारा मिलेगा ऐसा भाव उसकी अस्थिर लेकिन हेकड़ी-भरी नजर से झाँक रहा था। लेकिन बच्चे को धीरज दिलाने के लिए वह कह रहा था, "मुन्ना, आराम से बैठो।"

अन्दर से डॉक्टर की सेक्रेटरी आई और कितने लोग हैं इसका मन-ही-मन हिसाब लगाकर चांगदेव से बोली, "आपको डॉक्टर मेहता ने भेजा था न? सी.ए. पटेल? आइए।"

"अॅब्सोल्यूटली ओ. के. डर की बात नहीं है।"

"अब ट्रीटमेंट की जरूरत नहीं है?"

"मतलब, इंजेक्शन नहीं लेने हैं। वही गोलियाँ चालू रखिए कम-से-कम बरस भर। मेरी दी रिपोर्ट डॉक्टर मेहता को दिखाना। ओ. के.! यू आर व्हेरी लकी। चीअर्स! चीअर्स!"

चिट्ठियाँ, रसीदें, मेहता को देने का बड़ा क्राउन लिफाफा यह सब जेब में ठूँसते हुए वह दरवाजे के पास आया। वेटिंग रूम में बैठे लोगों की ओर अपने-आप मुस्कराकर देखते हुए, हमेशा के लिए अलविदा कहने के भाव से बाहर सटका। बाहर बरसात का झोंका लगते ही उसे रेनकोट का स्मरण हुआ। लेकिन वह ओछा पुराना फटा रेनकोट अब लेकर क्या होगा ऐसा सोचकर अपने पुराने रेनकोट की ओर खुशी से थोड़ा दुखी होकर देखते हुए बरसात की फुहारों में ही सीढ़ियाँ उतरकर दीवार के सहारे बरसात से बचते हुए बाहर के फाटक के पास आया।

तो अब किधर?

बाहर बड़े-बड़े तीन विस्तीर्ण रास्ते निकल रहे थे। मोटर की लाइट, रास्ते पर गैस के लैम्प और दुकानों में ट्यूबलाइट—सबने मिलकर रास्ते पर और हवा में बरसते पानी में रंगों की झिलमिलाहट कर रखी थी। अब किसी भी रास्ते से

जाने में कोई हर्ज नहीं था। सिर्फ भटकना था। लेकिन पहले रेनकोट खरीदा जाए और फिर चाय। और वहीं से डॉक्टर मेहता को फोन पर बताया जाए। फिर भटका जाए। बरसात की खड़ी फुहारें खुशी-खुशी बदन पर लेते हुए वह दो कारों के बीच से चट से रास्ता निकालकर उस पार के फुटपाथ पर जा खड़ा हुआ। पीछे की मोटरवाली ने थोड़ा ब्रेक लगाया, उसने मोटरवाली की ओर मुस्कराते हुए हाथ हिलाया, वह भी मुस्कराई और वह सीधे एक बड़ी दुकान में घुस गया।

रेनकोट देखते समय दुकान में बरसात की वजह से रुकी दो नखरेवालियाँ उसकी ओर बार-बार देख रही थीं। थोड़ी देर उन दोनों के साथ आँख-लड़ाई चलती रही। इतने दिन ऐसी भावनाएँ उसमें इतनी तीव्रता के साथ आती ही नहीं थीं। अब यह भी एक चीज अपने में है जरूर, इसका उसे एहसास हुआ। अब अगर इरादा हो तो शादी भी की जा सकती है! अचानक कोश से बाहर निकलनेवाली तितली के समान अपने रंगीन साबुत पंख टटोलकर उसे हर्षोन्माद हो गया। एक अच्छा-सा रेनकोट खरीदकर उसने गीले कपड़ों पर ही पहन लिया। दरवाजे के पास उन नखरेवालियों के पास कुछ-कुछ मुस्कराते हुए बरसात के बहाने रुका रहा। नर के समान अकड़कर। यह उसकी अपनी झाँकी ही न्यारी थी। मिसाल के तौर पर सामने के फुटपाथ से इधर अब मैं अपने इस शरीर के साथ और इन छिनाल पलकों की खूबसूरत छोकरियों के साथ कैसा दिखाई देता हूँ? वह जोश में काँपने लगा। सचमुच अब सिगरेट पीनी चाहिए। पान फिर कभी-कभार खाया जा सकता है ऐसा मेहता ने कहा था। लेकिन अभी कुछ भी नहीं चाहिए। उधर विल्सन कॉलेज के पास एक बड़ा होटल है—रूबी रेस्टोरेंट। वहाँ मस्त चाय पी जाए। वहीं से मेहता को फोन किया जाए।

उन छोकरियों के सामने से बहादुर सरदार के समान लम्बे-लम्बे डग भरते हुए बारिश में आ उतरा और झपट्टे से चलता हुआ चौक के बाद चौक लाँघकर रूबी होटल पहुँचा। मेहताजी को फोन किया। उन्हें भी खुशी हुई। लेकिन उन्होंने आधे मिनट में ही अच्छा कल मिलेंगे कहकर फोन रख दिया। डॉक्टर ने ऐसे सैकड़ों लोगों को रास्ते पर आते देखा होगा। उनके लिए इसमें नया क्या है? थोड़ा सा उदास होकर वह चाय पीता रहा। बिस्कुट मँगवाए। पहले-पहल वह बम्बई आया तब कुछ विशेष घटना होने पर इसी होटल में आकर ब्रिटानिया के नायसी बिस्कुट और चाय पीता। अभी भी उन बिस्कुटों का स्वाद वैसा ही है। लेकिन चाय

पहले जैसी नहीं लग रही थी। शायद जीभ की ग्रन्थियाँ पुरानी हो गई हों इसलिए उसने और चाय मँगवाई।

फिर समन्दर के किनारे-किनारे चलते हुए समन्दर की दीवार से टकरानेवाली लहरों को देखकर वह फिर उदास हो गया। आगे-पीछे कोई दिखाई नहीं दे रहा था। और कारों की एक कतार सूँ-सूँ करती बाईं तरफ दौड़ रही थी! अब हॉस्टल भी नजदीक ही था। लेकिन अब यह सब बदल जाएगा इसलिए वह दुखी हो गया। विद्यार्थी दशा भी समाप्त हो गई थी। आगे अब क्या करना है निश्चित नहीं था। एक गीली बेंच पर बैठकर उसने सभी अस्पष्ट योजनाओं को दुहराया। उन्हें गहराया। नए बच्चे आने से पहले हॉस्टल छोड़ना होगा, नौकरी के विषय में गम्भीरता से कुछ तो तय करना होगा। बम्बई ही छोड़ दी तो फिर सब बातें अपने-आप मिट जाएँगी। एकदम नए नक्शे पर जा गिरना ही अब ज्यादा अच्छा होगा। बम्बई की सभी सड़कों के साथ, होटलों से, आदमियों से कुछ-न-कुछ पुरानी बात ज़ुड़ी हुई है ऐसा उसे लगता। वह सब गत जन्म के समान पोंछ डाला जाए यह अच्छा है। फिर भी बम्बई उसे अच्छी लगती ही थी। तीन-चार बरस पहले के बम्बई के सम्बन्ध अत्यन्त जगमगाते-से थे। सुन्दर थे। उत्साह दिलानेवाले थे। बीच के अँधेरे बरस भी समाप्त होने को थे। अब पुराने लेन-देन का हिसाब करने की जरूरत ही नहीं थी। अब सब राहें खुली हैं और अपन जवाँ। पूरी तरह से रिक्त। अब क्या किया जाए इस आगे के निष्ठुर रिक्त जीवन का? और इस रिक्तता को भरें भी तो किससे?

इतने दिन यह समस्या सामने नहीं थी। मन से शरीर से कुछ तो खींचते रहना था। झगड़ना था। अब कुछ नहीं। अब सिर पर कुछ तो लेकर जीना होगा। सिर्फ नौकरी करने से इस रिक्तता की पूर्ति नहीं होगी और भी बहुत कुछ करना होगा। इतने दिन तक ऐसा था मानो उसको किसी ने मन्तर मारकर रखा था। अब मन्तर बेड़ी टूट गई है। भैरूँजी बेड़ी तोड़ दो! बेड़ी तोड़ दो।

अखबार के दफ्तर में इंटरव्यू देने के बाद होटल में राह देखते बैठे प्रधान्या को उसने कहा, "अच्छा हुआ। लेकिन सम्पादक काफी बेवकूफ आदमी लगा। कितना स्नॉबिश बोल रहा था। ऐसों के हाथ के नीचे काम करना मुश्किल ही है। इससे तो बाप्या उसके पेपर में जो खटपट करता रहता है वह मिल जाए तो भी अच्छा

है। भैया ने भी अपने दोस्तों को कह रखा है। उधर बात नहीं ही बनी तो उसे ले लेंगे। देखेंगे। यहाँ भी इन्होंने लिया तब की बात।"

"वह मुझे तो कुछ सच नहीं लगता। रंडीबाज बाप्या को एक तो वहाँ कोई पूछता नहीं है। उसकी अपनी नौकरी ही बनी रहे यही बहुत होगा। और भैया की बात तो तू छोड़ ही दे। वे पेपरवाले साले सब कट्टर कम्यूनिस्ट हैं। भैया को भी नहीं लेंगे वे। इतना अन्दर के अन्दर गुप्त रूप से उनका चलता रहता है। और तुम्हें भी महीने-भर से ज्यादा वहाँ रहना अच्छा नहीं लगेगा। तुम सीधे श्रॉफ के यहाँ क्यों नहीं घुस जाते? और वक्कतूर से मिले हो? वक्कतूर कहीं प्रेस में या प्रकाशन में दिलानेवाला था न? बम्बई में सारस्वतों के साथ जुड़ गए तो जीवन-भर किसी बात की कमी नहीं होगी। किसी भी प्रकार का काम हो, हो जाएगा।"

"वक्कतूर साले ने सीधे-सीधे कह दिया, हमारी जात के लोग ही पड़े हैं तो वे तुम्हें क्या लेंगे? और श्रॉफ भी साला अब टालमटोल कर रहा है। मुझे लगता है वह मुझे नहीं चाहता। मैं नौकरी की बात करता हूँ तो साला वह विषय छोड़कर कुछ भी बकता रहता है। बोर हो गया हूँ। मैं फिर से नहीं जा रहा हूँ उसके पास। पैसे भी देने हैं उसके।"

"एक तरह से उसकी बात भी सही है। वहाँ पर मेहनत से काम करनेवाले लोग चाहिए। वैसे तो तुम भी काफी काम कर सकोगे। लेकिन पराए आदमी को डाँट-डपटकर उससे जो काम लिया जा सकेगा वैसा तुमसे नहीं ले पाएगा। पक्का बनिया है वो। मुझे तो लगता है कि अगर महाजन कहते हैं तो उनके कॉलेज में ही लग जा।

"एनी वे, तुम किसी भी दूसरे आदमी से बेहतर ही पढ़ाओगे। इसलिए इसमें शर्माने की कोई बात नहीं है। सीधे जाकर उनसे कहो कि मैं बीस तारीख को आ रहा। यहाँ भी एडिटर का काम मिलना मुश्किल है। उनके पास अपना ट्रेंड स्टाफ है। फिर मराठी भाषी आदमी के बारे में तुच्छता की भावना है ही।"

"मैं शर्माता नहीं हूँ भैया! अगर मुझे लगता तो मैं सीधा चला भी जाता। लेकिन टीचरी ही करनी है तो महाराष्ट्र में क्या कम गाँव हैं? सीधे कोल्हापुर निपाणी से चाँदा, वर्धा, धूलिया, जलगाँव, कितने ही। उधर देखेंगे रिजल्ट आने पर।"

"वैसा ही अगर तय किया है तो महाजनजी को क्लियर कह दो। वे तुम्हारे लिए रुकनेवाले हैं। मुझे कहा था उन्होंने। पाटील आ गया तो हमारे लिए बहुत अच्छा रहेगा।"

"मैं मिलता हूँ उनसे आजकल में। इसका क्या होता है एक-दो दिन में देखेंगे। प्रभु के पास भी हो आता हूँ अगर कुछ है तो। तब तक रिजल्ट भी आ जाएगा। इस हफ्ते सब साफ हो जाएगा।"

"शनि बदलेगा जून में। अब हम सब उलटे सीधे हो जाएँगे। मुझे शनि की साढ़ेसाती शुरू हो रही है। हमारी फर्म लिक्विडेट होनेवाली है ऐसा अन्दर से मालूम हुआ है। शंकर की और मेरी दोनों की राशि मकर है जिसमें शनि-मंगल की युति हो रही है। अभी तो फें-फें हो रही है हमारी। प्रकाशक ने झलक दिखा ही दी है। किताब की सिर्फ पच्चीस कॉपियाँ बिकीं ऐसी रॉयल्टी का स्टेटमेंट दिया है। ऐसा मैं मराठी का महान कवि। सात सौ कॉपियाँ छापी भी कहते हैं। हजार भी निकाली हों तो हमें कैसे पता चलेगा?"

"सारंग भी कुलकर्णी जी के पीछे पड़ा है। लेकिन अब रजिस्टर्ड पत्र भेजो तो भी कुलकर्णी जवाब नहीं देते। कोर्ट में जाने में कोई तुक नहीं है। क्या साले हमारे दोस्त भी हैं! शंकर अब 'आन्तरभारती' में पचास रुपये माहवार पर लगा है। हर गुरुवार के अंक में चार पन्ने अकेले के!"

"अब हमें चुपचाप नौकरियाँ कर लेनी चाहिए। वैसे सभी थक गए हैं। साहित्य जगत का जो भी होना हो, होने दिया जाए। बहुत क्रान्तिकारी लिखकर भी क्या स्विट्ज़रलैंड में बँगला लेकर रह पाएँगे जिन्दगी-भर रॉयल्टी के सहारे?"

शेखर दो-तीन दिन पहले ही मार्कों समेत रिजल्ट ले आया। पन्द्रह बरस बम्बई की दौड़-धूप समाप्त कर अब वह कारवार के एक छोटे से गाँव में अपने रिश्तेदारों के कॉलेज में प्राध्यापक बनकर जा रहा था। खुश होकर उसने चांगदेव को पार्टी के लिए बुलाया। उसने पाँच-छह महीने से एक कन्नड़ लड़की के साथ कुछ गुल भी खिलाना शुरू कर दिया था। एम.ए. होने पर दोनों शादी भी करनेवाले थे।

शेखर ने जान-बूझकर उसके सामने बात छेड़ते हुए कहा, "इसे लगता है मैं बम्बई में ही रहूँ। मकान लेने को पैसे इसने इकट्ठे कर रखे हैं। पाँच बरसों से नौकरी कर रही है। अच्छी पत्नी फाँसी है या नहीं?"

तब उसने उसकी पीठ पर धौल धप्पा जमाकर कहा, "साउथ कारवार में क्या है तुम्हारा? कहाँ पिछड़े इलाके में जाना यहाँ से?"

शेखर उच्चभ्रू पति का रौब गाँठते हुए उसे समझाकर कहने लगा कि उधर जाने में भविष्य में लाभ है। प्रमोशन मिलते-मिलते जल्द ही हेड हुआ जा सकता है। आगे-पीछे वहाँ खेती खरीदने की भी गुंजाइश है। पिछले कई साल बम्बई में बेघर रहने से उसे अब कहीं पैर जमाने की इच्छा तीव्रता के साथ हो रही थी। फिर वह ऐसा भी कह रहा था कि शादी के बाद का जीवन शान्ति के साथ बिताने की उसकी इच्छा है। अनडिस्टर्ब्ड ऐसा उसने कहा!

चांगदेव को वह क्या होता है समझ में नहीं आ रहा था।

वह शेखर से बोला, "मतलब पूरी तरह से घर में ही रहना?"

तो शेखर कहने लगा, "घर के सामने बाग होना चाहिए, फूल होने चाहिए। फिर आम, कटहल, नारियल, शान्त घर और दरवाजे बन्द कर शान्ति के साथ पढ़ते रहना!"

फिर उसकी बीवी ने यह कहना शुरू किया कि बम्बई में रहना कैसे किफायती है। लेकिन शेखर को बम्बई जैसी गन्दी बस्ती इसके बाद भी नामंजूर थी। कोई भी फुटपाथ पर धोखा देकर जाता है। और कुछ हुआ तो बम्बई की पुलिस भी किसी काम की नहीं है। फुटपाथ पर पलनेवाली यह प्रजा आगे चलकर बस चोरियाँ करके ही जिएगी। अपने बच्चे उनके साथ रहकर मवाली बन गए तो कैसा लगेगा? तीन पीढ़ियों के बाद अपने पोते-पड़पोते लुच्चे बनकर पेट पाल रहे हैं, कहीं रहकर किसी तरह गृहस्थी चला रहे हैं इसे अभी टाला जा सकता है। गाँवों में यह डर नहीं है। यहाँ की गुनहगारी कम होने के लक्षण दिखाई नहीं देते क्योंकि एक पुलिस अफसर कह रहा था कि खून, मारपीट करनेवाले बच्चे हिन्दुस्तान के कोने-कोने से यहाँ आकर इकट्ठा होते हैं। उनके प्रदेशवालों से कहो तो वे इन बच्चों को स्वीकार नहीं करते। इधर से सरकारी खर्चे से इन बच्चों को ट्रेन में बैठाकर भेजो तो महीने-भर में फिर सबके सब बम्बई वापस आ जाते हैं। बम्बई की अपनी एक शुद्ध संस्कृति ही नहीं है। एक भाषा नहीं है। आओ-जाओ घर तुम्हारा ऐसी गन्दी बस्ती बन गई है यह। अपने भी बच्चे गाँव की तरफ हैं इसीलिए हम भी यहाँ बिना बिगड़े रह पाए हैं। अंग्रेजों की बस्ती से ही यह शहर किसी तरह फैलता चला गया है, अपना साउथ कैनरा कितना अच्छा है! वगैरा!

शेखर और उसकी सहेली के लाड़, उसका इतने आगे की सोचना और कठोरता के साथ सच बोलना—इन सब बातों से चांगदेव को एकदम पराएपन की भावना ने घेर लिया। बम्बई हम मराठा लोगों की राजधानी जैसी रही, उसमें

भी बरसों यहाँ रहकर पेट पालकर एम.ए. होकर उसके विषय में फिर बाहरवालों की तरह बोलते रहें और वह सच हो और अहम बात यह है कि अपना एक दोस्त अब एक लड़की के साथ हमेशा के लिए उधर चला जाए। यह सब उसे अजीब सा लग रहा था।

फिर भी शेखर जो कह रहा था वह सच ही था क्योंकि वह भी आखिर में शेखर से कहने लगा, "मेरी भी बम्बई में रहने की तमन्ना नहीं है। लेकिन अपने लिए उसके समान गाँव में जाकर वहीं बस जाएँ ऐसा गाँव नहीं, नौकरी नहीं, रिश्तेदार नहीं, भरपूर पैसे जोड़कर रखनेवाली लड़की नहीं और इससे बड़ी बात यह कि आगे कुछ कार्यक्रम की रूपरेखा नहीं है।" यह बात उसे चुभ रही थी। वैसे तो उसकी जिन्दगी नए सिरे से शुरू हो रही थी। पार्टी होने पर चांगदेव ने पूछा, "अब किधर?" वह बोला, "इसे कुछ चीजें खरीदनी हैं, तुम किधर जा रहे हो?" चांगदेव बोला, "जाऊँगा किसी के यहाँ।"

परीक्षाफल के नम्बर देखते-देखते उसका नम्बर मिल गया। 'ठीक हो गया' कहकर वह चाय पीते खामोश बैठा रहा। एक हरी झंडी तो दिखाई दी। कुछ दिन के लिए चाची के यहाँ सामान रखा गया था। किताबें अब भी हॉस्टल में बक्सों में भरकर रखी थीं। जल्दी ही कुछ फैसला करना जरूरी था। अच्छे अंकों से उत्तीर्ण होने पर भी चांगदेव पेठा-मिठाई कुछ नहीं ला रहा है यह देखकर चाची को लगा कि चांगदेव बहुत ही कंजूस है। उसे खुशी हुई हो ऐसा भी दिखाई नहीं दे रहा था। फिर वह सवेरे निकल जाएगा और रात में सिर्फ सोने के लिए कभी आएगा, यह ढंग भी बहुत दिन चलने जैसा नहीं था। जेब में पैसे भी ज्यादा नहीं थे। इसलिए एम.ए. होने पर चाची के बच्चों के लिए खरीदकर कुछ लाया जाए ऐसी हालत नहीं थी। दोस्तों के यहाँ अभी कितने दिन चक्कर काटने होंगे, तय नहीं था। किसी के यहाँ दौड़-भागकर जाओ तो 'अरे मैं तो भूल ही गया था' कहकर नौकरी की बात आसानी से चार-आठ दिन तक चली जाती। और कमरे की बात कितने महीने-बरस चलती रहेगी इसका कोई निश्चय नहीं था। कहाँ, कैसे रहा जाए? कितने दिन?

धीरे-धीरे यह सब मकड़ी के जाले, यह पुराने रास्ते और यह सब भाग-दौड़ हमेशा के लिए खत्म कर बम्बई छोड़ देने का विचार पक्का होता चला गया। एकदम नया गाँव, नए दोस्त। नई इमारतें, नए चेहरे, नए रास्ते ऐसे वातावरण में घुल-मिल जाना चाहिए।

बहुत दिनों पहले से यह सब तय कर रखना चाहिए था। अब जून की पन्द्रह तारीख और बाहर गाँव के प्राध्यापकों के लिए विज्ञापन भी कभी-कभार ही आ रहे थे। चाचाजी के यहाँ अंग्रेजी अखबार में उस दिन एक ही विज्ञापन था। उसने उस पते पर अर्जी भेज दी। दूसरे अंग्रेजी अखबार में मंगलवार के दिन ऐसे विज्ञापन आते हैं ऐसी जानकारी पड़ोसवालों ने दी। पिछले मंगलवार का पेपर है क्या, पूछने पर पड़ोसन ने कहा, "दोपहर में ढूँढ़कर रखूँगी।" लेकिन दोपहर में फिर बेल बजाई तो नींद खराब हो जाने से झुँझलाई पड़ोसन 'मिला नहीं' कहकर टाल गई। भैया के यहाँ जाकर पुराने अखबार ढूँढ़ निकाले। लेकिन भैया के पिताजी ने कहा कि पूना के 'केसरी' नामक अखबार में बाहर गाँव के विज्ञापन ज्यादा आते हैं। दादर में कई दुकानों पर केसरी को ढूँढ़ने का प्रयास किया लेकिन कहीं भी मिला नहीं। भैया बोला, "तुम्हारी क्या प्लानिंग है, इस तरह कहीं नौकरियाँ मिलती हैं?"

हर कोई अपनी फिक्र में रहता है। ऐसे समय तो पैदल वन टू-वन टू करनेवाले आदमी को घर-गृहस्थी सँभालकर आराम से रहनेवालों पर स्वाभाविक रूप से गुस्सा आता रहता है। ऐसे चैन की बंसी बजाते हुए जीनेवालों के प्रति घृणा होने लगती है। जिनका आसन स्थिर हो चुका है ऐसे दोस्तों के यहाँ चांगदेव को जाने की भी इच्छा नहीं हो रही थी।

एक-दो और विज्ञापन थे दूर-दराज के किसी गाँव के। वहाँ भी उसने झटपट अर्जियाँ लिखकर डाल दीं? कभी तो कहीं नौकरी मिलेगी ही, ऐसा उसे निश्चित रूप से लगता था। सिर्फ कितने दिन और निकालने हैं यह सवाल था। और ऐसे वक्त दोस्तों के साथ रात-रात-भर बौद्धिक गप्पें हाँकना मतलब बेवकूफी करना था। इसलिए वह अब किसी के यहाँ आता-जाता नहीं था। बम्बई पराई हो रही थी।

इतने में एक तार आया—इंटरव्यू के लिए तुरन्त हाजिर हों। पहले जहाँ अर्जी दी थी वहीं का तार था। तीसरे ही दिन यह एक अच्छी खबर आ जाने से उसे बहुत खुशी हुई। मतलब अब बम्बई में ही लटके रहने की स्थिति नहीं थी। काका कहने लगे, "बाहर गाँव जाने के लिए क्यों प्रयास कर रहे हो? यहाँ आने के लिए सभी देश-भर के लोग कोशिश करते हैं और तुम हो कि जाने की बात कर रहे हो?"

चांगदेव कहने लगा, "बम्बई में रहने के लिए कितनी झंझटें उठानी पड़ती हैं? कमरा कहाँ से लाएँ? और मुझे बम्बई छोड़नी ही है। एक गाँव में छह साल बहुत

हुए। पूरी जिन्दगी क्या यहीं बिताई जाए? कभी बुढ़ापे में अपना दो कमरों का भी मकान बना पाएँगे या नहीं! उसमें पूरी जंवानी बिताई जाए? और यहाँ किसी बात का भरोसा भी है क्या? बम्बई के बाहर खुला-खुला आसमान!"

"तुम हर बात में ज्यादती करते हो। आखिर पचास कमरों का घर लेकर करोगे क्या? दो कमरों के मकान में जो निकटता होती है वह चार कमरों के मकान में नहीं होती। और बाहर जाने की बात कर रहे हो, वहाँ पानी है तो बिजली नहीं, यह है तो वह नहीं, ऐसी स्थिति होती है। बम्बई में पपीते-अनन्नास से लेकर गूजबेरी-स्ट्रॉबेरी, लीची तक सब मिलता है। यहाँ किसी भी और गाँव से तुम्हें ज्यादा दोस्त मिलेंगे, ज्यादा काम होगा, सभी सुविधाएँ यहाँ तैयार मिलेंगी। किताबें लो, मासिक पत्रिकाएँ लो, फिल्में लो और अखबार में चाहे जितना पढ़ो कि यहाँ हर दिन दो आदमी सड़क दुर्घटना में मरते हैं और रोज एक आदमी का खून होता है फिर भी बम्बई में आदमी को जितनी सुरक्षा प्राप्त है उतनी कहीं भी नहीं है। सबसे बड़ी बात तुम यहाँ रहकर विश्व के नागरिक बने रहते हो, सब नई-नई सांस्कृतिक हलचलें तुम्हें यहीं पर प्राप्त होती हैं। कुछ पागलपन दिमाग में मत रखो। बाद में पछताओगे।"

"चाचाजी, मुझे आपकी कोई बात जँचती नहीं है।"

"तो फिर तुम अपने गाँव उदली ही क्यों नहीं चले जाते? मैं अपना गाँव छोड़कर अठारहवें साल बम्बई आया। अपने दादाजी के मना करने पर भी। आज पूरे तीस बरस से बम्बई में हूँ। यहीं पढ़ाई हुई, नौकरी भी यहीं की। क्या बुरा हुआ मेरा?"

"यही बुरा हुआ कि अपना कुछ बुरा हुआ है इसका बम्बई में रहनेवाले आदमी को एहसास ही नहीं होता।"

"बहुत अक्लमन्द हो गया है तू। बम्बई में मैं जो चाहता था वह मिलता गया। फ्रिज उस वक्त लखपतियों के यहाँ होता था। लेकिन एक मेरा सिनेमा हाउसवाला दोस्त था, उसे सिर्फ पता चला और दूसरे दिन उसने यह इंग्लिस्तान से आया नया फ्रिज मेरे मकान में लाकर शुरू कर दिया। अब यह बात छोड़ दो कि वह स्मगल करके लाया गया था। लेकिन अगर मैं गाँव में ही रहता तो भाइयों के झगड़ों में और लफड़ों में मेरी सारी ताकत फिजूल चली जाती। कल चलकर मैं अपने बच्चों को दुनिया के किसी भी देश में भेज सकता हूँ इतनी मेरी जान-पहचान है। यह हमारी नन्दा होशियार है ही, लेकिन उसे मेडिकल कॉलेज में प्रवेश मिलेगा इतनी

जान-पहचान हो गई है इन तीस बरसों में। बम्बई में बड़े दिलवाले लोग हैं मेरे भाई। आपको सिर्फ बम्बइया होना है। कहीं भी कुछ भी काम हो जाता है। फालतू रूमानी बातें मत करो।"

"मतलब चाचाजी ऐसा ही कहिएगा कि यहाँ रहकर नीति-नियम, मूल्यबोध आदि को ताक पर रखकर सफेदपोश लोग अपना पेट पालते रहें।"

"लिखा-पढ़ा मूर्ख है तू। क्या बक रहे हो इस ऐसे जमाने में नीति-नियम और ये और वो। अपने स्तर पर अपने काम होते हैं, झुग्गीवालों के स्तर पर उनके काम होते हैं बम्बई में। क्या फर्क पड़ता है? और खुले माहौल में तुम क्या कबड्डी खेलनेवाले हो या रनिंग करनेवाले हो? कैसा खुला माहौल? अपने गाँव दो दिन के लिए जाता हूँ तो मैं तंग आ जाता हूँ। पिछले दिनों शिमला में हमारी पन्द्रह दिन की ट्रेनिंग थी तो कब बम्बई वापस आऊँ ऐसा हो गया। चारों तरफ बर्फ की टेकड़ियाँ और चूतियों जैसे स्वेटर पहने बेढब औरतें। साला बम्बई जैसा शहर नहीं। लन्दन के बारे में कहते हैं न वैसा ही जो बम्बई से उकता गया वह जिन्दगी से उकता गया! दूसरे गाँवों में जात-पाँत, इधरवाला-उधरवाला ऐसे कई लफड़े होते हैं। बहुत ही ओछे मन के लोग होते हैं दूसरे गाँवों में। पुराने विचारों के। पछताओगे और फिर बम्बई में आना मुश्किल हो जाएगा। हमारे दफ्तर के कुछ लोग पहले जो बाहर चले गए वे अब पछता रहे हैं। तुम तो जल्दी ही यहाँ जम जाओगे। हमारे यहाँ एकाध बरस निकालो। फिर कहीं जगह मिल जाएगी। हमारी सोसायटी डोंबीवली का ब्लॉक बना रही है। तुम्हें वहाँ घुसेड़ देंगे। दिन निकलते क्या देर लगती है। ऐसे कॉम्पिटिशन के जमाने में एक-दूसरे की मदद से जितना जल्दी हो सेटल होना जरूरी है। बम्बई छोड़ने की बात कर रहे हो मतलब तुम्हारे में कॉन्फिडेंस नहीं है। हिम्मत चाहिए। और यहाँ पर तुम्हारा अच्छा खासा सर्कल है। एस्टैब्लिश हो चुके ऐसे अच्छे दोस्त हैं, कहाँ जाओगे भुक्कड़ गाँवों में बेकार खटने के लिए।"

चांगदेव को इंटरव्यू की झट से तैयारी कर निकलना ही था। चाचाजी के पास रेल का नक्शा था, उसमें ठीक से गाँव देख लिया। किराया कितना लगेगा इसका भी हिसाब जोड़ लिया और हमेशा का पुराना बैग कन्धे पर लटकाकर वह दोपहर ही में बाहर निकला। ट्रेन रात में थी।

चाची कहने लगी, "इंटरव्यू के लिए अच्छे कपड़े तो लेते जाओ। चाहो तो हमारी यह सूटकेस ले जाओ। बूट पहनो। नीचे पॉलिश करवा लेना। और काफी समय है, भोजन करके जाओ।"

"कपड़े क्या करना है? जवाब अच्छे दिए तो हो गया।"

"लेकिन तुम्हारा इंटरव्यू लेनेवालों को वैसा लगना चाहिए न? ऐसी बातें दूसरों को भी कैसी लगेंगी यह भी थोड़ा देखना चाहिए।"

चाची का यह कहना उसे बिलकुल सही लगा। और उसने अपनी थैली में एक अच्छी सी कमीज रख ली। वैसे पैंट कोई टेबल के नीचे से थोड़े ही देखनेवाला है। मोजे तो फटे हुए ही थे। इसलिए चप्पल ही ठीक रहेगी।

चाची ने जल्दी-जल्दी दही-भात परोसा। उसे झट से खाकर वह बाहर निकला। घड़ी-भर भैया के पास रुकना और मिलते हों तो दस-पाँच रुपये उससे लेना ऐसा सोचकर वह भैया के पास आया। संयोग से भैया बीमार होने के कारण घर पर ही आराम कर रहा था। खबर सुनकर उसे भी अच्छा लगा। वह बोला, "आखिर यह तुमने अच्छा किया। बाहर बड़ा अच्छा होता है। मस्त हरे-हरे खेत, सभी जाने-पहचाने, छोटे गाँव में फिर कँगलापन भी कम होता है। अच्छा है। बेस्ट-लक। हम सब बेवकूफों की तरह बम्बई में ही खटते रहेंगे। तुम ग्रेट हो। यहाँ यह इस तरह की बीमारियाँ होती रहती हैं।"

भैया के पास नक्शे की किताब थी। उसमें उसने गाँव देखा। वह जिले का गाँव था और मटमैला पीला रंग चारों तरफ था। गाँव के पास नदी का नाम नहीं था। सिर्फ एक खाली वर्तुल था और रेत की पतली रेखा।

भैया बोला, "ठीक होगा गाँव। कम-से-कम छोटा तो है ही। इंडस्ट्री वगैरा नहीं है मतलब लोग गरीब होंगे। मैं आऊँगा एकाध बार तुम्हारे पास।"

भैया से दसेक रुपये मिलने से एकदम उसमें स्फूर्ति आ गई। अब कुछ खाते-पीते सफर हो सकेगा। ट्रेन से बोरीबन्दर पर आकर प्लेटफॉर्म बदलते हुए, ट्रेन में बैठते हुए उसमें अचानक बम्बई के लिए प्यार उमड़ आया। छोड़ देने से हमेशा ही सब टूट जाता हो सो बात नहीं। उलटे प्यार साबूत रहता है। प्यार भी है और छोड़ने का भी मन होता है ऐसा रिश्ता अत्यन्त श्रेष्ठ कोटि का होता है।

गाँव आ गया फिर भी सवेरा नहीं हुआ था। ट्रेन बीच में ही घंटों खड़ी रहती। सब लोग भुनभुनाते रहते। बम्बई छोड़े कई साल हो गए हों—चांगदेव को ऐसा लगने लगा, सफर इतना रुक-रुक कर चल रहा था। लेकिन बम्बई की यादों से लिपटा उसका मन पिछले पूरे साल का नक्शा उतारने में मगन हो गया था। बम्बई फिर बचपन के अजस्त्र अनुभव के समान हो गई थी। देखते-देखते दिमाग में फिर एक बार चमचमाते-जगमगाते विज्ञापन, लोग ही लोग, ट्रेनें और बसें, होटल, थिएटर, हाँ, हाँ कर तालियाँ देते दोस्त, पैदल की लेफ्ट-राइट बिल्डिंगें सब घूम गए। बम्बई ने उसे सब कुछ दिया था और फिर वापस सब कुछ लेकर उसे लौटा दिया था।

आखिर में गाँव आ ही गया इसलिए बदन से इंजन का कोयला झटककर उमंग में भरकर वह नीचे उतरा। दो-तीन घंटों के लिए बेकार ही लॉज के लिए पैसे खर्च करने में कोई तुक नहीं थी। इसलिए स्टेशन पर ही बेस्वाद चाय पीते, विज्ञापन पढ़ते घंटा-भर बिताकर फिर बाहर निकला। तब तक सभी ताँगेवाले चले गए थे। गाँव दो-तीन मील पर है यह जानकर वह परेशान हो गया। मतलब फिजूल ही इतनी देर अन्दर ठहरना हुआ। लेकिन पैसे बचेंगे और समय भी कटेगा यह फायदा था। वैसे जो भी सामने आए उसको खुशी-खुशी स्वीकार करना है यह बात उसने पहले ही तय कर रखी थी। चिड़चिड़ाना बन्द किया।

थैली कन्धे पर लटकाए वह खींचता जा रहा था। धीरे-धीरे ठंडी हवा के झोंकों से निरुत्साह समाप्त होने लगा। थकान भी दबती चली गई। खुले प्रसन्न आसमान में फैलनेवाली ताँबे-सी किरणें वह कई बरसों बाद देख रहा था। और दुनिया अभी जग रही है और हम उसके पहले काम पर जा रहे हैं यह तो कभी बचपन में हुआ होगा। इतने सपाट पठार के गाँव को अपना ही लेना चाहिए ऐसा निश्चय करते हुए धीरे-धीरे आसमान में बिखरनेवाली लाल सुनहरी आभा को देखते हुए वह चलता रहा। पंछी भी चहकने लगे। धीरे-धीरे गाँव की गन्ध आने लगी। सड़क के दोनों ओर निर्विकार भाव से टट्टी करते बैठे हुए लोगों को देखकर उसका उन्नत मन कुछ अवनत हो गया। लेकिन निरन्तर ऊपर-ऊपर ही तैरते रहने का निश्चय करने के कारण उसने सड़क के बाजू में झोंपड़ी के सामने लेटी एक औरत पर अपना ध्यान केन्द्रित किया—अँगड़ाई लेकर उमंग से उसकी ओर देखते हुए उसने बाजू में औंधी धरी टोकरी उठाकर फेंक दी। इसके साथ क्लंक....क्लंक करती एक मुर्गी और उससे सटकर बैठे दस-पन्द्रह चूजे चारों ओर दौड़कर गायब हो गए। पास

में ही उसका मर्द धोती ओढ़कर अभी भी सोया हुआ था। झोंपड़ी के इर्द-गिर्द की जगह साफ-सुथरी, लिपी-पुती थी और सब ठीक तरह रखा हुआ था। दीवार पर पेड़ों के चित्र बने थे। उसके पैरों पर गुदड़ी थी, वह उसने अच्छी तरह से ऊपर तक ओढ़ ली। रात में शायद उसने उसे ओढ़ाई हो। यह रतिक्लान्त स्त्री उसे उस गाँव की प्रतिमा-सी लगी।

धीरे-धीरे घनी बस्ती आने लगी और फिर एक पुराना होटल। कहीं कपड़े बदलकर हाथ-मुँह धोना जरूरी था। बनियान से पसीने की बदबू आ रही थी। कानों में, बालों में रेलगाड़ी का कोयला था। दूसरी बनियान लाना वह भूल गया था। लेकिन हर बात खुशी-खुशी टालनी है इस रवैए का बार-बार अवलम्ब करना जरूरी था। केवल इंटरव्यू के लिए नहीं बल्कि इसके आगे हमेशा के लिए।

बीच में दीवार पर काबा की विशाल तस्वीर थी और एक लड़का आँखों से कीचड़ निकालते हुए कह रहा था, "मालिक नमाज पढ़कर आ रहे हैं।"

"लेकिन चाय तो लाव।"

"बोला न, नहीं हैं मालिक। वोच बनाते चाय।"

"पानी लाव फिर।"

वह एक छोटा सा प्याला भरकर ले आया।

"और लाव पाँच-दस प्याले। धोने का है न।"

"पानी ज्यादा नहीं मिलेगा साब। ज्यादा पानी नहीं इधर। होटल को हमामखाना समझते क्या?"

ऐसा कहने पर भी और दो-एक प्याले लड़के ने लाकर रख दिए। वहीं पर कमीज-बनियान निकालकर बनियान थैली में अन्दर दबा कर रख दी और नया कुर्ता पहन लिया। इस नए कुर्ते की बिलकुल ऊपर की बटन टूटी हुई थी और फिर अन्दर बनियान नहीं इसलिए इंटरव्यू वालों को छाती साफ-साफ दिखाई देगी। लेकिन खुशी का रवैया रखकर खुशी-खुशी अब उसे इस मुसीबत को झेलना ही था। कागज में कहीं एक आलपीन मिल गई वह बटन की जगह लगाकर उसने खुशी-खुशी इस समस्या का हल निकाल लिया। टेबल से एक-एक प्याला बाहर ले जाकर नाक, मुँह, कान, केश, गर्दन साफ कर ली। रूमाल से सब पोंछकर उँगलियों से ही बाल ठीक कर लिए। आगे कहीं कॉलेज में पानी और आईना इकट्ठे दिख गए तो फिर ठीक से साफ कर लेंगे ऐसा सोचकर वह चुपचाप बैठा रहा। थोड़ी देर में मालिक नमाज अदा कर जोर-जोर से गला साफ कर

थूकते हुए आया। उसके पीछे-पीछे काफी मुसलमान आने लगे। चाय के लिए काफी समय लगा। मालिक ने चाबियाँ लड़के के हाथ में दीं, उसके बाद कपाट से चाय-शक्कर निकालकर चाय बनाने का काम शुरू हुआ। फिर कुछ वक्त रेडियो सुनने में गया।

कॉलेज में कोई नहीं था। एक पुराने कपड़े पहने हुए प्यून, जैसे जान पर बन आई हो झाड़ू लगा रहा था।

चांगदेव को देखते ही वह झाड़ू नीचे रखकर मुँह की तमाखू बिना थूके परेशान-सा होकर हाथ के इशारे से ही पूछने लगा क्या है?

चांगदेव ने भी खुश रहने के लिए मजाक में कान और माथे पर उँगली से उस्तरे का इशारा किया।

प्यून थूककर बोला, "हजामत? किसकी?"

"किसकी क्या? हमारी ही। इंटरव्यू! इंटरव्यू!"

"हत्तेरे की। मुझे लगा तुम ही हजामत करने आए हो। थैला भी तो हज्जाम के थैले जैसा दिखाई देता है। हयाऽ हयाऽहय ऽ निकालो इस बात पर। प्रिंसिपल साब का ही माथा भोत चढ़ा है। निकालो।"

"क्या निकालो?"

"सिगरेट जी। निकालो सिगरेट।"

"हम पीते नहीं।"

"हत्तेरे की। सवेरे-सवेरे कैसा आदमी मिला! हयाऽ।"

कुल मिलाकर अपना हुलिया ठीक नहीं है यह बात चांगदेव के ध्यान में आ गई। बन-सँवरकर गधे जैसे रहना यहाँ लोग अच्छा समझते होंगे। फिर भी उसे खुश रहना है इसलिए सीटी बजाता बाहर के घने पेड़ों की ओर देखता हुआ बरामदे में कुर्सी पर बैठ गया।

थोड़ी देर में झाड़ू लगाने के काम से निपटकर प्यून बाहर आया।

"ग्यारह बजने पर साब आते हैं भला। कुछ चाय-वाय मँगवाऊँ आपके लिए पेशल?"

उसका यह अदब से बोलना सुनकर चांगदेव को सन्तोष हुआ। चांगदेव बोला, "हाँ, कहाँ है कैंटीन?"

"कैंटीन काय की खुलती है अभी? दस बज गए न? मैं बोलता हूँ और लेके ही आता हूँ।"

"अच्छा अच्छा। लाओ।"

"पैसे दीजिए। दो रुपया। छुट्टे ले आता हूँ।"

"शौचालय, वॉशबेसिन कहाँ है?" चांगदेव ने पूछ लिया और उधर चला गया।

शौचालय में पानी नहीं था। बेसिन में सब थूका हुआ पड़ा था। बेसिन के एक नल पर हॉट और एक पर कोल्ड लिखा हुआ था लेकिन किसी में भी पानी की बूँद नहीं थी। दीवारों पर शरीर-शास्त्र और कई लड़कियों के नाम। बाहर गन्दे पानी का हौज दिखाई दे रहा था। वहाँ जाकर उसने मुँह, हाथ-पैर साफ किए। शौचालय का डिब्बा वहाँ तक लाकर पानी लेकर वह काम भी पूरा किया। फिर एक बार मुँह पर पानी छिड़कने से अच्छा लगा। फिर बाल वगैरा आईने में देखकर कुर्ते में आलपीन इस तरह लगा ली कि वह दिखाई नहीं दे। फिर कॉलेज के कैम्पस में घूम आया। कैम्पस अच्छा था। बगीचा अत्यन्त कृत्रिमता से सुन्दर बनाया गया था और उसमें अनेक प्रकार के ऐसे विलायती फूल थे जो बम्बई में भी दिखाई नहीं देते। बीचोबीच आदमी की ऊँचाई बराबर कट्टे पर Jesus Calls you के अक्षर मेहँदी के पत्ते करीने से काटकर स्पष्ट किए गए थे। लेकिन कुल मिलाकर बड़ी-बड़ी इमारतों में, बगीचों में, पीछे के बँगलों में किसी प्रकार की सौन्दर्य-दृष्टि दिखाई नहीं दे रही थी। लेकिन बम्बई की इतनी-इतनी सी चार मंजिला इमारतोंवाले कॉलेज की आदत होने से उसे यह दूर तक फैला हुआ कैम्पस बहुत ही अच्छा लगा।

ऑफिस में अब सुपरिंटेंडेंट आ गया था। चांगदेव को नमस्कार कर बोला, "गुडमॉर्निंग सर! मैं सुपरिंटेंडेंट जाधव। आप अंग्रेजी के इंटरव्यू के लिए आए हैं न? बैठिए। यहाँ का प्यून दिखाई दिया क्या? फ्रांसिस?"

"चाय के लिए गया है वह।"

"चाय के लिए? हरामखोर ने अब तक ऑफिस साफ नहीं किया। स्साले को हरदम चाय चाहिए।"

"मैंने ही उसे भेजा है। सॉरी।"

"आप न भी भेजते तो भी जाता वह।"

सुपरिंटेंडेंट जाधव के गुस्से में कैंटीन की ओर चले जाने के बाद थोड़ी देर में फ्रांसिस आया। केतली से चाय डालते हुए बोला, "लीजिए। मैंने उधर ही ले

ली। वह जाधव भी चिपकू की तरह चिपक गया तो उसको भी आपके पैसे से ही चाय पिलाई। कैंटीन वाले के पास छुट्टे पैसे भी नहीं थे।"

फ्रांसिस अब बड़ी खुशी में आ गया था। इसलिए चांगदेव ने उससे कॉलेज की जरूरी जानकारी निकाल ली।

कॉलेजवालों के पास बहुत पैसा था। प्रिंसिपल प्राध्यापकों से विभिन्न सांस्कृतिक कार्यक्रमों पर खर्च करने के लिए कहते थे। प्रिंसिपल साहब ने संस्था के संस्थापक की बेटी से शादी की थी इसलिए उनका संस्था पर पूरा दबाव था। कोई हिसाब भी नहीं पूछता था। ज्यादा क्लास लेने पर उसके भी ज्यादा पैसे मिलते थे। अंग्रेजी के लिए अच्छे-अच्छे लोग मिलें ऐसी प्रिंसिपल साहब की बहुत इच्छा थी। लेकिन इस एक तरफ के गाँव में कोई बाहर से आता नहीं था, इसका प्रिंसिपल साहब को दुख था। अब तक दो बार विज्ञापन देने पर भी कोई अच्छा आदमी अंग्रेजी के लिए नहीं आया था। कॉलेज में सभी जाति, धर्म के लोग होना आवश्यक है, ऐसी प्रिंसिपल की नीति थी। प्रिंसिपल अमरीका से पी-एच.डी. होकर आए थे इसलिए उनका स्वभाव बहुत उदार था। कइयों की उन्होंने सहायता की थी। गाँव में जिधर भी वे निकल जाते लोग-बाग उन्हें हाथ जोड़कर नमस्कार करते।

इस वक्त भी अगर कोई अच्छा आदमी नहीं मिला तो डिपार्टमेंट के हेड प्रोफेसर सारंगपाणि अपने ही एक पिट्ठू को लेनेवाले थे फ्रांसिस ने आँख मारकर ऐसा भी कहा। लेकिन उसने बताया कि प्रिंसिपल को अच्छी अंग्रेजी आनेवाला आदमी चाहिए।

ठीक ग्यारह बजे प्रिंसिपल साब आए। आते ही उन्होंने चांगदेव के साथ कहाँ से आए, कहाँ ठहरे हो, डायरेक्ट कॉलेज में आए हो तो यहाँ गेस्ट हाउस है वहाँ क्यों नहीं गए वगैरा चर्चा की। आदमी काफी उदार लगे। बम्बई छोड़कर किसलिए आए हो पूछने पर चांगदेव ने बम्बई के बारे में जो कुछ कहा वह उन्हें बहुत ही अच्छा लगा। वे खुश हो गए।

थोड़ी देर के बाद हेड और वाइस प्रिंसिपल आए। वाइस प्रिंसिपल ने आते ही कुत्सित स्वर में हेड के साथ मजाक किया कि आखिर एक आदमी तो आया और वे जोर से खिलखिलाए। लेकिन प्रिंसिपल ऑफिस के दरवाजे पर ही खड़े हैं यह ध्यान में आते ही वे जो मुँह बिगाड़कर बैठे तो पूरे इंटरव्यू में मुँह तक नहीं खोला। बीच-बीच में प्रिंसिपल साब ने मजाक नहीं भी किया तो भी हँसकर उन्हें खुश करने का प्रयास करते रहे। आखिर-आखिर में उनका यह

प्रयास सफल हो गया क्योंकि प्रिंसिपल बाद में उनकी ओर देखकर उनसे ठीक तरह से बात करने लगे। हेड प्रोफेसर सारंगपाणि बस थॉमस हार्डी पर ही पूछते जा रहे थे। कुछ मॉडर्न भी पूछिए ऐसा व्यंग्य से प्रिंसिपल साब के सुझाने पर वाइस प्रिंसिपल पेट पकड़कर हँसने लगे। हेड ने उनके हँसने की ओर ध्यान न देकर एच.जी. वेल्स पर कुछ पूछा। मॉम पर भी एक सवाल पूछा! प्रिंसिपल साब आखिर में बोले, "हमारा पहले ही टॉक हो गया है। आय लाइक दिस यंग मैन। कॉलेज के प्रिपरेटरी क्लासेस पहले ही शुरू हो गए हैं। इसलिए आप आज ही ज्वाइन कीजिए और एक-दो दिन की छुट्टी लेकर अपना सामान ले आइए। चलेगा न?" इतनी आसानी से यह सब हो गया यह देखकर चांगदेव को बहुत खुशी हुई। प्रधान्या कह ही रहा था कि तुम्हारा शनि जोर में है। मैं दो-तीन दिन में निश्चित आ रहा हूँ ऐसा कहकर वह गाँव में रहने के लिए जगह की पूछताछ वगैरा करने लगा। तुम कुछ समय के लिए लॉज पर रहो, फिर हम सब सेटल करेंगे, स्टाफ के लोग बहुत ही कोऑपरेटिव हैं, तुम्हें कोई तकलीफ नहीं होगी वगैरा कहकर उन्होंने सुपरिंटेंडेंट जाधव को बुलाया। ऑर्डर देने को कहा। 'तब तक कॉलेज देख आओ' कहकर उन्होंने फ्रांसिस को साथ लगा दिया। उनसे हाथ मिलाकर चांगदेव बाहर आ गया।

अब वह इस स्थान से बँध गया। आगे-पीछे बड़े-बड़े मैदान, इमारतें, बगीचा, वृक्ष आदि देखकर उसे खुशी हुई। फिर एक-एक इमारत उसे दिखाते हुए तंग आकर फ्रांसिस बोला, "यह लाइब्रेरी है। मतलब यहाँ किताबें होती हैं। जाओ, अन्दर फिरी आवो। मैं आता हूँ तब तक।"

लाइब्रेरी में किताबें बहुत ही कम थीं। मासिक पत्रिकाएँ भी दो-चार हर कहीं दिखाई देनेवाली। और कुछ नहीं था। वह ग्रन्थपाल से बोला, "अपनी संस्था तो अमीर है न? फिर किताबें उस हिसाब से कम हैं।"

ग्रन्थपाल मैकेंझी कुर्सी पर आराम से टेबल के नीचे पैर फैलाकर बैठे थे। वे तुच्छता से उसकी ओर देखकर बोले, "अजी, इनमें से भी कोई प्रोफेसर कभी पढ़ता नहीं था। करना क्या है रद्दी पर पैसे खर्च करके? यहाँ पढ़ता कौन है?"

किसी क्लास से जोर-जोर से शोर आ रहा था। वहाँ कुछ पढ़ाया जा रहा था। तेजस्वी, ओजस्वी ऐसे कुछ शब्द सुनाई दिए। चांगदेव उधर गया। थोड़ी देर में क्लास से लगातार बच्चों के आने की शुरुआत हुई। फिर लड़कियाँ। सीटियाँ और चीखना-चिल्लाना शुरू हो गया। सबके बाद एक ऊँचा-सा औरतों की आवाज में

लड़कों को लाड़-प्यार से डाँटनेवाला कोई प्राध्यापक बाहर आया। वह रुआँसा हो गया था।

उतने में उधर से सुपरिंटेंडेंट जाधव दौड़ते हुए आए। उन्हें देखते ही अभी-अभी कॉलेज में दाखिल हुए स्कूल के बच्चे चटपट अन्दर घुसने लगे। इतनी भगदड़-सी मच गई कि प्राध्यापक का भी अन्दर जाना कठिन हो गया। सुपरिंटेंडेंट जाधव हाथ लगे लड़के को पीटकर अन्दर ढकेल रहा था। उस भीड़ में प्राध्यापक भी फँस गया। सुपरिंटेंडेंट जाधव चिल्ला रहा था, "चलो अन्दर। अरे तू, चल, पढ़ने के लिए आता है या नाचने के लिए यहाँ! आँ? चलो, चलो," ऐसा कहते हुए चांगदेव के सामने जान-बूझकर अपना रौब दिखाते हुए वह लड़कों को पीट रहे थे। लड़कों ने भीड़ में प्राध्यापक को भी अन्दर धकेल दिया।

फिर चांगदेव से जाधव कहने लगा, "नए-नए लड़के हैं, चलता रहता है। इसीलिए तो प्रिपरेटरी क्लासेस हर साल लेने का सुझाव दिया मैंने।"

चांगदेव बोला, "लड़के तो हर साल नए आएँगे। लेकिन प्राध्यापक? वे तो पुराने होंगे न?"

"हाँ, ये प्राध्यापक जोशी कवि हैं। इस जिले के कवि। उनकी 'रूठी हुई हँसी' किताब पढ़ी है क्या आपने? नहीं? पढ़ो। लाइब्रेरी में पचास कॉपियाँ हैं।"

"एकदम पचास किसलिए?"

"कॉलेज ने ही छपाई का पूरा खर्चा दिया था। पूना के प्रकाशक को एक हजार रुपये दिए। आपका भी कुछ छापना हो तो प्रिंसिपल साहब से बोलो। पैसों के लिए किरकिरी नहीं अपने यहाँ। सिर्फ काम करते रहना चाहिए। कॉलेज का नाम रोशन होना चाहिए।"

उधर बच्चे फिर होऽ-होऽ करने लगे। लेकिन सुपरिंटेंडेंट जाधव के दरवाजे के पास जाते ही लड़के फिर चिड़ी चुप हो गए। और कविराज जोशी की पतली ऊँची आवाज सुनाई दी। "केशवसुत ने मराठी कविता का आशय और अभिव्यक्ति, विषय और शैली, रूप और सज्जा इनमें आमूलाग्र क्रान्ति की, मराठी का पहनावा ही नहीं, उसके अन्तर्मन को भी मथ डाला," ऐसा व्याख्यान फिर शुरू हो गया।

कुछ देर बाद कैंटीन में चाय पीते हुए सुपरिंटेंडेंट सैम्युअल जाधव से कॉलेज के बारे में पूछते हुए चांगदेव भविष्य का अनुमान करता बैठा रहा। सुपरिंटेंडेंट जाधव कॉलेज के विषय में बढ़-चढ़कर बातें कर रहा था। लेकिन बीच ही में उसके मुँह

से निकल गया—अब कुछ बातें चलती रहती हैं, वे तो हर जगह चलती ही हैं।

कॉलेज के बाहर आने पर चांगदेव ने मुड़कर बड़ी प्रसन्नता से पीछे के मैदान को देखा। यह अब अपना कॉलेज है। एक दिन में आदमी कहाँ से कहाँ फेंक दिया जाता है। इसके बाद यहीं का पानी, यहीं की हवा, यहीं के दोस्त। फिर वह गाँव में उमंग से घूमता रहा। छोटे-छोटे रास्ते, छोटी-छोटी दुकानें, उसके अजनबी चेहरे की ओर जिज्ञासा से देखते लोग। कुल मिलाकर गाँव पर गरीबी की सियाही, लेकिन एक-दो संकीर्ण गलियों में, ऊँची-ऊँची इमारतें, गहरे ऑइलपेंट से ऊपर तक रँगाए हुए गली में झाँकनेवाले बढ़ाए हुए छज्जे, मंजिल पर मंजिलें। बम्बई के हिसाब से यह सब अभिरुचिहीन, तुच्छ लग रहा था। लेकिन इसके बाद फिर ऐसा बोलना नहीं है। अब यह अपना गाँव है।

एक होटल में उसने खाना खाया। खाना बहुत ही रद्दी था। वहाँ मैनेजर वगैरा से पूछताछ की उसने कि कमरा मिलेगा क्या कहीं? वहाँ दो-तीन जने गप्पें हाँकते बैठे थे। वे बोले, "हमारे गाँव में ऐसा है कि जगह तो है मगर जगह देने के साथ-साथ नल का पानी भी देना पड़ता है इसलिए ज्यादातर लोग जगह नहीं देते। क्रिश्चियन, मुसलमानों का बिना पानी से चल जाता है लेकिन अपने लोगों को ऐसा नहीं है। आप किस जात के हैं? कुँवारे हो क्या? ब्राह्मणों के बाड़े हैं काफी अच्छे। दूसरों के भी हैं कुछ-कुछ। फिर भी जगह मिलना इतना आसान नहीं है यहाँ। लेकिन हो जाती है एकाध खोली खाली। कॉलेज के लड़के बहुत बढ़ गए हैं आजकल। दस-बारह लड़के मिलकर झट से एकाध कमरा ले लेते हैं। इस कारण किराया बहुत बढ़ गया है।"

मतलब यहाँ भी फिर बम्बई जैसी ही है। कमरा नहीं फिर आकर क्या फायदा? लेकिन अब जैसा भी जो कुछ है उसको चुपचाप स्वीकार करना पड़ेगा। फिर उसने वह विचार मन से निकाल दिया। बम्बई जाना, सामान समेटकर ले आना। निकल आता है कोई न कोई रास्ता अपने आप।

फिर वह स्टेशन पर आया। ट्रेन घंटा-भर लेट थी। दो-तीन दिन के जागरण से खड़े-खड़े नींद आ रही थी। गाड़ी में घुसने के साथ उसने लम्बी तान दी। एक-दो स्टेशन गुजर जाने के बाद ऊपर एक जगह खाली दिखाई दी। उस पर चढ़कर सिरहाने थैली लेकर वह गहरी नींद सो गया और बम्बई तक सोया रहा।

ब म्बई में उतरने पर पहले किसी से पैसे निकालने चाहिए। दो-तीन शर्ट और पैंट लेने ही चाहिए। कम-से-कम दो-दो तो जरूर। फिर और भी कितनी ही बातें। उनमें दवाइयाँ भी। यह एक नया खर्चा था और बरस-भर चलनेवाला था। छह महीने की गोलियाँ यहीं से ले जाई जाएँ।

नारायण को फोन करते समय सिर्फ पैसों की ही बात उसके मन में नहीं थी। बम्बई छोड़ते समय कुछ दोस्तों से मिलना जरूरी था ही। नारायण फोन पर या पहले कभी-कभी रास्ते में मिलता था लेकिन उसके घर जाना कभी नहीं हुआ। उसकी औरत और भी अच्छी लगी। उसने शादी होने के बाद नारायण के पुराने पिछलग्गू दोस्तों को धीरे-धीरे चलता-फिरता कर दिया ऐसा उसके बारे में मशहूर था। लेकिन चांगदेव को वैसा लगा नहीं। उलटे उसी ने ज्यादा आग्रह कर उसे बुलाया था। इस रविवार आएँगे? कि अगले? मतलब फिर दिन-भर रह सकेंगे ऐसा भी उसने कहा था। नारायण और चांगदेव के बहुत पहले से घनिष्ठ सम्बन्ध थे। नारायण की ग्रहदशा तेजी से बदली। नारायण भी फटाफट बदला। फाकामस्ती से सीधे समन्दर किनारे के बँगले में। फिर उसकी औरत ही खुद इतनी बड़ी तनख्वाह पाती थी कि उसको पाँच-सात सौ रुपये मिलना कुछ मुश्किल नहीं था। न भी मिले, नारायण के यहाँ जाना जरूरी ही था। क्योंकि एक बार बम्बई छोड़ने पर फिर बम्बई आना नहीं था, पुराना सब कुछ नहीं चाहिए मतलब नहीं चाहिए, यह पक्का इरादा था।

डायरी खो जाने से नारायण का फोन नम्बर भी ठीक से याद नहीं था। अन्दाज से दो-तीन नम्बर लगाने पर लगा। मीठी आवाजवाली लड़की ने उसे झट से नारायण केलकर से मिला दिया। चांगदेव कहने पर नारायण को बहुत खुशी हुई।

"अरे भले आदमी बीच में तुम मर गए थे ऐसा सुना और फिर सोया हुआ जाग उठा। ऐसा होने के बाद परीक्षा उत्तीर्ण कर नौकरी ढूँढ़ रहे हो ऐसा भी मालूम हुआ। यह चमत्कार हू-ब-हू कैसे किया तुमने? वह सुनना था प्रत्यक्ष। एक बार तुम्हारे हॉस्टल पर भी हम दोनों—विजू और मैं हो आए। लेकिन तुम जिन्दा हो सचमुच या कैसे हू-ब-हू दिखाई नहीं दिया। तुम्हें पहले से ही कुछ बीमारी थी न! तुम्हारा एक लंग बैठ गया था वह चलने लगा है शायद। आँ? क्या? क्या कहा? लंग-फेफड़ा रे। अच्छा। कोई तो कह रहा था तुम्हारा एक फेफड़ा ही निकाल दिया है। नहीं न? अच्छा हुआ। नहीं तो सभी एकलंगजी की जय कहकर तुम्हारी जयकार करते ही ही ही हीऽ। अच्छा, अभी तुम्हारी नौकरी का इन्तजाम नहीं हो रहा है सुना? इन्तजाम हो गया? कहाँ? कहाँ बताया? बम्बई में नहीं ही हुआ

क्या? राइट। राइट। वही तो मैं कहूँ बम्बई में यह नया हिस्सा बना है क्या कोई। मतलब तुम बम्बई छोड़ रहे हो? ये कोई अच्छी बात नहीं...खैर। कांग्रेच्युलेशंस एनी वे। वैसे भी बम्बई में रहकर भी छह-छह महीने हम लोग कहाँ मिलते हैं? लेकिन बाहर कहीं पर मतलब अजीब-सा लगता है। राइट। एनी वे, तुम बम्बई तो आते-जाते रहोगे ही। नहीं? क्यों मेरे भाई? मतलब तुम्हारा मासिक पत्रिका निकालने का हौसला जवाब दे गया! कुछ भी करनेवाले नहीं हो क्या? सारंग ने उपन्यास अच्छा लिखा है। परसों गिरगाँव में ढूँढ़ रहा था क्योंकि मेरी कॉपी किसी ने गायब कर दी। नई कापी भी नहीं मिल रही थी। कहते हैं कुछ तो अनबन हो गई उसकी और उसके प्रकाशक की। अपना अच्छा है पहले ही तय कर लिया है कि मराठी में लिखना ही नहीं। राइट। वो तो ठीक है मगर तुम्हें बम्बई में भी नौकरी मिल सकती थी। मैंने भी एक कम्पनी में पूछा था तुम्हारे लिए। लेकिन बाद में वह बात रह गई। तुम्हारे साथ भी सम्पर्क नहीं। भूल गया। प्रधान्या के फोन आते थे बीच-बीच में। कितने दिन? दो ही? मतलब? ज्वाइन करके ही आए हो क्या? राइट एनी वे, कल? राइट। आज भी चल सकता है। राइट। मुझे सिर्फ विजू को बताना पड़ेगा। अभी रिंग करता हूँ। राइट। कुछ इनकन्वीन्यंस नहीं। तुम आओ तो। आँ? पाँच सौ? अँ हाँ देखते हैं। होंगे। तुम आओ तो सही। विजू के पास होंगे ही। नहीं तो बैंक से निकालने के लिए कहता हूँ। ये राइट। आ रे मेरे भाई, नहीं तो भी अब तुम बम्बई छोड़ ही रहे हो तो आखिरी सौगात में पाँच सौ भेंट के रूप में दिए तो भी कोई बात नहीं। अब दे सको तो वापस कर देना। राइट। कपड़े? जाईंगे न साथ-साथ। यहाँ पाँच के पहले आ जाओ। अदरवाइज घर आफ्टर हाफ पास्ट। राइट। पता? लिख लो। ए/ सत्रह / ए...ए मतलब ए बी सी का ए। ही ही हीऽऽ तुम्हें लगा मैं तुम्हें उधर पुकार रहा हूँ ए कहकर। फिर ए—वैसे ही फिर सत्रह के बाद। मतलब तुम लिखकर भी नहीं ले रहे हो क्या? पेन नहीं? भैनचोद। फिर कैसे ध्यान में रखोगे सब? इससे तो ऑफिस ही चले आओ पाँच तक। पता बताने में और तुम्हें उसे याद करने में काफी समय लगेगा। फिर तुम बराबर उलटे चले जाओगे यह मैं जानता हूँ। तो उससे तो...राइट। मैं ठहरता हूँ। चार-साढ़े चार तक आओ तो भी चलेगा। राइट। राइट। राइट। राइट। सीधे अन्दर मेरे कमरे में ही चले आओ। राइट।"

अब नारायण का सुर बदल गया था। एक जमाने में उसकी आवाज कभी भी इतनी ऊँची नहीं होती थी, वह गरीबी के कारण दबी हुई थी।

दोपहर में यूनिवर्सिटी के काम निपटाए। रत्नागिरीकर हमेशा की तरह जगह पर नहीं ही था। कहा गया कि वह कोई अस्तित्ववादी नाटक लिख रहा है इसलिए महीने-भर से काम पर आया ही नहीं है। ऐसा कहकर पास बैठनेवाला छोकरा-सा क्लर्क हँ हँ हँ हँ कर हँसता रहा। और पता चला कि उसे किसी फाउंडेशन की डेढ़-दो हजार महीना की फेलोशिप भी मिलनेवाली थी। अर्थात जब तक उसकी घोषणा नहीं होती वह नौकरी छोड़नेवाला नहीं था। शेखर नहीं मिला। फिर चांगदेव सीधा महाजनजी के यहाँ भोजन के लिए चला गया। लेकिन कॉलेज के एडमिशन वगैरा के काम चल रहे थे इसलिए भोजन होते ही वे तुरन्त नीचे चले गए। फिर चांगदेव ने नौकरी के बारे में उनका कहा नहीं माना था इस बात से मन-ही-मन वे नाराज भी थे। महाजनबाई के साथ कुछ देर गप्पें लड़ाने के बाद वह ट्रेन से यूनिवर्सिटी ही आ गया। यूनिवर्सिटी के इर्द-गिर्द चक्कर लगाकर उड़पी के यहाँ आखिरी डोसा, शर्मा के यहाँ आखिरी पान, अॅक्मी में आखिरी चाय-गाने, किताबों की दुकान से यूँ ही एक सस्ती किताब खरीदने जैसी बातें भावनात्मक लगाव के कारण की। इस परिसर से उसे बेहद प्यार था। आकाश में गहरे सफेद बादलों की भीड़ जमा हो जाने से वातावरण भावविह्वल हो गया था।

हॉस्टल का चक्कर लगाया तो वहाँ पर भी नए-नए चेहरे दिखाई दिए। चौहान भी कमरा छोड़कर चला गया था। चांगदेव का सामान सीढ़ियों के नीचे के ढेर में पड़ा हुआ था और गुरखा उसे जल्दी से निकालने के लिए कह रहा था। हाँफता हुआ वह नारायण के यहाँ पहुँचा।

चार बजे नारायण के दफ़्तर पहुँचा। बाईसवीं मंजिल पर अन्दर के ठंडे वातावरण में वाद्य-यंत्रों की झँ-झँ आवाजों में उसे ऐसा लगने लगा कि नारायण से अपना सम्बन्ध एकदम ठंडा, दूर का हो गया है। सामने लम्बे खूबसूरत टेबल के पीछे बैठी खूबसूरत मद्रासी लड़की फोन लगाने में व्यस्त थी...वन मिनिट प्लीज... ऐसा उसे कहकर नौसिखिए के समान उसकी उपेक्षा कर बैठी रही। चांगदेव पूरे समय उसकी ओर अभिलाषा-भरी नजरों से देखता रहा। उसकी बाह्याकृति काफी मनभावन मगर हँस-हँसकर आग-भरी हो जैसी थी। दूसरा एक आदमी वहाँ

थोड़ी देर उससे घनिष्ठता जताते हुए बोलता रहा। चांगदेव उस आदमी को भी प्रशंसा-भरी दृष्टि से देखता रहा। क्योंकि उस आदमी को उसके शरीर के विषय में कुछ भी अद्‌भुत प्रशंसनीय लगता नहीं होगा, उसे स्त्री के शरीर के सभी केन्द्र मालूम होंगे। लेकिन चांगदेव को अभी नारी देह के परिमाण ठीक से मालूम नहीं थे। दो पैर और ऊपर का शरीर, इनमें सचमुच देखा जाए तो ऐसा कोई रहस्यमय स्थान नहीं है। लेकिन उसके लिए सब रहस्यमय था। इतनी-सी कृशकाय देह में रहस्यपूर्ण केन्द्र कितने होंगे। लेकिन उसे बहुत रहस्यमय लगता था सब। वह कुँवारा था और उसके ज्यादातर दोस्त भी अब तक कुँवारे ही थे। कुँवारे जवानों को स्त्री और पुरुष की देह में जो अपरिचित अन्तर दिखाई देता है वह अत्यन्त अद्‌भुत, कुमारावस्था से सँभालकर रखा हुआ होता है। वहाँ खड़े अनुभवी आदमी के लिए ऐसा कुछ अन्तर था ही नहीं। इसलिए वह टेबल पर झुककर उसके मुँह के पास मुँह ले जाकर कामुकता से बातें कर रहा था। इस विषय में, अपनी कमी के बारे में सोचकर चांगदेव बहुत ही असहज हो गया। नारायण मेरा मित्र है और उसने मुझे बुलाया है उससे इतना भी कहने की उसकी हिम्मत नहीं हो रही थी।

नारायण ऐसे दफ्तर में काम करता है जहाँ ऐसी औरतें हैं यह जानकर चांगदेव का हीनताबोध बढ़ता ही गया। ऐसा प्रगत साहसी शहर छोड़कर मैं जान-बूझकर पुराने गाँव में पलायन करने जा रहा हूँ ऐसा उसे लगने लगा। उस गाँव में मैं कैसे रहूँगा, कितने बरस रहूँगा, किसलिए वहाँ जा रहा हूँ ये बातें वह खुद भी ठीक तरह से नहीं जानता था।

बरस-भर में नारायण एकदम पल्टी खाकर सीधे अमरीकी पैसों से चलनेवाली कम्पनी में घुस गया। तब सब दोस्तों के लिए वह धर्मभ्रष्ट हो गया ऐसा ही लगा। फिर सीआईए का हाथ है ऐसी मासिक पत्रिका पर, वह डेमॉक्रेसी वगैरा पर धड़ल्ले से लिखने लगा। और फिर ऐसी डींगें भी हाँकता रहता कि उसमें मैं वामपन्थी राजनीति से इधर आया हूँ इसलिए उसका भी अन्तर्बाह्य स्वरूप मैं पूरी तरह से जानता हूँ। भैया तो नारायण के विषय में बिना गालियों के कुछ भी नहीं बोलता था। कुँवारेपन में ब्रह्मचर्य की दार्शनिक बातें बकना और शादी हो जाने पर गृहस्थी की दार्शनिक उज्ज्वल व्याख्या करना यह नारायण का ढंग है ऐसा सभी दोस्त समझते थे। गरीब है तब तक दरिद्रता के गीत गाना फिर प्रिंटिंग का डिप्लोमा होते ही दो हजार तनख्वाह लेकर अमरीकी राजनीति पर लेख लिखना! ज्यादातर दोस्त नारायण से जलते, क्योंकि अचानक उसने अमीर बनना तय किया था। अर्थात दोनों बातें

करने की नारायण में क्षमता है यह सभी जानते थे। लेकिन एक-एक दोस्त ढहता जा रहा है ऐसा उनके गुट के बचे हुए लोगों को लगता। अब चांगदेव भी प्राध्यापक होकर ढह ही गया था। इसलिए सारंग, भैया वगैरा उसकी ओर उस भावना से ही देखते थे। उम्र बढ़ती गई और रास्ते बदलते गए। इस पर किसी का जोर नहीं था। पहले नारायण कम्यूनिस्ट था लेकिन अब रूस में लेखकों को आजादी नहीं इस आशय का लेख लिखने लगा। तब इसे समझने की किसी को आवश्यकता नहीं रही। सभी गालियाँ देने लगे। नारायण को इस बात से दुख हुआ। पहले अगर कोई कहता कि मुझे भूखे रहने की आजादी क्यों नहीं होनी चाहिए? सरकार ने मेरे रोटी-कपड़े का मुफ्त में इन्तजाम कर मेरी व्यक्तिगत आजादी किसलिए छीन ली? तो पैसे न होने से बौखलाया नारायण गुस्से में भरकर कहता, "तुम्हें मालूम है भूखे रहना मतलब क्या होता है? दो दिन पेट में चाय-ब्रेड नरहीं रही तो सभी आजादियाँ जलाकर खाक कर देनी चाहिए ऐसा लगने लगता है, यह जानते हो?"

और अब तो उसने एक अंग्रेजी पत्रिका में ऐसी एक कहानी लिखी जिसमें दफ्तर में सिगरेट पीने की आजादी मैनेजर ने छीन ली इसलिए एक जवान क्लर्क ने अपनी नौकरी से इस्तीफा दे दिया और फिर कई दिन बेकार बनकर रहा। लेकिन वह सिगरेट पीता चैन से घूम रहा था। ऐसा कुछ होता है! भैया ने नारायण को तब फोन पर इतना ही कहा, "साले, लिखता जा, आजादी पर ऐसे ही लिखता जा और प्रमोशन पाता जा!"

लेकिन नारायण को अब किसी की परवाह नहीं थी। वह खूबसूरत दीवानखाने में देश-विदेश के रेकॉर्ड्स बजाता अकेला शाम बिताता, शनिवार-रविवार टैक्सी से औरत के साथ कहीं-कहीं अंग्रेजी फिल्में देखने के लिए जाते वक्त दिखता, और औरत को मराठी ज्यादा नहीं आती थी इसलिए सब कुछ अंग्रेजी में चलता। अंग्रेजी पर उसका इन दिनों जोर था। पूर्ण रूप से बदल जाने का यह एक ढंग था। चांगदेव का ढंग दूसरा था। कुल मिलाकर एक ही बात। पूर्ण रूप से स्थिति में अन्तर।

आधा घंटा इस खूबसूरत औरत ने इन्तजार करवाया इसलिए चिढ़कर वह फिर उसके पास गया। उसने जान-बूझकर मराठी में उससे पूछा, "नारायण आ रहा है या नहीं?"

खूबसूरत बनाई गई भौंहों को तानकर उसने कहा, "व्हाट?"

"नारायण केलकर को मैसेज दिया या नहीं?"

अंग्रेजी के एक शब्द का प्रयोग कर उस तमिल स्त्री के साथ समझौता किया है यह चांगदेव को महसूस हुआ। बम्बई में मराठी के लिए कुछ अच्छा भविष्य नहीं है।

"ओ येस। नरायन इज बीऽझी। वेट फॉर सम टाइम।"

"टेल हिम प्लीज, दैट चांगदेव...पाटील..."

"ओऽ! यू मिस्टर सी.ए. पाटील? आयम सॉरी। प्लीज..."

"गेट इन...हैलो मिस्टर केलकर यूऽर फ्रेंड...मिस्टर पाटील..."

नारायण ने उसे सीधे अन्दर छोड़ने को ही कहा था लेकिन उस महिला ने उसे बड़ी खूबी से बाहर रोके रखा। मतलब यह कि ऐसी जगहों पर मराठी में बोलो तो कोई कीमत नहीं देता। मराठी की कोई प्रतिष्ठा नहीं है। अन्त में अंग्रेजी में तो बोलना ही पड़ा।

अन्दर मुड़-गुड़कर नाम पढ़ते हुए और वह सब ठंडा अमरीकी वातावरण सहते हुए नारायण के कमरे में दाखिल हुआ। नारायण एक गोल गड्डी किए हुए कागज पर स्केल से कुछ नाप रहा था।

"अरे तुम बाहर क्यों ठहरे? सीधे अन्दर चले आते नाम बताकर।"

"यहाँ साला, मराठी में बोलने पर कौन अन्दर छोड़ेगा? बाहर खूबसूरत तमिल महिला—अन्दर सब भाषा के लोग। और बिलकुल अमरीकी उपनिवेश जैसा लगता है सब कुछ। तुम लोग यह सब सहन कैसे करते हो? और तुम तो नारायण केलकर हो गए हो यहाँ।"

ठंडी हँसी हँसकर उसने मजाक में कहा, "मराठी है हमारी मातृ बोली" और चर्चा करना टाल गया। जैसे ये सब बातें तो अब आपको स्वीकार करके ही चलना पड़ेगा ऐसा उसके व्यवहार का मतलब था। उस पर जैसे अब चर्चा भी बन्द।

फिर अपने हाथ के नीचे काम करनेवालों को झट-झट इंटरकॉम से बुलाकर उन्हें टेबल पर रखी गोल कागज की गड्डी देकर कुछ बदलने-करने का सुझाव देकर हर एक को राइट-राइट कहते हुए वह चांगदेव के साथ बाहर आ गया। बाहर की खूबसूरत तमिल महिला पर्स में देखकर लिपस्टिक लगा रही थी। उसने चट से पर्स बन्द कर दोनों को धीरे से मीठी मुस्कान बिखेरकर गुडनाइट कहा। नारायण ने भी फासला रखते हुए बेफिक्री से गुडनाइट किया और दोनों लिफ्ट से नीचे आ गए। बाहर की धूप और सिकुड़े हुए चेहरे देखकर चांगदेव को अमरीका से फिर हिन्दुस्तान आ गए ऐसा लगा। हाथ ऊपर करते ही एक टैक्सी चुपचाप

उनकी सीढ़ियों के पास आ गई और सीधे दरवाजा खोलकर सलाम करते हुए टैक्सीवाला बोला, "बैठिए साब।" नारायण हमेशा की लापरवाही से बैठा। चांगदेव के बैठते ही टैक्सी हमेशा के रास्ते पर चल पड़ी।

चांगदेव बोला, "पहले तुम टैक्सी यूनियन का काम देखते थे यह भी वैसा ही है? हर रोज टैक्सी से आते-जाते हो शायद! मतलब पहले तुम टैक्सी यूनियन का काम करते थे वैसा ही फिर से!"

"हाँ!"

"इससे खुद की कार लेना किफायती होगा न?"

"यह ठीक है। वह झंझट कौन करे?"

"तुम यहाँ काम करते हो मतलब क्या करते हो?"

"कुछ नहीं, कम्पनी के जर्नल्स, ब्रोशर्स होते हैं उनकी प्रिंटिंग, ले-आउट वगैरा देखना, टाइप का सुझाव वगैरा देना। महीने के अन्त में रिपोर्ट लिखना।"

"मतलब इस कम्पनी का भी प्रेस है क्या? जर्नल्स यहीं छपते हैं?"

"नहीं, फौंड्री है। जितना चाहिए छपकर मिल जाता है। जर्नल्स शिकागो से निकलते हैं।"

रास्ते में चांगदेव ने नाना प्रकार के अजीबोगरीब सवाल पूछकर नारायण को उकता डाला। तनख्वाह कितनी मिलती है, खर्चा कितना होता है, पत्नी कहाँ काम करने जाती है, उसकी तनख्वाह कितनी है, घर का किराया, कितना बचता है, उसका क्या करते हो, शनिवार-रविवार को क्या करते हो वगैरा सभी खानगी सवाल पूछ-पूछकर उसने नारायण को सिर दर्द देना शुरू किया। एक जगह तो उसने टैक्सीवाले को ही टैक्सी रोककर एस्प्रो लाने को कहा। बाद में फिर चांगदेव ने उसकी पत्नी के माता-पिता के विषय में पूछना शुरू किया। तब नारायण ने तंग आकर कहा, "मुझे नहीं मालूम।" और फिर टैक्सीवाला मराठी जानता था इसलिए वह भी कान खड़े कर यह सब सुन रहा था। अपनी सारी निजी बातें टैक्सीवाले को मालूम हो रही हैं यह देखकर नारायण एकदम तंग आ गया। लेकिन चांगदेव और वह पहले जिस ढंग से जीते थे उस पृष्ठभूमि पर यह सवाल-जवाब स्वाभाविक ही थे। इसलिए नारायण को भी चांगदेव को चुप कराना कठिन था। अपनी सब बातें चांगदेव को पहले से ही मालूम हैं तब ये बातें भी जान लेने में उससे कुछ गलती नहीं हो रही है, ऐसा उसे लगा। फिर भी चांगदेव का थोड़ा-सा उजड्ड असभ्य व्यवहार उसे चुभ रहा था। उसमें कभी शहरी शराफत आनेवाली नहीं है, यह भी

वह जानता था। यह टालने की गरज से उसने ही चांगदेव से सवाल पूछना शुरू किया, "शंकर का क्या हाल है इन दिनों?"

"कुछ मालूम नहीं। भाई के साथ रहता है और कहीं अखबार में लिखता रहता है। अखबार में लिखने तक साले का पतन हो गया।"

"उसमें बुरा क्या है? मैं भी लिखता हूँ कभी-कभी।"

"तुम्हारी बात अलग है। तुम्हें प्रचार के लिए ही लिखना होता है। इसलिए अखबार के अलावा और कहीं तुम लिखते हो ऐसा किसी को लगता नहीं। लेकिन यह साला—पहले कभी हम सबने अखबार में एक लाइन नहीं लिखेंगे ऐसी मजाक-मजाक में प्रतिज्ञा की थी, जानते हो?"

"पहले उसके विचार क्या थे उससे इसका क्या सम्बन्ध? दृष्टि थोड़ी व्यापक रखनी चाहिए। और मैं प्रचार के लिए लिखता हूँ ऐसा तुम्हें किसने कहा? आर्ट में भी प्रचार तो होता ही है।"

"व्यापक दृष्टि का मतलब निकृष्टता का समर्थन करना ही न?"

"सब कुछ निकृष्ट ही है मेरे भाई। सब कुछ रुचिहीन है। छोड़ो यह सब। सारंग क्या कर रहा है इन दिनों? उसका उपन्यास क्यों नहीं मिलता कहीं इन दिनों? मेरी कॉपी कोई तो ले गया, अब पढ़ने के लिए है ही नहीं।"

"प्रकाशक और उसका कुछ झमेला हो गया। प्रकाशक कहने लगा..."

"वह मैं जानता हूँ सब। लेकिन झमेला करने की आवश्यकता नहीं थी। जब तक उपन्यास बिक रहा है खूब बिकने देना। चुप बैठे रहना। रॉयल्टी देगा तब देगा। नहीं तो झगड़ा करके भी नहीं मिलनी। आगे कभी तो कुलकर्णी प्रकाशक दे भी देंगे चार-पाँच हजार रुपये। झमेला किसलिए करना?"

"ऐसा कहना आसान है। जी-जान से कुछ लिखने पर अक्षरशः आदमी का कलेजा टूटने लगता है।"

"कई बरसों तक मेहनत कर जोड़े धन को चोर के चुराकर ले जाने पर कंजूस आदमी का कलेजा टूटने लगता है वैसा ही न कुछ-कुछ?"

"तुम्हें ये दोनों बातें एक जैसी लगती हैं?"

"और क्या! इतना कलेजा जलाते रहने की जरूरत नहीं है। गया तो गया, और धन कमाना, और लोग चुराकर ले जाएँ, ऐसा होना चाहिए। इतनी छटपटाहट मतलब इसके बाद कमाने का सारंग को खुद को विश्वास नहीं है। फिर से उपन्यास लिखने को कहो उससे।"

“समझो, इसके बाद नहीं लिख सका, तो भी उसको और क्यों लिखते रहना? इसके बजाय प्राइवेट प्रकाशन संस्थाओं को बन्द कर सभी को एस.टी. वेस या आयुर्विमा के समान सरकारी बना देने से क्या बिगड़ जाएगा? इन साले जाहिल लोगों का किताबें देकर सारंग जैसे लोग जनतंत्र में चोरों को पालते रहेंगे...”

“तुम क्या कह रहे हो यह मेरी समझ में नहीं आ रहा है। रूस टाइप साहित्य मंडल बनाने हैं क्या हिन्दुस्तान में भी? और फिर उसमें भी कुलकर्णी जैसे प्रकाशक माथे पर आकर नहीं बैठेंगे क्या? और सारंग जैसे नौसिखिए बच्चे को लिखने के लिए उत्साहित करना, उससे लिखवा लेना, झट से छापकर सब पुराने खूसट लेखकों की शर्मोहया एकदम बाहर निकालना यह क्रेडिट कुलकर्णी प्रकाशक को तुम क्यों नहीं देते? उसके जो भी दुर्गुण हैं मुझे मंजूर हैं। लेकिन ऐसी प्रवृत्ति से भी मुकाबला कैसे किया जाए हमें इंडिविज्युअली ही सीखना चाहिए। व्यक्ति-व्यक्ति तैयार हुए बिना...खैर वह जाने दो। जितने जो भी साधन हैं उनका इस्तेमाल करना चाहिए और अपने लिए स्थान बनाना चाहिए। और वह अगर हो नहीं सकता तो फालतू पिनपिन करना मुझे पसन्द नहीं। कितने दिन हम ऐसा करते रहेंगे? तुम्हें आखिर नौकरी मिल गई यह अच्छा हुआ। अब तुम्हारे ध्यान में आएगा कि बाहर से टर्रटर करने से कॉलेज में घुसकर अध्यापक होकर यूनिवर्सिटी में सुधार लाना ज्यादा सम्भव है। निष्क्रिय विधवा राँड़ का अवतार अब हम सब लोगों को समाप्त कर देना चाहिए। समाप्त हो ही रहा है।”

“तुम्हारा क्या? तुम यही नौकरी रखोगे या बदलनेवाले हो? यह नौकरी करते हुए तुम किसका सुधार करनेवाले हो?”

“देखें। जो-जो होगा वह-वह देखा जाएगा!”

“तुम सवाल का जवाब टाल रहे हो! यहाँ उतरना है?”

नुक्कड़ पर टैक्सी छोड़ पानवाले से आठ-दस बीड़े बँधवाकर वे पैदल घर आए। बड़े-बड़े पेड़ों के नीचे से गुजरनेवाला वह सुन्दर रास्ता सीधा समन्दर के मुहाने आ गया। सभी मकान पेड़ों से ढके हुए और शान्त थे। इतनी देर नारायण जिस सुर में बोल रहा था उसका स्रोत उसके इस सुन्दर नारियल के पेड़ों से घिरे घर में होगा ऐसा खयाल चांगदेव के मन में उभरा।

नौकरानी ने दरवाजा खोला और उसने दो-चार बटन लगाकर एक प्रचंड पर्दा खींचकर फिर दरवाजा बन्द कर लिया। नारायण ने चाय के लिए कहा तो वह अन्दर चली गई।

नारायण बोला, "विजू को आज आने में देरी होगी। तुम आनेवाले हो इसलिए वह विशेष मछली वगैरा लेकर आनेवाली है। उसके आने पर तुरन्त तुम्हारे लिए कपड़े वगैरा लेंगे। पैसे भी वही देगी। उसके पास हैं कुछ।"

चांगदेव ने पर्दा पूरी दीवार तक हटाकर नीचे के प्रचंड सागर को देखा और उसे कुछ याद आया। कमरे के इस सिरे से उस सिरे तक धरती का किनारा दिख रहा था। प्रचंड लहरें धीरे-धीरे आकर बिखरती हुई दिखाई दे रही थीं। नीचे के नारियल के पेड़ों के सिरे बिलकुल हाथ तक पहुँच जाएँ ऐसे डोल रहे थे। किनारे पर इधर-उधर एकाध दूसरा आदमी, एकाध नाव आ-जा रही थी। और दूर तक दो-तीन नीली पहाड़ियाँ नजर आ रही थीं। कमरे में एक बड़ा रिकॉर्ड प्लेअर और रिकार्डों की ऊँची रैक थी।

"रिकॉर्ड तो लगाओ।"

"हाँ, कौन सा चाहिए वह देखो। तुम्हें जो चाहिए वह निकालो।"

"मुझे इनमें से किसी नाम की जानकारी नहीं है। सब यूरोपीय लगते हैं। कितने रुपये लगे होंगे इन सबके लिए?"

"यह एक अच्छा है। तुम्हें पसन्द आएगा। देजाहू।"

फिर कोच पर फैलकर बैठते हुए चांगदेव बोला, "मकान का किराया कितना है रे?" रिकॉर्ड शुरू होने के साथ यह सवाल नारायण को बिलकुल अच्छा नहीं लगा। वह रिकॉर्ड के सम्बन्ध में ही बोलता रहा।

"किराया कितना देना पड़ता है इस फ्लैट का महीने में?"

बहुत बेफिक्र और चिढ़ी हुई आवाज में वह बोला, "बारह एक सौ रुपये होते हैं। विजू को लगता है घर के लिए कुछ भी खर्च किया जाए। ऐसा ही फ्लैट चाहिए था जिसमें नारियल के पेड़ों के सिरे खिड़की से नजर आते हैं।"

"महीने के बारह सौ रुपये?"

चांगदेव का बिलकुल फटी आवाज में पूछा गया सवाल नारायण को बिलकुल असभ्य लगा। लेकिन एक समय घंटों वे दोनों महीने के भोजन के बजट पर चर्चा करते थे। इस पृष्ठभूमि में उसके सवाल का देहातीपन स्वाभाविक ही लग रहा था। वास्तव में उसके प्रश्न यहाँ तक सरल थे कि नारायण को ही यह सब

नई जिन्दगी कृत्रिम लगने लगे। इसलिए नारायण को लगने लगा कि उसे अपनी अभी की जिन्दगी बलात समर्पित कर देनी चाहिए। वह कहने लगा, "तुम भी अब अच्छा सा मकान लेकर उधर स्थायी हो जाओ। पत्नी वगैरा भी ढूँढ़ते रहो। पत्नी के आने पर अपने ध्यान में न आई कितनी ही बातें अपने आप हो जाती हैं। अच्छा रहता है वह।"

चांगदेव बोला, "कैसे रहते थे हम लोग? अब दिन पलटे हैं। मैं भी अब एक-दो तनख्वाहें आ जाने पर रेकॉर्ड वगैरा लेना शुरू करूँगा। बहुत ही बुरे दिन थे अपने इसके पहले।"

"चलता है। चार दिन सास के...चार दिन बहू के!"

"लेकिन इन दिनों तुम कुछ भी नहीं लिख रहे हो। मराठी में कविताएँ भी बन्द कर दी हैं शायद। दूसरा ही कुछ फालतू चलता रहता है तुम्हारा।"

चांगदेव का ध्यान रिकॉर्ड की ओर नहीं है यह देखकर पैर फैलाते हुए उँगलियों से ताल देते हुए नारायण चिढ़े हुए सुर में विषय बदलते हुए बोला, "तुम्हें रिकॉर्ड न सुनना हो तो हाथ लम्बा कर वह स्विच तो बन्द कर दो...।"

चांगदेव ने हँसकर कहा, "रहने दो। अच्छा लग रहा है।" लेकिन नारायण ने बटन बन्द कर दिया।

फिर समन्दर की ओर देखते हुए चांगदेव बोला, "मुझे तो किसका क्या करना चाहिए कुछ समझ में नहीं आ रहा है। केवल इतना ही कि जो है वह माहौल छोड़कर नया माहौल चाहिए था। हम पहले के लोगों के समान हैं, उस जगह पर गधे का हल तो नहीं चला सकते और नया भी कुछ नहीं बाँध सकते। इसलिए पुराना सब छोड़-छाड़कर नए गाँव में रहने के लिए जाना और क्या! यह बात भी इस शहर में गधे का हल चलाने जैसी ही हुई।"

"इससे तो तुम विदेश क्यों नहीं चले जाते? मतलब इंग्लैंड। यहाँ के डिप्टी हाई कमिश्नर के दफ्तर में विजू काम करती है। वहाँ नाम वगैरा दर्ज कर देने पर बरस-भर में इंग्लैंड जा सकोगे। वहाँ स्कूल टीचर के रूप में काम करनेवाले काफी लोग चाहिए ऐसा विजू कह रही थी। तुम तो बहुत जल्द जा सकोगे। और कुँवारे हो मतलब आगा-पीछा कुछ नहीं। पासपोर्ट निकालकर छू।"

"वह भी एक बार करना चाहिए। लेकिन फिलहाल तो बरस-दो बरस थोड़ा अकेला और मुक्त रह लेता हूँ। थोड़ी स्थिरता की फीलिंग आए तब तक। सच तो यह है कि मेरी इच्छा हिन्दुस्तान में दो जगह जाकर रहने की है। एक उधर असम,

मणिपुर में कहीं भी या फिर अंडमान में। सरकारी विज्ञापन आते हैं कभी-कभी। इम्फाल वगैरा के कॉलेज में लेक्चरर बनकर जाना। ब्रह्मपुत्र के किनारे वगैरा।"

"मणिपुर ग्रेट है। हम पिछले साल ही मणिपुर गए थे। तुम्हारा रूमानी सपना सच हो, न हो तो भी घूमने-घामने के लिए एक बार जरूर हो आओ। असम, ग्रेट अंडमान कैसा होगा कौन जाने।"

"सिर्फ चार-छह दिन के लिए जाने से तो न जाना ही अच्छा है। कहीं भी जाना है तो कम-से-कम बरस-भर रहना चाहिए।"

"बरस-भर में भी क्या होगा? वहीं पर जीवन-भर रहना चाहिए ऐसा कहो न।"

जब चाय ले रहे थे तभी दरवाजे की बेल बजी। झट से उठकर नारायण बोला, "विजू! विजू आ गई।"

नौकरानी की राह न देखते हुए नारायण खुद ही दरवाजा खोलने गया। नारायण की पत्नी हाथ में, बगल में थैलियाँ-पैकेट सँभाले अन्दर आकर उसके पास सामान देकर नाटकीयता के साथ हाय हुश करते हुए चांगदेव से बोली, "हॅलो! हाउर यू? जिज्यू कम स्ट्रेट हिअऽ ऑऽ।"

नारायण ने बताया कि यह दफ्तर में ही आ गया था।

थोड़ी देर वहाँ बैठकर उसने अपने मीठे व्यवहार से वह बड़ा हॉल पूरी तरह से भर डाला। मसलन उसने झट से उठकर खास चांगदेव के लिए लाया गया स्फटिक का खूबसूरत ऐश ट्रे शो केस से निकालकर और 'इन दिनों सिगरेट नहीं पीता हूँ' कहने पर भी जबर्दस्ती उसके हाथ में दे दिया। तिल्ली बुझ रही थी तो मशीन बन्द कर दी। फिर शुरू किया। नारायण बिलकुल दबा-दबा-सा सिगरेट पीता रहा। उसने चांगदेव को भी हर वक्त अंग्रेजी बोलने पर विवश कर उसे भी असहज कर दिया। कुछ देर के बाद वह उसकी ओर देखना टालकर अन्यत्र देखता हुआ जवाब देने लगा तब उसके ध्यान में आया कि वह कुँवारा है।

फिर उसने 'यू मस्ट हॅव गल फ्रेंड्स मिस्टर प्याटील', ऐसा बोलना शुरू किया। मतलब वह होशियार ही होनी चाहिए। अहम मसला।

कई महीनों के बाद सिगरेट पीने के लिए मिली इससे उत्साहित होकर चांगदेव कहने लगा, "जब बम्बई में था तब इतने दिन पैसे नहीं थे, अब पैसे होंगे तो उस रद्दी गाँव में लड़कियाँ नहीं होंगी। अच्छा है, मुफ्त में पैसे बर्बाद करना तो बच जाएगा।"

वह हँसती हुई बोली, "लेकिन उतने में भी आपकी फ्रेंड्स आपकी दिन-दिन राह देखती हैं, फोन करती हैं, आपको अटैचमेंट लगता है, वे खूबसूरत हँसी हँसती हैं, खूबसूरत कपड़े खास आपके लिए पहनकर आती हैं, खूबसूरत बातें करती हैं, गप्पें लड़ाती-लड़ाती जोक्स कहती हैं, उनकी राह देखते हुए आपको भी जवान होने का सेंसेशन प्रिय लगने लगता है...इतने के लिए होटल का खर्चा ज्यादा नहीं होता मिस्टर प्याटील। कुछ लोगों की तो सौ रुपये खर्च करो तो भी आधी घड़ी अच्छी नहीं गुजरती। जवानी में ही ये रिटर्न्स सम्भव हो सकते हैं। इस्पेशली वेन युर यंग मेक द बेस्ट अव्ह इट!"

नारायण हँसकर बोला, "दैट इज स्ट्राइक वाइल द आयरन इज हॉट। तो चांगदेव शुरुआत कर डालो। विजू कहती है कम-से-कम इसलिए। इसकी सहेलियाँ तैयार होंगी ही।"

वह बोली, "बट हीऽज रीअली चार्मिंग। इनके इर्द-गिर्द लड़कियाँ अपने आप इकट्ठी हो जाएँगी।"

चांगदेव बोला, "लेकिन आखिर में शादी ही न?"

वह बोली, "शादी करनी ही चाहिए ऐसा जरूरी नहीं है। अब हमने झट से कर ली उसे छोड़ो। लेकिन बिलकुल अन्त तक हम शादी करेंगे ऐसा हमें लगता न था। सच है न नारायण? अब वैसी ऑर्थडॉक्स लड़कियाँ बम्बई में कम हो गई हैं। अपने आप दोनों को लगा तो होती है शादी। मेरी बहन पुराने खयालों की ही थी। पहले शादी की उसने।"

नारायण उसकी बात काटते हुए कहने लगा, "तुम हमारे साथ चलोगी क्या थोड़ा सा? इसे कपड़े खरीदने हैं। विजू को अच्छी दुकानें मालूम हैं। मैं तो सब कुछ इसी पर छोड़ देता हूँ।"

उसने कहाँ जाना है, यह कहकर बड़ी-बड़ी दुकानों के नाम लेना शुरू किया तब थोड़ा सा शरमाकर चांगदेव नारायण से बोला, "मुझे ज्यादा कुछ नहीं लेना है। यों ही दो-तीन पैंट और दो-तीन शर्ट। मेरे पास पैसे भी नहीं हैं..."

सच देखा जाए तो एक-दो ही कहना चाहिए था, लेकिन विजू का उत्साह देखकर उसने दो-तीन कहा। नारायण ने उससे पूछ लिया पाँच सौ ले आई हो ना।

विजू भी चेहरे पर बिना कुछ फर्क लाए समझदारी से कहने लगी, "इतने काफी होंगे। एकदम ज्यादा कपड़े लेने भी नहीं चाहिए। चलो, चलते हैं। मैं बस आ ही रही हूँ।" अन्दर उसने काफी समय बिताया। नौकरानी को रसोई की

सारी बातें ठीक तरह से बताने की आवाज बीच-बीच में आती रही। फिर कपड़े बदलकर फिर से मीठी हँसी हँसकर सॉरी कहते हुए वह बाहर आ गई। नारायण को भी उसने कपड़े बदलने के लिए कहा। लेकिन नारायण को चांगदेव के मैले कपड़े देखकर ऐसा नहीं लगा कि उसको कपड़े बदलने चाहिए। वह झूठ-मूठ ही परेशान होकर बोला, "लीऽविट विजू। आयम टायर्ड।"

नीचे जाने पर फिर टैक्सी। और विजू लगातार चांगदेव को बातों में लगाए रही। यह भी एक मैनर्स का ही सवाल था। औरतें इतनी अच्छी होती हैं यह चांगदेव के लिए नई बात थी। कुल मिलाकर नारायण ने बहुत ही अच्छी लड़की ढूँढ़ी, यह बात उसके ध्यान में आ गई। अथवा इसे भी नारायण अच्छा मिला, यह भी एक बात थी। नारायण जैसे बुद्धिमान लड़के भी तो कहाँ मिलेंगे?

फिर एक दुकान में विजू ने उसके लिए कपड़े खरीदे। सच तो चांगदेव को एकदम सस्ते कपड़े चाहिए थे, लेकिन पैसे देनेवाले दूसरे ही इसलिए कुछ भी ज्यादा बोलना उसके लिए सम्भव नहीं था। और एक दुकान में जाकर वहाँ एक अच्छी सी शर्ट खरीद कर खरीदी समाप्त हुई। उसके भी पैसे काफी हुए। वह नारायण से कहने लगा, एक-दो महीने में भेज दूँगा। नारायण बोला, "चलेगा।" चांगदेव बोला, "भाभी बेहतरीन कपड़े ले सकती हैं।"

विजू कहने लगी, "औरत से ही बैचलर को सिलेक्शन करवाना चाहिए। आगे चलकर वह दूसरी औरतों को भी पसन्द आता है।"

फिर से टैक्सी में गप लड़ाते वापस। उनको बाहर के हॉल में छोड़कर वह जब अन्दर चली गई तब चांगदेव और नारायण दोनों को एक साथ चैन आया। उसने कुछ बातें मैनर्स के लिए ही की होंगी। क्योंकि उसे जो कुछ कहना था वह सब समाप्त हो गया था। अब दोनों दोस्त उन्हें जो भी कुछ करना है, करते रहेंगे। थोड़ी देर के बाद नौकरानी बियर की बोतलें, बिस्किट वगैरा लाकर रख गई।

नारायण ने निश्चित रूप से कुछ समझौता किया था, और उसमें से कुछ अपने लिए भी ढूँढ़ने जैसा था, कम-से-कम अब अपन प्राध्यापक होकर समझौता करते ही हैं उसे तो आधार मिलेगा यह चांगदेव टटोल-टटोलकर देख रहा था। लेकिन नारायण को इस विषय में कुछ भी बोलने की इच्छा नहीं थी।

दोनों के तार काफी देर तक जुड़ नहीं रहे थे। चांगदेव को यह अपनी प्रचंड हार लग रही थी। उससे बात करते समय किसी को भी ऐसा लगता जैसे हम गहरे कुएँ में पत्थर डाल रहे हों। सभी दोस्तों को लगता अपना सब कुछ उसे बता दें। क्योंकि वह हर एक की बेचैनी पहचानता था। दूसरा कोई बेचैन रहा तो उसे लगता वह अपने ही गोत्र का है। उन्हें भी चांगदेव के विषय में शायद ऐसा ही लगता हो। नारायण को भी अपने पहले के सम्बन्धों के कारण बेचैनी-सी लग रही थी। अब एक तो वह स्वस्थ, स्थायी बना हुआ विवाहित गृहस्थ हो गया था और इस कुँवारे बेफिक्र दोस्त से कितनी दूर चला आया है, यह वह भी जानता था।

आखिर में बियर पीते-पीते दोनों ढीले पड़ते गए। चांगदेव बीच ही में पेशाब करने गया तब उसे बेडरूम के ऊपर के माले पर उस कमरे का तोते का खाली पिंजड़ा दिखाई दिया जहाँ वे पहले चाल में रहते थे। वापस आने पर बियर गटगट पीकर वह बोला, "नारायण, तुम्हारे बेडरूम में रखा अपने परेल के कमरे का वह पिंजड़ा इस मकान की सबसे खूबसूरत चीज है। तुम्हारा घर वैसे तो बेजोड़ है साले। बहुत ही सुन्दर। यह पर्दा हटाओ तो किनारा और समन्दर, ये सब सुन्दर-सुन्दर चीजें लेकिन फिर भी इस पिंजड़े की सुन्दरता और महत्त्व दूसरे किसी को नहीं। तू आगे भी इसी तरह बनता-सँवरता रहेगा ऐसा मेरा अनुमान है। लेकिन तुम सन्तोष के साथ जी सकोगे ऐसा मुझे नहीं लगता।"

"ऐसा क्यों लगता है?"

"तुम वह अपना पुराना पिंजड़ा ले आए इसी से। तुम्हें अपने भीतर अपनी पुरानी जिन्दगी भी सँजोकर रखनी है।"

"वह पिंजड़ा मुझे अच्छा लगता है यह सच है लेकिन मैंने उसे डेकोरेशन के रूप में रखा है। सेंटिमेंटल वैल्यू के रूप में नहीं। मेमेंटो के रूप में नहीं।"

"वह तुम किसी भी कारण से रखो। लेकिन मुझे वह तुम्हारे पूरे जीवन का एक मजबूत हिस्सा लगता है। उसके बाद तुमने यह कैरियर का दूसरा बाजू, उससे जोड़ दिया है। और भी कुछ पहलू जोड़ोगे, लेकिन चित्र पर शुरू में तुमने वह रेखा खींची है यह मत भूलना। उस समय का तुम्हारा संघर्षमय जीवन, भूखे रहकर किए गए यूनियन के काम, चिढ़कर लिखे हुए लेख, गरीबों की फिक्र यह बाजू तुम खुद भी भूल नहीं पाओगे। अब तुम्हें उसका जिक्र विजू के सामने भी अच्छा नहीं लगता यह भी मेरे ध्यान में आ गया है।"

"वैसे तो मैं पहले की कोई भी बात भूल नहीं पाता हूँ। तब भी इस बात को न भूलने में विशेष कुछ नहीं है। गरीब लोगों की फिक्र करना एक मियादी उम्र में झाँटें निकलने जैसा है। लेकिन कितने दिन तक खुजलाते रहे? किसलिए?"

"लेकिन वह सब जान-बूझकर तुम टाल गए हो या नहीं? उस ठिठुरते ऑफिस में फोन पर बातें करते हुए भी तुम्हें पहले भूखे रहकर जो सन्तोष मिलता था वह तो भी मिलता है क्या?"

"भूखे रहने का सन्तोष मैं हरदम प्राप्त करता रहूँ ऐसा मुझे नहीं लगता। सच तो यह है कि सन्तोष प्राप्त करना चाहिए ऐसा भी मुझे नहीं लगता।"

अब कहीं चांगदेव को लगा कि नारायण खुलकर बोल रहा है। वह खुश हो गया। और बियर लाने के लिए कहकर वह बोला, "फिर किसलिए हम आनेवाले बरसों को ढोते रहें? मतलब पचीसी के बाद हम घर खड़ा करें और बच्चे पैदा करते रहें इस प्रकृति के हेतु की पूर्ति करने के लिए ही जीते रहना क्या? पचीसी से लेकर पचपन बरस के होने तक यही हमाली करनी हो तो पचीसी में ही क्यों नहीं हम मर जाते?"

"पचीसी में मर जाने की इच्छा मेरे मन में थी। लेकिन उसी समय विजू मिली फिर सब कुछ दूसरे पर निर्भर हो गया हो ऐसा हुआ। मैंने ही तय किया कि परावलम्बी बना जाए, क्योंकि उसमें ज्यादा स्वाधीनता है। अब तो विजू का पाँव भी भारी है। तुम जो कह रहे हो वह कुछ-कुछ सही लगता है मुझे। हम किसी के लिए सिर्फ प्रकृति का निहित कर्म पूरा करते रहते हैं। फिर भी मैंने जो कहा वह सच है। कुछ सन्तोष मिले इसीलिए हम सब कुछ नहीं करते। कम-से-कम मैं तो नहीं करता।"

"लेकिन उस समय तुम सचमुच सन्तुष्ट थे।"

"था। लेकिन उसके लिए मैं जान-बूझकर कुछ भी नहीं करता था। तुम्हें मालूम मैं दो-दो दिन भूखा होता था और तुम मेरे लिए ब्रेड और केले लाते थे। लेकिन बाद में सन्तोष खत्म हो गया, मैं वैसा ही आगे भी रहा होता तो भी सन्तोष मिल जाता ऐसा मुझे नहीं लगता। उल्टे मैं उस लोकाभिमुख जीवन से तंग आ गया था। वह बीच की अवस्था तुम नहीं जानते। असल में मैं घर में बैठनेवाला प्राणी हूँ।"

"लेकिन तुमने जान-बूझकर उस सन्तोष को टाल दिया ऐसा हम सबको लगता है।"

"तुम सब मतलब क्या कोई सुप्रीम कोर्ट हो? तुम मतलब कौन? वह शंकर अखबार के लिए कलम घिस रहा है। प्रधान्या बाप की सिफारिश से नौकरी में घुसकर अब शादी करने और ससुरजी के माध्यम से प्रमोशन के चक्कर में है, बाप्या नाटक और सिनेमा पर कुछ कलम चलाकर पेट पालता है और रंडियों के यहाँ जाता रहता है। तुम यूनिवर्सिटी को गालियाँ देते-देते अब प्राध्यापक बन बैठे हो, सारंग भी इस बरस बी.ए. में बैठकर छूट ही जाऊँगा कह रहा था, उपन्यास में एस्टैब्लिशमेंट पर इतना सब कुछ लिखकर। मादरचोद...।"

"हम मतलब इतने सब नहीं। हम चार लोग भी इसमें से छँटकर अलग हो लिए तो भी हम उस समय जैसे थे वैसे नए लोग तैयार हो ही गए हैं। ऐसे लोग हरदम तैयार होते रहते हैं। भूखे रहते हैं, कुछ तो लक्ष्य सामने रखकर मर मिटने की क्षमता रखते हैं। वे बाद में भ्रष्ट हो भी गए तो फिर नए सिरे से यह सिलसिला चलता रहेगा है। यह ध्यान में रखो।"

"यह देखो चांगदेवराव, भुखमरी में जो सन्तोष था वह वहीं खत्म हो गया। भूख से आँतें टूटती रहती हैं फिर भी मैं दौड़-भाग करता रहूँ ऐसा अब मुझे नहीं लगता। वैसे भी दरिद्रता जैसी अँधेरी अभावदर्शक चीज के बारे में मुझे आस्था नहीं है। मुझे दरिद्रता पुराने असंस्कृत युग का अवशेष लगती है। दरिद्रता कोई चिरन्तन मूल्य नहीं है। ग्लास खाली कर। यह और भी ठंडा है।"

"हाँ, लेकिन आदमी पैदा होते समय तो दरिद्र ही रहेगा कि नहीं? इसलिए दरिद्रता करने की ही चीज रहेगी हर आदमी के लिए हर युग में। कोई कितने ही लखपति के बेटे के रूप में पैदा हुआ हो, फिर भी उससे पैसा कैसे मिलाया जाए, कैसे सँभाला जाए मतलब दरिद्रता कैसे दूर की जाए यही जीवन-भर करना पड़ता है।"

"पहले पाषाण युग में आदमी पैदा ही जंगली के रूप में होता था और जंगली रहकर ही मरता था या नहीं? अब आदमी जंगली के रूप में पैदा होता है ऐसा कहा तो भी पन्द्रहवें बरस में ही वह सुसंस्कृत हो जाता है। वैसे ही आगे चलकर दरिद्रता का युग समाप्त होकर आदमी पन्द्रहवें बरस में ही धनवान हो गया ऐसा दिखाई देगा। यह सम्भावना शायद तुम्हारे ध्यान में नहीं आई है। दरिद्रता चेचक, हैजे जैसी नष्ट कर डालने की ही चीज है। दरिद्रता में आदमी के गुणों का रंचमात्र भी अस्तित्व नहीं रहता। दरिद्रता अनैतिक बातों की ओर जबर्दस्ती ले जाती है। दरिद्रता के कारण सभी मूल्य झूठे हो जाते हैं। अहंकार बढ़ जाता

है और आदमी-आदमी के बीच प्रचंड खाई पैदा हो जाती है। धीरे-धीरे मेरे ध्यान में ऐसा आया कि साम्यवादी देशों ने भी जो-जो आन्दोलन पूँजीवाद के विरोध में किए वे सब अमीर होने के लिए ही किए हैं। दरिद्र लोगों के आन्दोलन सिर्फ अमीर होने के लिए ही होते हैं। अमीर लोगों के लिए कम-से-कम और भी कुछ सुन्दर आन्दोलन होते हैं मगर दरिद्री लोगों के लिए बस उतना ही। आदमी की आयु इने-गिने पचास-साठ साल, उसमें भुखमरी में कितने बिताए जाएँ? आपको चाय के लिए पैसे चाहिए, पैसे खाने में लगते हैं, बस से इधर-उधर जाने में लगते हैं। मतलब आपको कुछ अंश में अमीर बनना ही पड़ता है। ज्यादा मात्रा में अमीर हो गए तो और ज्यादा चीजें मिलती हैं। इसलिए मैंने मराठी में लिख-लिखकर भूखे रहकर सम्पादक-प्रकाशकों के थोबड़े देखकर अन्त में तंग आकर मराठी में एक लाइन भी नहीं लिखनी, यह तय कर लिया। कहाँ फालतू मराठी में मर-खपकर लिखो और चने पर दिन निकालो? मराठी में महाभारत भी किसी ने लिखा तो भी ग्यारह सौ एडिशन निकालने के लिए प्रकाशक राजी नहीं होगा, निकाला भी तो हिसाब नहीं देगा और लेखक को दो रुपये भी मिल गए तो बहुत हुआ। और उस पर भी चार-पाँच सौ लोग भी उसे पढ़ेंगे या नहीं, पता नहीं। साली ग्यारह सौ कॉपियाँ छापी जाती हैं और दूसरा संस्करण सौ साल तक नहीं निकलता। ऐसी भाषा में बड़े-बड़े ग्रन्थ भी कभी नहीं रचे जाएँगे, मामूली भाषा में कुछ बड़ी चीज नहीं लिखी जा सकती, यह मैं लिख कर दे सकता हूँ।"

"यह भी अंग्रेजी में लिख कर दोगे या मराठी में?"

"मजाक नहीं कर रहा हूँ चांग्या, कम-से-कम एक लाख कॉपियाँ जिस भाषा में बिकेंगी उस भाषा में ही इसके आगे लिखना, तभी लिखना सार्थक होगा। तभी लोगों को कुछ कहा ऐसा महसूस होगा। ग्यारह सौ प्रतियाँ और हर साल पचास-साठ मराठी लोग खरीदते जाएँगे ऐसी स्थिति में लेखक मरने के लिए लिखते ही क्यों हैं मेरी समझ में नहीं आता। अहमक ही हैं मराठी के लेखक साले। ग्यारह सौ प्रतियों में फिर रॉयल्टी के लफड़े। हेल! हेल। और कविता संग्रह की तो पाँच-सात सौ प्रतियाँ निकलती हैं मराठी में। भैनचोद। पाँच सौ कॉपियों में कहाँ का रिअॅलिज्म और कहाँ का रोमांटिसिज्म ले बैठे हो। मराठी में सिर्फ छापाइज्म है। हू हू हू ह ह हा ही ही ही! माइ गॉड। मजा है मराठी साहित्य भी। ही ही ही ही। ले स्साले और। खत्म करता जा। सिगरेट ले। कुछ नहीं होता। ले।"

"मतलब कल चलकर किसी ने तुम्हें अमेरिकन सिटिजनशिप दी तो तुम वह तुरन्त ले लोगे। कहाँ फालतू हिन्दुस्तान में जीते रहो और चने पर दिन निकालते रहो।"

"फॉर गॉड्स सेक, मैं चने पर दिन नहीं निकाल रहा हूँ। हिन्दुस्तान में ही मैं धनवान आदमी के समान जी रहा हूँ। अमरीकी आदमी को भी क्या मिलता होगा उतना मुझे हिन्दुस्तान में रहकर मिल रहा है। उल्टे अमरीकी लोग भी हिन्दुस्तान में आ जाएँ अगर ऐसा रहने को मिलता हो तो।"

"लेकिन अगर सचमुच चने खाकर रहने के दिन तुम पर आए तो? तो तुम क्या करोगे? क्या करना चाहिए?"

"आ गए तो उन्हें बदलना चाहिए। ऐसे लोग शादी न करें। बच्चे पैदा न करें। मेरी भी शादी करने की तब इच्छा नहीं थी। मेरे दिन बदले और फिर मैंने शादी की। तराजू के एक पलड़े में कितना है यह देखकर दूसरे पलड़े में बढ़ाते हुए समतोल जीते रहना चाहिए।"

"समझो इतना सब कुछ करके भी किसी का चने पर गुजारा करना दूर नहीं हुआ तो? तो क्या उसे हिन्दुस्तान छोड़ देना चाहिए?"

"तुम ही पहले बताओ ऐसे आदमी को क्या करना चाहिए? तुम्हें क्या लगता है?"

"मुझे...हाँ, मुझे लगता है उसे अमरीकी सिटिजनशिप...मतलब उसे लगता हो तो...तो जरूर ले लेनी चाहिए!"

"दो ताली...लो ग्लास भरो। लबालब भरने दो जाम। लगता हो तो। लगता हो तो किसलिए? उसे जरूर हिन्दुस्तान छोड़ देना चाहिए। हमेशा चने फाँककर देश से प्यार करने में क्या रखा है?"

"मुझे ऐसा नहीं लगता। मुझे मतलब कइयों को ऐसा नहीं लगता। भूखे रहकर भी प्रखर देशनिष्ठा रखनेवाले लोग हैं।"

"वे मूर्ख हैं। दुनिया का इतिहास पढ़ो तब पता चलेगा कहाँ के लोग कहाँ से कहाँ तक फैलते चले गए। सबके सब इंडियन पहले मध्य एशिया में चने खाते होंगे इसलिए इस पवित्र देश में भागकर चले आए! अंग्रेज तो रोटी के लिए नरक में भी उपनिवेश स्थापित कर रहने के लिए गए और दो पीढ़ियों के बाद उनके वंशज उन उपनिवेशों से प्यार करने लगे। कुल मिलाकर हकीकत यह है कि लोहे के चने चबाओ और फिर ब्रह्मपद पाओ। खैर, सिर्फ चने फाँककर भी

देश से प्यार करनेवाले हिन्दुस्तान में इतने बढ़ गए इसीलिए तो हमारी आज यह हालत है। वैसे तो जहाजों का निर्माण कर अफ्रीका और अमरीका जाना कुछ मुश्किल नहीं था उस जमाने में! लेकिन सब साले एक वक्त का खाना खाकर यहीं पर भीड़ बढ़ाते चले गए। अब तो वह भी मुमकिन नहीं है।"

चांगदेव बोला, "तुम अंग्रेजी वगैरा में लिखते हो, लेकिन पहले मराठी में लिखा करते थे वह तुम्हें ज्यादा उत्साहदायी नहीं लगता था क्या?"

"लिखते समय क्या लगता है यह मुझे बहुत महत्त्व का नहीं लगता। लिखने के बाद अपने लिखे का क्या होता है यह ज्यादा उत्साहदायी लगता है। नहीं तो सारंग के समान थप्पड़ खाना किस काम का? अंग्रेजी में कितने लोग पढ़ते हैं, कितनी सुसंस्कृतता से सब चलता रहता है। नहीं तो यह मराठी साहित्य—मुझे एक मुगल स्टाइल का दृश्य लगता है...चार-पाँच कवि तिलक पुल पर दादर में मुफ्त कविता वाचन करने के लिए कहाँ-कहाँ बुलाया है इसकी चर्चा करते पैदल जा रहे हैं। दो-तीन नाटककार चर्नी रोड पर थर्ड क्लास के डिब्बे से निकलकर भीड़ में से साहित्य संघ की ओर जा रहे हैं। बम्बई मराठी ग्रन्थ संग्रहालय में एक फालतू समीक्षक मराठी कविता पर आठ दिन से उकताऊ व्याख्यानमाला पूरी कर रहा है और उधर अखबार के स्तम्भ भरनेवाले लोग अपनी-अपनी जातवाले लोगों पर स्तुति से भरे हुए समीक्षा-लेख लिख रहे हैं। फोर्ट के एक होटल में नई पीढ़ी के पाँच-सात असन्तुष्ट बच्चे सिर खुजलाते बूढ़े लेखकों को माँ-बहन की गालियाँ दे रहे हैं। भैनचोद मराठी साहित्य! सदियों के बाद सदियाँ यही फूटी हाँडी...।"

ऐसा कहकर ग्लास नीचे रखकर वह तोल सँभालते हुए टेबल के पास गया और ड्रॉअर में काफी देर टटोलकर एक बड़ा लिफाफा निकालकर उसे दिखाते हुए बोला, "यह देखो तो। यह एक लन्दन के प्रकाशक का मुझे आया हुआ पहला खत है। मेरी बम्बई के अंडरग्राउंड लोगों पर लिखी कहानियों की किताब उसे छापनी है। ये कहानियाँ हमने पढ़ीं, हमें उन्हें प्रकाशित करने में खुशी होगी, हम इतनी रॉयल्टी और इतनी प्रतियाँ निकालेंगे, बरस में दो बार हिसाब, पांडुलिपि आपको तैयार कर देनी होगी, आनेवाली जनवरी तक पांडुलिपि मिल गई तो अप्रैल तक किताब तैयार हो जाती। देखा? हमारे मराठी के प्रकाशक पहले तो खुद होकर ऐसा किसी को लिखेंगे नहीं, लिखेंगे भी तो उसमें अनुबन्ध और हिसाब के सम्बन्ध में उल्लेख नहीं रहेगा, आगे भी कभी यह ब्योरा नहीं

लिखेंगे। भैनचोद मराठी साहित्य। बन्द करो अपनी मराठी एकदम। कुछ जरूरत नहीं है मराठी की दुनिया को।"

"तुम कह रहे हो वह सच है। लेकिन इसी में रहकर हमें सुधार करना चाहिए। अपनी भाषा है इसलिए ही।"

"तुम-हम इसमें क्या सुधार कर सकते हैं? तुम बीस पन्नों की पत्रिका को छह महीने भी चला नहीं सकते। तुम्हारे लेखक तो समीक्षकों के और अखबारवालों के तलुए चाटते रहेंगे। ऐसा निश्चय करो कि हमें जो शर्तें चाहिए उन शर्तों को कबूल किए बिना कोई भी एक किताब तक मराठी के प्रकाशकों को नहीं देगा। बरस-दो बरस में मराठी में एक भी किताब नहीं छपनी चाहिए। यह होगा नहीं। रत्नागिरीकर जैसे बरस में छह किताबें छापते हैं। फिर देशपांडे जैसे घर में बैठे-बैठे क्या करेंगे? मराठी साहित्य मतलब झोंपड़पट्टी है।"

"लेकिन तुम्हारी किताबें इंग्लैंड में पसन्द की जाती हैं क्योंकि उनको हिन्दुस्तान की सभी गन्दगी हेल जैसी लगती है। उधर के लोग तुम्हें अलग दृष्टिकोण से एंजॉय करते हैं। मतलब तुम लोगों को सांस्कृतिक भड़ुवेगीरी का काम करना पड़ता है, यह तुम अंग्रेजी में लिखनेवाले भारतीय लेखकों के ध्यान में नहीं आता। धीरे-धीरे नीरद चौधुरी जैसे तुम परमानेंट भड़ुवे बनकर उधर के पाठकों के लिए ही लिखते रहते हो। सिर्फ घसीटा राम!"

"मुझे नहीं लगता ऐसा। भड़ुवेगीरी तो मराठी में लिखनेवाले भी करते ही रहते हैं। वह अंग्रेजी में ही बाबू लोग करते हैं ऐसा नहीं है।"

"अच्छा वह जाने दो। लेकिन जिस आवेग के साथ तुम इस अभावपूर्ण निकृष्ट भकास जीवन को जीते रहे इसलिए तुम्हें अच्छी तरह से लिखना आया यह तो सच है ना? तब तुम्हारे इस अन्नदाता वातावरण के विषय में तुम्हें किंचित्मात्र भी आत्मीयता कैसे नहीं है? यह आत्मीयता अगर है तो इस वातावरण के प्रति कुछ तो कृतज्ञ सम्बन्ध रखोगे या नहीं? या सिर्फ कच्चे माल के रूप में इस जीवन की ओर देखोगे और उधर पक्के माल का निर्यात करते रहोगे? इस सबका सम्बन्ध तुम्हारी अपनी स्वार्थी प्रवृत्ति के पोषण से है, तुम्हारी अपनी प्रतिमा ऊँची करने से है! तुम्हें अपने बाहर कुछ लेन-देन दिखाई नहीं देता। उधर के लोग भी कभी तुम्हें रिस्पेक्ट नहीं देंगे।"

"मुझे अपने से बाहर देखने की झूठी दृष्टि पालने की इच्छा नहीं है। सारे संसार की भलाई करने की चतुराई मुझे नहीं चाहिए। मैं जब तक जिऊँगा, तब

तक मैं जो-जो कर सकता हूँ वह उत्स्फूर्तता से करता रहूँगा। और इस लेवल के बाहर बहुत ज्यादा सोचने की मेरी इच्छा भी नहीं है क्योंकि उसके बाहर कोशिश करके भी मुझे कुछ दिखाई नहीं दिया। जिनको कुछ नजर आया हो वे उसका पीछा करें। हमारे जैसे हमारे जैसा ही करते रहेंगे, तुम्हारे जैसे तुम्हारे जैसा ही करते रहें। और क्या चाहिए? सच तो यह है कि इतना सोचकर जीने से तो श्वासोच्छ्वास के समान सहज जीते रहना अच्छा है।"

"मतलब सब कुछ जीवन में सुरक्षित कर लेने पर ही श्वासोच्छ्वास के समान सहज जीते रहना चाहिए ऐसा ही कहो ना?"

तब नारायण क्रोध में आकर चीखता हुआ गाने की तर्ज पर बोला, "सुरक्षित क्या नहीं है? पृथ्वी सुरक्षित नहीं है? सूर्य सुरक्षित नहीं है? हृदय की धड़कन सुरक्षित नहीं है? यह मैं खड़ा हूँ तो पैरों तले की जमीन सुरक्षित नहीं हूँ? तब जीवन को बैसाखी लगाकर सुरक्षित करने में किसके बाप का डर है? बोल साले!"

चांगदेव भी आँखें तरेरकर बोला, "तुम्हारा प्रॉविडेंड फंड सुरक्षित है, तुम्हारी तनख्वाह महीने की एक तारीख को है और तुम्हारी रॉयल्टी नियमित रूप से आती है, तब तक पृथ्वी और सूर्य और हृदय की धड़कन और सब जहाँ के तहाँ हैं। इसका ताल जरा-सा भी कहीं चूक गया कि कुछ भी सुरक्षित नहीं है। मैं केवल एक सम्भावना की बात कर रहा था।"

"किसकी सम्भावना?"

"अनजाने ही सुरक्षा का दास होने की।"

"अनजाने और फिर उसकी भी सम्भावना मतलब तुम मुझे अँधेरे में ले जाकर कुछ भी हाँ करवा रहे हो। वह जाने दो। लेकिन अपना मुद्दा क्या था?"

"क्या था?"

"मैं भूल गया! क्या था!"

"मैं भी भूल गया। पीना बहुत हो रहा है न। अब बन्द करेंगे। दूसरे मैं अभी-अभी तो बीमारी से उठा हूँ।"

"सिगरेट ले। बिस्किट खा।"

फिर नारायण मानो थक कर सोफे पर धड़ाम से गिर गया। धीरे-धीरे उसके हाथ से सिगरेट कब नीचे गिर गई उसके ध्यान में नहीं आया। थोड़ी देर बाद सिगरेट पीने के लिए उसने हाथ उठाया तो सिगरेट नहीं मिली इसलिए उसने दूसरी

सुलगाई। तब तक नीचे का कालीन जलने लगा। चांगदेव ने वह सिगरेट उठाकर उसके हाथ में दी। उसे मुँह में लेते हुए नारायण बोला, "तुम भयानक अलग-अलग प्रसंगों में आदमी को रखकर देखते हो, चांग्या। यह तुम्हारी खास आदत है। इससे तुम्हें किसी भी सच्चे प्रसंग का आनन्द उठाना नहीं आएगा। नॉर्मल प्रसंग में आदमी जैसे हैं वैसे ही उन्हें देखना चाहिए। उल्टा-सीधा करके आदमी को नहीं देखना चाहिए। आदमी के बीजगणित के समान मूल्य नहीं होते, यह ध्यान में रख।"

"लेकिन एक या दो प्रसंगों में ही आदमी को देखना मुझे एकदम बेजान-सा लगता है। उस रूप में लोग मुझे असत्य लगते हैं, उन्हें सत्य स्वरूप में देखने के लिए कौन सा तरीका अपनाया जाए समझ में नहीं आता।"

"लेकिन तुम बम्बई छोड़कर जा रहे हो यह कोई सही बात नहीं है।"

"वही तो कह रहा हूँ कि अलग-अलग प्रसंगों में मुझे खुद को भी रखकर देखना अच्छा लगता है। और इस तार्किक विचारों के, साहित्य-जगत से मुझे बिना विचार के, बिना साहित्य के जगत में रहकर देखना है।"

"ठीक है भैया, तुम्हारा तुम देखो, मेरा मैं देखूँगा, उसका वह देखेगा, उसका वह देखेगी। और कौन रह गया? उनका वे करेंगे। और कुछ रहा?"

"और बहुत कुछ रहा है। लेकिन संक्षेप में जिसका उसका वो करेगा। वह बेस्ट!"

थोड़ी देर में विजू पर्दे के पीछे से हँसती हुई आई। उसने किन्हीं दो पीनेवाले वैज्ञानिकों का एक चुटकुला सुनाया। लेकिन दोनों को उसमें से कुछ समझ में नहीं आया। फिर वह बोली, "अब पीना बस हुआ। खाना खा लो। इनफ् डिअऽ!"

खाते-खाते धीरे-धीरे काफी खा चुकने पर चांगदेव शान्त स्वर में अचानक कहने लगा, "नारायण तुम्हारी हर बात ईर्ष्या करने जैसी है।"

नारायण बोला, "तुम सच बोलनेवाले आदमी हो।"

चांगदेव बोला, "मैंने कहा, तुम्हारा सब कुछ ईर्ष्या करने जैसा है तब तुम्हें क्या लगा, ईर्ष्या करने जैसा?"

"वह तुम जानो।"

"लेकिन तुम्हें उससे क्या लगा? तुमने सीधे हाँ कह दिया मेरे कहने को। बोलो, क्या लगा तुम्हें?"

"मतलब तुम फिर से मुझे इस प्रसंग में देखना चाहते हो? तुम्हीं बताओ क्योंकि तुमने ही पहले कहा है इसलिए।"

"मैं बताऊँगा तो तू फिर वही-वही कहेगा।"

"लेकिन तुमने पहले कहा इसलिए तुम्हें ही बताना चाहिए।'

"ठीक है मैं बताता हूँ। तुम्हारा ईर्ष्या करने जैसा का मतलब अभी का सब कुछ तो है ही लेकिन पहले का भी है। पहले वैसा होना और अब यह ऐसा होना यह दोनों मिलाकर ईर्ष्या करने जैसा है। दोनों प्रसंगों में मैंने तुम्हें देखा है और तुम उत्तम पुरुष हो यह सिद्ध हो गया है। उसमें भी विशेष है इन सब पर यह क्लाइमेक्स कि तुम्हारी पत्नी गर्भवती है। उसके जैसी पूर्णता दूसरी नहीं है।"

"राइट। राइट। थैंक्यू। तुम सच बोलनेवाले दोस्त हो।"

"तुम्हें क्या लगा था वह बताओ अब।"

"मुझे लगा था कि तुम्हें ईर्ष्या करने जैसा जो कुछ लगा वह सिर्फ अभी का है। यह सब जो है।"

"सिर्फ इतना ही क्यों लगा?"

"इतना ही क्यों लगा? ठहरो।"

फिर नारायण सोचते-सोचते यह बात भूल ही गया। चांगदेव को लगा कि वह जान-बूझकर बात टाल रहा है। इसलिए चांगदेव ने फिर से याद दिलाया, तब वह बोला, "किसके बारे में चल रहा था अपना? क्या पूछ रहे हो तुम? भूल गया मैं! किस बारे में?"

"किस बारे में? मैं भी भूल गया।"

"मैं भी भूल गया, लेकिन किसी बात पर तुम सोच रहे थे...मेरे सोचने के बारे में? लेकिन मैं किस बारे में सोच रहा था?"

"वह भी मैं भूल गया। चलो, जाने दो यह बकवास। हमने बहुत पी ली। भाभी को ठीक से मराठी समझ में नहीं आती लेकिन वे भी हँसने लगी हैं।"

"आदमी शायद टालने की कोशिश करता है इसलिए वह भूल जाता है। जाने दो। हम भी शायद दस-बीस बरस में एक-दूसरे को पूरी तरह से भूल जाएँगे तो इस मामूली बात का क्या है।"

आखिर में ट्रेन पकड़नी जरूरी थी इसलिए चांगदेव झटपट निकला। विजू टेबल पर पैसे रखकर सो गई थी। नारायण कहने लगा, "उसे काम बहुत होता है। पाँव भारी है इसलिए थक भी जाती है।"

चांगदेव बोला, "सोने दो। अपना क्या है, मैं चला।"

नारायण ने उसे नुक्कड़ तक पहुँचाया। वातावरण में चारों ओर शान्ति थी। थोड़ी देर के लिए चांगदेव को लगा कि वह नारायण को ही नुक्कड़ तक पहुँचाने आया है और उधर ऊपर अपना ही घर है! यह बहुत ही मजेदार बात थी। अभी अपना घर नहीं है, लेकिन जल्द ही सब ठीक हो जाएगा।

"अच्छा, फिर बम्बई आओगे तब जरूर आना भला।"

"अच्छा। कल रात मैं निकलनेवाला हूँ।"